SERGIO FELLETI

BARMAN

DIVENTA UN VERO BARTENDER IN 7 GIORNI

TEORIA & PRATICA - MANUALE TECNICO PER L'ABILITAZIONE PROFESSIONALE DI BARISTA

Independently published

Titolo | BARMAN
Autore | Sergio Felleti
sergiofelleti@gmail.com

ISBN | 9781549835032
© Tutti i diritti riservati all'Autore ® - © Copyright – Worldwide ®
Agenzia ISBN: International Standard Book Number - AIE-Ass. Italiana Ed. EDISER srl – Mi.- Italy

Una copia gratuita di questo libro, in formato PDF, si può richiedere presso: sergiofelleti@gmail.com

Copertina: Screenshot di Tom Cruise in una scena del film *Cocktail* - Produzione: Touchstone Pictures – Fotografia: Dean Semler (fermo-immagini - fair use).

INDICE

INTRODUZIONE

In realtà, oltre ai testi, basterebbe osservare bene tutte le foto, immagini e i video che sono inclusi in questo libro per imparare a fare il mestiere di BARISTA (in inglese: BARMAN e in inglese-americano: BARTENDER). Si, perché il barista è un vero e proprio mestiere, è una professione assai facile da imparare se si ha un po' di fantasia e intraprendenza d'iniziativa.

Molti baristi pensano che la parte più difficile del bartender sia quella di saper fare i cocktail, ma non è affatto così. Se si osserva bene un barista mentre prepara un qualsiasi tipo di cocktail, potrete notare che non è affatto impacciato mentre riempie il bicchiere dei giusti ingredienti, difatti, sembra che egli conosca a memoria le misure e l'esatta composizione dei liquori che servono per comporre quel particolare drink.

In realtà, se è una delle prime volte che egli compone quel dato cocktail, certamente ha sbirciato rapidamente nella lista delle ricette dei cocktail che tiene sotto il bancone, memorizzando velocemente la composizione del drink, incluso il tipo di bicchiere che andrà ad usare. Ciò il cliente non l'ho ha potuto vedere.

In base al tipo di bar, al suo target e quindi alla fascia di potenziali consumatori alla quale sono rivolte le strategie del locale, tutti i cocktail possono essere preparati usando due sistemi professionali comportamentali:
1) il Barman si personalizza in un Bartender classico o tradizionale, o
2) il Barman si personalizza in un Flair o Freestyle Bartending.

La tecnica del Barista classico o tradizionale è associata alla figura di colui che prepara bevande alcoliche secondo tecniche che utilizza i misurini, la ricercatezza dell'esatta ricetta, la presentazione estetica del cocktail, i profumi e il sapore, a scapito di una maggior velocità nei movimenti. È un professionista che troviamo soprattutto nei Grandi Hotel, nei Cocktail bar, e nei Lounge bar.

La tecnica del Flair si divide in Working Flair e Exhibition Flair. Il Working Flair è caratterizzato da movimenti manuali veloci, acrobatici e lanci in aria di bicchieri, Shaker, bottiglie e altri ingredienti che si andranno ad usare nella preparazione del cocktail.

In base al tipo di locale e/o richiesta del cliente, preparare un cocktail può quindi essere fatto esibendosi davanti all'ospite classicamente e con tutta calma, ma anche tramite uno show veloce, uno spettacolo improvvisato mettendo in atto un complesso di esercizi di particolare difficoltà e spettacolarità che include l'arte di lanciare, far girare e riprendere oggetti al volo. Esattamente come faceva l'attore Tom Cruise in molte scene del film: Cocktail & Dreams.
Vedi video: Hippy Hippy Shakes – Cocktail & Dreams - https://youtu.be/gyAxE2vS318

E le misure degli ingredienti? Come si fa a misurare la quantità di liquori da inserire nel bicchiere da cocktail senza dover usare il misurino? In altre parole: come versare velocemente i giusti dosaggi nel bicchiere? La risposta è: è questione di un semplice conteggio mentale! Nell'ultima parte di questo libro sono rivelati e spiegati tutti i trucchi necessari, i metodi e le esatte risposte a questa e a tante altre interessanti domande.

Cominciare dal Diploma non è sempre necessario

Certo avere un pezzo di carta in tasca che certifichi di aver partecipato ad un lungo e costoso Corso di Barman potrebbe sembrare un vantaggio, ma non è sempre così. Anche senza un diploma e pur se privo di una qualifica ufficiale, un barman qualificato fa sempre ricorso a tecniche e metodologie ben precise, caratteristiche che lo differenziano da un semplice "addetto alle bevande".

Premesso che questo libro è il fondamento principale del primo e più veloce passo per diventare un Barman professionista, solo colui o colei che nei prossimi 7 giorni si impegna a leggere accuratamente, a rileggere, ad osservare attentamente i video preposti e a mettere in pratica tutti i consigli, esercitazioni e tecniche descritte in questo prezioso manuale, sarà in grado di essere annoverato nell'esercito dei Barman professionali a tutti gli effetti. Si, i datori di lavoro odierni non sempre vogliono vedere carte, documenti, raccomandazioni e Curriculum per assumere un dipendente, ma fatti veri e pratici.

Non c'è un limite d'età per intraprendere questa professione, quindi, anche se non sei più tra i più giovanissimi che cercano un lavoro immediato come Barman, dopo aver messo in pratica diligentemente tutto ciò che consiglia questo libro, presentati tra 8 giorni presso un qualsiasi datore di lavoro e chiedigli di farti preparare un cocktail a sua scelta. Dopo aver visionato velocemente l'interno del bancone del bar e notato dove si trovano le bottiglie dei liquori, ingredienti per la guarnizione, bicchieri e strumenti di preparazione, apri questo libro nella pagina del cocktail richiesto. A questo punto fidati di te stesso, sarai in grado di preparare al meglio quel cocktail in circa 1 minuto. Questa velocità e precisione si deve non solo al tipo di esercitazione ergonomica consigliata da noi, ma anche dal sistema rapido di come sono descritte e illustrate le ricette di tutti i 410 cocktail ufficialmente esistenti.

Dopo aver lavorato presso questo esercizio per un po' di tempo, e deciderai di cambiare il luogo di lavoro, riceverai senz'altro un brillante Certificato di professionalità dal tuo datore di lavoro, un documento molto più valido di un Diploma di Barman. Quest'Attestato ti aprirà tutte le porte per essere assunto in un prossimo esercizio pubblico a tua scelta.

Mentre o dopo aver letto questo libro, chiunque, specie i giovanissimi, possono anche approfittare dei tanti istituti professionali per conseguire il Diploma di scuola superiore in questo settore. Le scuole alberghiere prevedono, infatti, la sezione "Bar", dove gli studenti, oltre ad applicarsi sulle materie classiche previste dall'insegnamento, hanno la possibilità di apprendere nozioni teoriche e pratiche sulla professione di Barman e conseguire il diploma di "Operatore di Bar".

In seguito, possono pensare di specializzarsi frequentando corsi specifici per diventare Barman professionisti e costruire una vera e propria carriera nel settore. I requisiti per esercitare la professione di Barman o Barlady sostanzialmente sono:

• Diploma presso un istituto alberghiero e qualifica ottenuta con la partecipazione a corsi specifici e riconosciuti.

• Superamento dell'esame di idoneità per l'attività di somministrazione di alimenti e bevande (legge 25 agosto 1991, n. 287. L'attività di somministrazione al pubblico di alimenti e bevande è disciplinata dal decreto Legislativo 26 marzo 2010 n.59, così come modificato dal Dlgs 147/2012 e dalla legge regionale n. 38/2006).

All'esame di idoneità è ammesso anche chi ha lavorato per almeno due anni in bar e ristoranti nonché chi possiede un diploma di scuola superiore o laurea.

In questo libro sveliamo, in maniera sintetica e senza perdersi dietro troppe parole inutili e noiose, tutti i segreti che si nascondono dietro la professione Barman, Barista o Bartender.

Colui che legge attentamente le informazioni qui di seguito riportate e mentre le memorizza per bene e mette in pratica i preziosi consigli citati, diventerà, in soli 7 giorni, un valente Bartender che potrà, come un barista veterano, attuare ciò che ha imparato e quindi lavorare professionalmente in un qualsiasi tipo di bar, sia questo un Pub, un Cocktail bar, un Disco-bar, un semplice Bar del Corso, una Pasticceria, una Gelateria, uno Snack-bar, un Bar d'Hotel, un Bar di Ristorante o qualsivoglia tipo di bar.

Come una vera scuola Alberghiera Professionale, tutte le tecniche operative Teoriche e Pratiche per l'abilitazione sono state impostate secondo le indicazioni ministeriali per la professione di Barman.

A tutti i veri amanti di questa meravigliosa attività lavorativa, ed in particolare a coloro che desiderano farne una carriera professionale specialistica, soddisfacente e assai ricca e rimunerativa, auguro una piacevole lettura e allenamento nella preparazione dei Cocktail.

Sergio Felleti

Nota: Con l'obiettivo di memorizzarli e comprenderli più accuratamente da diversi punti di vista e angolazioni, alcuni importanti argomenti e consigli sono stati esposti, di proposito, ripetendoli più volte.

"Suggeriamo di formarsi professionalmente presso una delle migliori strutture certificate oggi esistenti in Italia, come: MIXOLOGY Academy a Roma e Milano". Info presso: www.diventarebarman.it/

BARMAN: IL MESTIERE PIÙ BELLO DEL MONDO!

Correva l'anno 1988 quando Tom Cruise vestiva i panni di Brian Flanagan, autocitato come l'ultimo "Barman poeta". Dall'uscita nelle sale del film "COCKTAIL" è iniziata in tutto il mondo una vera e propria Barman-mania che trasformò il mestiere di colui che ti serviva birre fredde in una star.

Il sogno americano è l'opportunità per tutti di arrivare a realizzare i propri desideri pur non avendo alle spalle grosse risorse economiche o un'istruzione di primo livello. Nel film "COCKTAIL", l'attore Tom Cruise incarna alla perfezione la voglia di arrivare e prendere in mano la propria vita, ed è proprio in questa intensa voglia che oggi decine di migliaia di giovani ragazzi e ragazze si sono riconosciuti.

Ad oggi non tutti hanno avuto la fortuna di vedere il film ritenuto un capolavoro cinematografico, che non parla solo di baristi acrobati che lanciano bottiglie in aria mentre preparano i cocktail, quanto di quella sensazione che hanno molte persone di smarrimento di fronte al futuro e di debolezza al cospetto di una società che non sembra avere spazio e buon lavoro per tutti.

Molti, probabilmente, non hanno mai sentito parlare del film "COCKTAIL" e leggendo di Tom Cruise che faceva il barman in un film potrebbero aver fatto una faccia strana. Eppure, in un certo periodo della vita, alle domande: "Cosa farò adesso e cosa farò da grande?" si barcolla almeno per un istante.

Non solo i giovani e adolescenti, ma anche i più adulti cominciano a ragionare su come riuscire ad avere successo in un mondo dove tante persone, anche senza apparente talento, "arrivano", e molte di più arrancano alla ricerca di un lavoro fisso, soddisfacente e ben pagato, alla scoperta della felicità o di un qualcosa che le assomigli almeno un po'.

Ma, sempre attinente al barman: cos'è la felicità ai giorni nostri?

In psicologia la felicità si misura con la distanza tra l'immagine del sé ideale, ovvero il come vorresti essere, e l'immagine del sé reale, ossia il come ti vedi.

In poche parole se ti vedi come vorresti essere e fai ciò che desideri davvero, dovresti essere piuttosto felice; al contrario, se non stai facendo ciò che vorresti veramente, rischi di non essere molto felice.

Il motivo per cui così tanti giovani e meno giovani si sono innamorati della figura del barman, scoperta grazie al famoso film Cocktail con Tom Cruise o più semplicemente girando nei locali, è che il barman incarna il sé ideale di molte persone.

Proviamo a tirare giù una lista di motivi che rendono quello del barman un lavoro così appetibile e, a detta di molti, è il lavoro più bello del mondo:

1) FARE IL BARMAN È DIVERTENTE: una delle cose che più spaventa le persone è l'idea di trascorrere 40 anni della propria esistenza chiusi in un ufficio o in una fabbrica a fare qualcosa di meccanico e scandalosamente noioso.
Al contrario il barman vive nei locali pubblici, la culla del divertimento, del relax e del passatempo.

2) FARE IL BARMAN TI FA CONOSCERE MOLTE PERSONE: ricollegandoci al discorso di poco fa, una vita da topo d'ufficio di certo non regala molte prospettive di interagire con altre persone se non con qualche collega (altrettanto sfigato) con scarsi pregi e privo di attrattive.
Diversamente il barman è circondato continuamente da gente nuova che ha voglia di divertirsi ogni sera.

3) FARE IL BARMAN TI DÀ POTERE: in qualsiasi lavoro, a meno che tu non sia un imprenditore, c'è sempre un capo a cui dover rispondere e per il barman la cosa non è diversa.
Rispetto a tanti altri lavori, però, il barman non è quello che chiede, ma è la persona da cui la gente va per chiedere da bere, per chiedere una bibita che solo tu sai preparare.
"Loro" (i clienti) hanno bisogno di te e solo tu puoi dargli quello che "loro" vogliono.

4) FARE IL BARMAN TI PERMETTE DI ESSERE UN ARTISTA IN MOVIMENTO: senza dover arrivare ad esibirti ogni volta come un flair bartender (un acrobata), il barman con i suoi movimenti e le sue miscele segrete affascina ogni spettatore che abbia la fortuna di vederlo all'opera. Il flair bartender è uno show man, con suoi movimenti e la sua tecnica di lavoro affascina il pubblico mentre prepara un cocktail o un long drink. Qualsiasi bartender oggi tiene due o più bottiglie in una sola mano. Fare ciò è più facile che pensarlo.

La miscelazione dei cocktail ti permetterà di crescere, studiare e creare nuove ricette rendendo il tuo lavoro emozionante a dispetto di un normale impiego da ufficio.

5) FARE IL BARMAN TI PERMETTE DI VIAGGIARE: se hai una minima dimestichezza con l'inglese, o una predisposizione a imparare le lingue in loco, sei a cavallo!

Il "linguaggio dei cocktail" è internazionale, in questo libro vi sono tutte le ricette esistenti al mondo, per cui puoi scegliere tu dove andare a esercitare la tua arte spostandoti di città in città e da una Nazione all'altra o su una nave da crociera lavorando d'estate e d'inverno o nella stagione che più preferisci.

La piena libertà di movimento e di guadagno di denaro è ai tuoi piedi. Conosci molti altri lavori di questo tipo?

6) FARE IL BARMAN TI PERMETTE DI GUADAGNARE BENE: è chiaro che non tutti i locali ti trattano da pascià, ma aldilà di una media di stipendio generale invidiabile, le giuste location possono farti vivere delle realtà che non credevi possibili.

Prova ad informarti su quanto guadagna un barman a New York, tanto per dirne una, o a Londra, o ancora meglio a Las Vegas e riparliamone. Ma, senza andare troppo lontano, ti sei chiesto quanto guadagna un barman che fa la stagione nel bar di una spiaggia della Riviera ligure o Adriatica? E che dire del barman di una discoteca locale? O nel bar di un semplice ristorante nel centro di una Città italiana? Spesso le mance superano il salario stesso.

7) FARE IL BARMAN TI PERMETTE DI FARE CARRIERA: più di tanti altri mestieri, quello del barman ti dà un'ampia prospettiva di crescita. Da semplice barista puoi diventare prima Bar-manager di un locale, poi Direttore, o addirittura aprirti un locale tutto tuo con i soldi che avrai messo da parte, diventando così il capo di te stesso e un imprenditore a tutti gli effetti.

Lavorando in un call center o facendo un qualsiasi altro lavoro d'ufficio o di fabbrica succede la stessa cosa? In realtà ciò risulta solo ad un fortunato su 500.000 dipendenti.

Durante la loro vita molti hanno fatto diversi lavori, ma quando hanno avuto la fortuna di fare il barman hanno goduto di ognuno dei 7 punti appena elencati.

Fare il barman è il lavoro più bello del mondo?

Assolutamente sì! Lo dice anche Tom Cruise! Come dargli torto?

BAR LADY: LE REGINE DEI BAR
Il segreto del successo delle ragazze e dei loro cocktail speciali

Negli ultimi anni sempre più ragazze si stanno costruendo una carriera invidiabile nei Bar di tutto il mondo.

La capacità, tipicamente femminile, di prestare attenzione ai particolari e la cura che queste vere e proprie regine del Bar mettono in ogni singolo cocktail che miscelano, spesso e volentieri le fa diventare il centro del locale.

Cocktail sempre più raffinati, eleganti e fascinosi sono l'arma segreta delle ragazze dietro il bancone.

E quest'arma si sta rivelando veramente potente: chiunque assaggia i cocktail al femminile rimane affascinato dalla semplicità delle loro creazioni e dalla bellezza con cui si presentano.

Ma qual è il vero segreto che sta portando queste ragazze al successo?

Di certo non è quello che penserebbe subito un uomo.

Con il loro sorriso accattivante e una mise elegante sono sicuramente oggetto di desiderio di molti maschietti ma, allo stesso tempo, inarrivabili.

La capacità di tenere i clienti al posto giusto è certamente una delle doti fondamentali delle ragazze che stanno avendo tantissimo successo in questo settore.

Settore che, fino a poco tempo fa, sembrava appannaggio di soli uomini.

Il vero segreto che sta portando sempre più Bar lady – anche note come barmaid o bar woman – alla ribalta è la capacità di prestare un'attenzione enorme a tutti i particolari, dal cocktail all'organizzazione e pulizia del bancone Bar (cosa che, ahimè, spesso non si può dire dei colleghi dell'altro sesso).

Le donne, una volta che si mettono a studiare per diventare professioniste del Bar, dimostrano di avere una spiccata attitudine nell'organizzare il lavoro e una grande concentrazione nel dosare, miscelare e decorare ogni singolo drink a cui danno vita.

Queste qualità sono realmente preziose: i locali sono ancora in difficoltà dopo anni di crisi e le donne si stanno rivelando le più adatte a prenderli per mano e guidarli verso la rinascita.

Tra le tante storie di successo delle ragazze che ho conosciuto in questi anni, oggi vogliamo citare la storia di Alice e Roberta.

Sono 2 ragazze giovani, 23 anni ciascuna, hanno seguito strade diverse ma entrambe hanno ottenuto grandi risultati in pochissimo tempo.

Roberta (bar lady): ha iniziato il suo percorso a 21 anni.

Ha seguito un corso per Mixologist e, non appena conseguito il diploma da "Bar lady", ha iniziato subito a lavorare.

Si è appassionata subito al mondo dei cocktail e, come piace dire a lei: «Questo mondo mi piace perché lavoro sempre col sorriso!»

Il primo locale in cui si è distinta è stato un cocktail Bar di Roma dove, in poche settimane, è diventata l'indispensabile ingrediente dell'aperitivo: nonostante fosse passato poco più di un mese dalla conclusione del corso da Bar lady, le avevano consegnato interamente il Bar per gestire tutto l'happy hour.

Dopo quest'esperienza, ha girato alcuni locali perché voleva conoscere altre situazioni e crescere come professionista. Fino a quest'estate, in cui le è stato offerto di essere la Bar Manager del "V Lounge", locale estivo sulla spiaggia di Ostia.

E sembra che la sua carriera sia semplicemente appena decollata, infatti, finita la stagione, è già pronto per lei un contratto da Bar Manager per un prestigioso locale che sta per aprire il suo quarto punto a Roma.

Fortunatamente, lei è una delle tante ragazze che sta dimostrando la propria determinazione nel fare carriera in questo settore.

Proprio come Alice (Bar lady): 23 anni, che ha frequentato un corso da Professional Bartender e Coffee Art Specialist a 19 anni, poco prima dell'inizio della stagione estiva.

Appena finito il Corso da Bar lady è stata letteralmente catapultata nel mondo del lavoro: stagione estiva sul litorale Laziale, presso lo stabilimento "Onda Anomala".

Ritmi frenetici e mole di lavoro enorme non l'hanno spaventata, anzi, lei afferma: «Il primo mese di lavoro ero esausta, ma mi divertivo così tanto a passare le mie giornate in mezzo a quel casino che, ogni mattina, non vedevo l'ora di arrivare in spiaggia!»

Dopo 2 anni di esperienze come Bar lady, Alice ha colto l'occasione che le si è presentata ed è diventata insegnante presso la "Mixology ACademy", accademia in cui lei stessa, come Roberta, si è formata.

La sua carriera ha preso certamente una direzione ben precisa e, come quella di Roberta, non sembra che l'inizio.

Oggi Alice, è Master Trainer alla "Mixology Academy" e, per non farsi mancare nulla, è anche proprietaria di un locale emergente, il: "Percorsi, Burgers & Cocktails".

Raccontare le loro storie fa sempre molto piacere perché è grazie a ragazze come loro che il mondo del Bar si sta trasformando accogliendo la parte femminile che, fino a oggi, è mancata.

Sono ragazze da ammirare perché sanno prendere il centro della scena con un semplice sorriso, senza mai farlo pesare.

Auguriamo a tutte le giovani ragazze che stanno per iniziare il loro percorso formativo per diventare splendide Bar Lady, di appassionarvi come Roberta e Alice e di essere le protagoniste di serate all'insegna del divertimento e della felicità.

2)

LE VARIE FIGURE PROFESSIONALI DEL BARMAN

Quasi sempre chi vuole diventare barman ha un'idea molto vaga di quello che veramente è questo lavoro.

Guadagnare bene, possibilità di viaggiare, conoscere nuovi luoghi e persone, divertirsi ed essere il protagonista ogni sera, sono aspetti reali di questa professione ma non sono gli unici che bisogna conoscere prima di scegliere quale locale fa veramente al caso tuo.

Infatti esistono tante tipologie di locali in cui puoi scegliere di lavorare e, a seconda di quale scegli, la formazione che devi affrontare deve essere diversa.

Immagina una discoteca, un cocktail bar vintage, una Chupiteria, un Mojitero, sono tutti locali completamente differenti e ognuno richiede un barman con una professionalità differente.

Allora, la prima domanda a cui devi saper rispondere prima di scegliere un locale, se non vuoi buttare via talento e il tuo tempo è:

Cosa voglio ottenere veramente facendo il Barman?

Per aiutarti a rispondere chiaramente a questa domanda ti spiegheremo facilmente quale sono le figure professionali che puoi decidere di acquisire.

IL PROFESSIONAL BARTENDER

È la figura professionale di base, senza di questa non puoi neanche definirti un Barman.

Un Professional Bartender conosce tutti gli strumenti base e le tecniche fondamentali di miscelazione.

Sa produrre molti cocktail contemporaneamente in poco tempo per servire al meglio i clienti che si trova davanti.

È la base, e di conseguenza può andar bene per lavorare in discoteca o in locali dove la lista cocktail e la bottigliera non sono assolutamente pretenziosi.

Il MIXOLOGIST

È il Barman professionista, che oltre alle competenze del Professional Bartender, ha studiato approfonditamente la merceologia.

Conosce i distillati e i liquori alla perfezione e ha acquisito una competenza nella miscelazione di alto livello.

Si trova a suo agio nei Cocktail bar, sa miscelare cocktail particolari e consigliare distillati lisci di pregio.

Il BAR CHEF

È il Barman Mixologist che si occupa della miscelazione estremamente avanzata, guardando sia al passato che al futuro.

Conosce infatti tutte le tecniche del passato per miscelare i cocktail che hanno fatto la storia e studia costantemente tutte le tecniche innovative per inventare qualcosa sempre nuovo.

Sa manipolare i prodotti che ha a disposizione per creare spume, gelatine, affumicature, e tutto quello che la scienza della miscelazione molecolare ha fino a oggi ideato.

Il FLAIR BARTENDER

È la specializzazione che permette di lavorare sull'aspetto estetico del lavoro.

Quello che volgarmente viene definito il "Barman Acrobatico".

Qualsiasi Barman può aggiungere alle proprie competenze questa specializzazione, ma normalmente chi segue questa strada lo fa per dedicarsi alle competizioni di Flair.

Un vero e proprio mondo a parte in cui i Flair Bartender si confrontano su lanci spettacolari di shaker e bottiglie.

Infatti i locali che richiedono questo tipo di Barman non sono molti.

IL WORKING FLAIR è una branca di specializzazione del Flair Bartending.

Utilizza tecniche acrobatiche con shaker e bottiglie piene d'alcol allo scopo di costruire uno o più cocktails.

A differenza del Exhibition Flair nel Working Flair le acrobazie non prevedono rotazioni delle bottiglie, essendo esse piene d'alcol e i movimenti risultano essere più plastici e morbidi.

Il Working Flair viene introdotto al fine di attirare l'attenzione del cliente e indurlo a ordinare.

L'EXHIBITION FLAIR è una specializzazione del Flair Bartending.

Utilizza solo bottiglie vuote o con al massimo 6 cl di prodotto al solo scopo di attirare l'attenzione del cliente e indurlo ad ordinare.

A differenza del Working Flair, nell'Exhibition Flair non si costruiscono cocktail.

Sono ammesse rotazioni, lanci delle bottiglie simili al Juggling circense (giocoliere del circo), e l'utilizzo di bottiglie infuocate (Fire bottles).

Ecco una breve panoramica che sicuramente ti aiuterà a capire meglio quale strada vuoi prendere.

Inutile che ti dica che il Bar Chef è certamente il professionista più qualificato e quello che guadagna di più tra le figure professionali che hai appena visto.

LA DIFFERENZA TRA: BARMAN, BARISTA, BARTENDER

Spesso e volentieri si fa confusione tra le figure denominate: Barman, Barista e Bartender. Certo, sono professioni strettamente connesse tra di loro, ma non perfettamente identiche.
Proviamo a fare un po' di chiarezza!

BARMAN
Il Barman è colui che lavora al bar, dove per colui si intende in maniera specifica un uomo.

Quando si parla di donne al bar, difatti, si dovrebbero usare termini come Bar-Lady, Bar-Maid o Bar-Woman – tutti sinonimi tra di loro -, ma in Italia si tende a generalizzare e a definire Barman chiunque, indipendentemente dal sesso.

Rispetto al Barista, il Barman viene inteso come uno specialista "della notte", ovvero dei cocktail e di tutte quelle bevande che vengono consumate dall'aperitivo serale in poi.

BARISTA
Il Barista è il primo nome a livello storico con cui, in Italia, si definivano le persone che stanno dietro il bancone del bar.

Nel tempo la globalizzazione ha favorito l'influenza anglosassone e della lingua inglese, unitamente alla nuova moda del cocktail che è andata a sovrapporsi alla tradizione delle caffetterie italiane. Così, mano a mano, la figura del Barista si è suddivisa da quella del Barman, per l'appunto lo specialista dei cocktail.
Ad oggi per Barista si intende colui che serve prevalentemente caffè, cappuccini e tutte le bevande tipiche dei bar diurni.
Spesso e volentieri il Barista dà ai suoi clienti degli aperitivi già pronti o al massimo si concede di mescolare gli ingredienti di uno Spritz, ma senza addentrarsi nella miscelazione più avanzata di competenza del barman.

BARTENDER
Il Bartender, al pari di Barman e Barista si riferisce ad una persona "che tiene il bar", come suggerisce la traduzione letterale, ma senza fare distinzioni né dal punto di vista sessuale, né dal punto di vista della specializzazione professionale.

Con il termine Bartender si può infatti indicare sia un uomo che una donna, sia un professionista dei cocktail che uno del caffè, per quanto in quest'ultimo caso la definizione di Barista (o Barista coffee) sia più precisa.

Bartender è la parola più utilizzata universalmente e, anche se in Italia quando la si sente pronunciare spesso si storce il naso – preferendone di gran lunga il termine Barman o Barista -, con il passare degli anni sta diventando di uso sempre più comune anche dalle nostre parti.

Alcuni tendono a confondere il Bartender con il Flair Bartender, ovvero colui che spettacolarizza il proprio lavoro al bar tramite delle evoluzioni acrobatiche che coinvolgono ogni oggetto in zona bancone: bicchieri, shaker, cannucce, ghiaccio, bottiglie anche piene di liquido.

In realtà il Bartender è una definizione più generica, mentre il Flair Bartender rappresenta per l'appunto una nicchia di questa figura professionale.
3)

QUALCOSA CHE DEVI SAPERE

Principalmente, per diventare un Barman professionista bisogna studiare bene il libro che hai in mano. Questo è il primo passo per iniziare una carriera tra Long drink, Shaker e After dinner.

Leggere, però, non è l'unico tassello che devi riempire. Se vuoi dirigere acrobaticamente i lavori dietro il bancone del bar, ti aspetta tantissima gavetta. La teoria da sola non basta. Serve pratica. Devi sporcarti le mani. Devi sperimentare. E devi, anche, aggiornarti periodicamente.

Quello dei barman è un mondo dinamico, frenetico e dai ritmi serrati. Rimanere fermi significa restare fuori dai giochi – che in questo caso si traduce in guadagni ridotti.

Perché diventare Barman?

Prima di parlarti delle scuole che potrai frequentare se intendi diventare un super-barman, dovresti capire il motivo che ti spinge a seguire questa passione. Il lavoro di barman richiede tenacia e comporta sacrifici.

Ecco perché il tuo conto in banca non deve essere l'unica motivazione che ti spinge a voler divenire un Bartender specializzato.

Certo, se parliamo di guadagni, un bartender accreditato può guadagnare anche 400 euro e più a serata. Ma non è questa la sola leva che deve farti sognare un futuro tra distillati, liquori ed estratti di frutta.

Un bravo barman, infatti, è innanzitutto armato di una passione infinita per la sperimentazione, per la qualità delle bibite e degli alcolici che utilizza, e che servono ai suoi clienti. Ma è anche un genio matematico, sempre pronto a risolvere equazioni di gusto. Mixare è un arte, e come tale va considerata.

Ricorda, non esistono solo i cocktail internazionali più famosi. Esiste anche l'estro, un guizzo di creatività, che permette di improvvisare un cocktail mai assaporato prima. Ed è questo che il cliente cerca: innovazione, fantasia, professionalità e qualità.

Tu, disponi di queste 4 qualità?

Appurato che la passione verso questo mondo non ti manca, devi capire se hai i giusti requisiti per iniziare la tua carriera da barman.

Brevemente, ecco cosa ti serve:

1) Innanzi tutto devi completare i 5 giorni di studio richiesti in questo libro. Ciò non include solo una marea teorica di informazioni alquanto essenziali, ma anche pratica, esercitazioni di allenamento che potrai fare da solo a casa tua.

2) Dopo aver fatto ciò accuratamente, il sesto giorno sarai sorpreso di te stesso perché sei già in grado di lavorare dietro il bancone di un qualsiasi Bar e poter preparare anche numerosi tra i Cocktail più difficili.

3) Fatto ciò, mentre hai un'occupazione di lavoro potrai iscriverti presso una scuola alberghiera o altro Ente, come "operatore di Sala-bar o di solo Bar". Con il superamento dell'esame di idoneità per l'attività di somministrazione di alimenti e bevande riceverai un diploma ufficiale. Con questo potresti aprire una tua attività nella ristorazione.

4) In alternativa o in aggiunta a questo diploma potresti frequentare un corso professionale specializzato e riconosciuto. In Italia, gli Enti di formazione che rilasciano l'Attestato da Barman sono tantissimi.

Tuttavia, tieni presente che questi corsi non sono economici e richiedono un impegno di tempo di molti mesi. Facendo ciò comunque, siccome hai già un impiego di lavoro pagato, pur frequentando un Corso potrai mettere in pratica tutta la teoria studiata e affinarla nel corso degli anni futuri. Un altro vantaggio è che durante il corso potrai confrontarti personalmente con dei professionisti del settore, pronti a svelarti tecniche e piccoli segreti.

Del resto, le cose da imparare per perfezionare sempre più la professione di bartender sono tante, così come i campi nei quali puoi specializzarti:

• Preferisci concentrarti sui cocktail classici o internazionali?

• Sei attratto dagli ultra moderni cocktail molecolari?

• O vuoi esibirti in evoluzioni acrobatiche?

Per ogni tua "voglia" esiste un percorso specifico. Scegliere se diventare Mixologist, Bar Chef o Flair Bartender dipende solo da te e dai tuoi progetti.

Ecco perché, per diventare un barman professionista, devi anche poter scegliere dove e quando iniziare a lavorare. Questo libro diventa quindi un trampolino prezioso che ti aiuta a raggiungere in brevissimo tempo la meta che più desideri.

Scegli dove e quando iniziare a lavorare

La scelta "dove lavorare" non significa in un Bar qualsiasi. Dopo aver letto e riletto questo libro e dopo averti allenato di dovere, infatti, devi iniziare a pensare su scala globale e, soprattutto, in un arco temporale maggiore.

Vuoi lavorare in un Bar da spiaggia, durante la stagione estiva? O sogni il tepore di uno chalet sulle Alpi, servendo e sorseggiando Cognac? O preferisci un Disco-pub o il classico Bar di un Grand Hotel?

Ogni scenario comporta un percorso di studi differente. Ecco perché devi capire dove, e quando, vuoi lavorare.

Come si è potuto constatare, noi non sminuiamo affatto l'apprendimento che si riceve durante un Corso. Conformemente, sarebbe errato pensare che dopo aver letto e riletto questo libro e, seguendo le esatte istruzioni, dopo essersi allenato abbastanza nella preparazione dei Cocktail non si possa apprendere ciò che vi è di più essenziale sul lavoro di bartender.

Mentre leggi, quindi, trasformati in una spugna e cerca di assorbire quante più informazioni possibili.

Dopo aver praticantato e appreso i fondamenti del barman, arriva il momento di mettere in mostra tutto quello che hai imparato. Ma anche di tirare fuori la tua creatività, la tua voglia di osare e di provare nuovi abbinamenti in cerca del gusto più perfetto.

Distinguersi fa la differenza in un mercato sempre più saturo e competitivo. Spesso, in questo mare magnum, a vincere non è il bartender più bravo, ma quello che riesce a mettersi in mostra e a fare la differenza attraverso un piccolo show acrobatico, magari proprio con un'intuizione vincente.

Alla fine della lettura di questo libro avrai imparato i punti fondamentali e più essenziali della teoria del Barman e poi dovrai passare subito alla pratica. Ti devi quindi allenare nel preparare decine o meglio centinaia di Cocktail.

Dopodiché, ti devi ricordare che il lavoro di barman è in continua evoluzione e segue, costantemente, i trend supportati dalla gente di tutto il mondo. Un esempio è la recente scoperta di inserire lo zenzero nei Cocktail. Quindi, restare fermo e non seguire il flusso di novità significa perdere clienti. E perdere clienti significa perdere guadagni. E non credo sia questa la tua massima aspirazione e neppure quella del tuo datore di lavoro.

Tu vuoi e devi diventare un barman professionista e vuoi e devi divenire anche un punto di riferimento per i tuoi clienti, per i tuoi colleghi e per i concorrenti. Quindi, la tua passione è troppo grande per perderti nell'usare il bicchiere sbagliato nella preparazione di un Cocktail.

Per diventare un bravo Barman, punta sempre sulla qualità degli ingredienti.

E per non perderti ricorda di utilizzare sempre liquori pregiati e di prima qualità. Sempre. Questo deve essere un mantra per te. Del resto, stiamo parlando della buona reputazione dell'intero locale.

Quante volte capita di stare male, dopo aver bevuto un cocktail con gli amici? Ecco, questo denota poca cura da parte dei gestori di quel locale. Scegliere alcolici sottomarche e da discount, e forse riempirvi le bottiglie vuote con l'etichetta di marca, è un torto che fanno, in primis, a loro stessi. Non tutti i clienti sono degli ingenui.

Ma tu sii diverso. Tu devi volere e devi dedicare la massima attenzione alla tua clientela e al locale. Quando si parla di lavoro: Serietà e Competenza devono essere le tue due parole d'ordine.

TUTTE LE TIPOLOGIE DI BAR

OBIETTIVO: Conoscere le diverse tipologie di bar e approfondire la loro origine; inoltre conoscere le principali tecnologie e le funzioni che assolvono.

PERCORSO: Questa sezione di apre con un breve excursus storico sull'argomento, per poi passare alla classificazione moderna dei bar individuandone le principali caratteristiche.

TIPI E FUNZIONI DEI BAR

La parola Bar sembra derivare dal termine inglese 'bar'', che originalmente indicava la sbarra posta sopra e lungo il banco di consumazione, deriva quindi dal verbo inglese To Bar che significa sbarrare intendendo così la funzione del banco bar che separa l'operatore dal cliente. Bar è anche detta quella sbarra che spesso si trova all'esterno del bancone e che può essere posta in basso per appoggiare i piedi o in alto con funzione di corrimano. Questo vocabolo è quindi entrato a far parte della lingua italiana ed è ora utilizzato per indicare un locale pubblico nel quale si possono consumare bevande alcoliche, analcoliche, calde o fredde e cibi leggeri.

La storia del bar è stata preceduta da quella dei caffè che apparvero in Europa intorno al 1700 in seguito alla diffusione della bevanda nera: il caffè. Il bar rappresenta quindi l'evoluzione del caffè.

Nei secoli scorsi la somministrazione delle bevande alcoliche veniva effettuata nelle "osterie", locali di second'ordine specializzati nella mescita del vino, e che costituivano soprattutto un luogo di ritrovo. Le bevande nervine venivano invece somministrate nelle "botteghe del caffè" o "caffè", anch'essi punti d'incontro nei quali si discuteva, si dipingeva, si leggeva e si scriveva. Alcuni di questi locali sono tuttora rinomati perché un tempo frequentati da personaggi famosi.

Il bar oggi è un locale aperto a un pubblico eterogeneo ed è caratterizzato da alcuni requisiti di base: deve essere un luogo decoroso, dotato di un banco per il servizio al cliente, di eventuali tavolini, di toilette e di magazzino.

Qualunque sia la sua origine è indubbio che quando si parla di bar si intende un esercizio pubblico dove la gente si ritrova e consuma bevande calde o fredde, piccole gastronomie e dove si può scambiare due chiacchiere e darsi un appuntamento.

Di bar ne esistono una grande varietà tutti caratterizzati da particolarità proprie che li contraddistinguono. C'è il bar che apre la mattina per le colazioni e chiude prima di cena, quello che apre il pomeriggio e chiude tardi la notte, il bar d'albergo, il bar della piscina o della spiaggia, ecc.

Le differenze tra un bar e l'altro sono determinate dalla posizione, dalla tipologia di clientela, dal tipo di servizio, dalla capacità del gestore ed altro.

A seconda del servizio offerto e del tipo di gestione possiamo individuare tre categorie di bar:
Tradizionale, Medio e Lusso:

1) **Bar tradizionale** è un locale solitamente a conduzione familiare, dotato di spazi e di servizi ridotti, sufficienti a soddisfare richieste minime da parte del cliente. Oggi questi esercizi sono estremamente diffusi e dispongono di arredamenti e di impianti moderni che consentono una buona manutenzione e permettono di offrire ottimi prodotti.

Aperto dalla mattina alla sera e adatto a qualsiasi tipo di clientela, dà la possibilità di bere caffè, bibite, birra, vino, liquori e distillati, (possibilità di gioco, carte, biliardo, ecc.)

Spesso nello stesso esercizio sono compresi la vendita di tabacchi e ricevitorie.

2) **Bar medio** è un locale più grande rispetto al precedente, offre un servizio più completo e dispone di maggior personale. In questi locali il giovane barman può svolgere un ottimo apprendistato.

3) **Bar di lusso** è da considerarsi un locale nei quali l'arredamento è particolarmente confortevole e il servizio è estremamente accurato e preciso, in grado di soddisfare anche le richieste dei clienti più esigenti. Generalmente sono inseriti nei grandi alberghi, gestiti e diretti da barman qualificati.

I bar possono anche essere classificati in base alla funzione che svolgono. Questa classificazione risulta complessa, perché alcuni di essi svolgono più di una funzione; inoltre vengono continuamente proposte nuove formule per attirare più clientela, come ad esempio: Video bar, Wine bar, Circolo, Sport cafè, Internet cafè, ecc.

TEA ROOM

L'origine delle sale da tè risale al 1700 ed è ancora molto diffuso in Europa. E' un locale raffinato, elegante, e di relax. Specializzato in assortimento di tè e infusi in genere. Spesso collegato al concetto di bar pasticceria.

BAR PASTICCERIA

Locale classico. E' il perfetto punto di ristoro dove la clientela trova un servizio discreto imperniato principalmente su caffetteria e pasticceria.

La principale attività consiste nel vendere prodotti dolciari di vario genere. Svolge la sua attività prevalentemente la mattina per il servizio delle prime colazioni e il pomeriggio come sala da tè.

Il bar pasticceria deve avere un buon assortimento di paste e di torte sia dolci sia salate da consumarsi sul posto oppure da asportare. L'arredamento è costituito da un bancone per la vendita e il servizio rapido e da tavolini per i clienti che intendono soffermarsi più a lungo. L'orario di apertura del bar pasticceria e generalmente dalle 7.00 alle 21.00.

Nelle ore che precedono il pranzo questi locali propongono invitanti aperitivi accompagnati da vari stuzzichini Il personale che vi opera deve essere a conoscenza della composizione delle bevande, delle preparazioni di pasticceria e del loro abbinamento.

BAR GELATERIA

È un locale con la prerogativa di offrire alla clientela gelati e bibite dissetanti. L'offerta merceologica è basata quindi sul gelato prodotto artigianalmente, dando al cliente la possibilità di scegliere tra una vasta gamma di coppe di gelato e bibite dissetanti.

L'attività di questo bar è prevalentemente estiva. Solitamente l'arredamento presenta specchi, pareti dipinte con colori solari e luci brillanti, in modo da conferire al locale un tono fresco, allegro e pulito. In genere questi locali dispongono di uno spazio all'aperto in cui d'estate viene realizzato il servizio al tavolo.

Gli orari di apertura variano a seconda delle stagioni e delle località di ubicazione.

MILK BAR

Bar specializzato in bevande a base di latte quali milk-shake, frappè, yogurt, frullati, ecc.

BAR BIANCO

La caratteristica di questo bar è quella di non vendere nessun tipo di bevanda alcolica.

SNACK BAR

È il "bar" inteso nel senso più moderno, nel quale sono riuniti sia servizi di caffetteria sia di ristorazione. Generalmente questi locali sono situati nelle grandi città, sulle grandi vie di comunicazione, in prossimità di stazioni ferroviarie e di aeroporti o nei centri commerciali.

Questo tipo di esercizio è estremamente diffuso e offre alla clientela di passaggio la possibilità di consumare rapidamente uno spuntino, una bibita o un caffè effettuando un servizio veloce e abbastanza accurato. Accanto alle bevande, offre un ampio assortimento di cibi da consumarsi in breve tempo: tramezzini, panini, toast, primi e secondi piatti già pronti, dolci ecc.

ENOTECA - VINERIA - WINE BAR

Offre una vastissima scelta di vini, con abbinamenti di piccoli stuzzichini. Ambientazione e atmosfera molto culturale.

PUB

E' un locale di origine inglese, nel quale è prevista soprattutto la mescita della birra e del whisky. I pub inglesi hanno la caratteristica di servire una sola marca di birra, che è quella che li distingue rispetto agli altri. Tipico è l'arredamento di legno. Spesso non è previsto il servizio al tavolo ma solo al banco bar; il cliente va al banco ordina, paga e va a sedersi.

In Italia i pub o birrerie hanno un caratteristico stile di arredamento che ricorda i locali inglesi e servono, oltre a una vasta gamma di birre nazionali ed estere, anche panini e specialità gastronomiche. Sono generalmente frequentati da giovani e il servizio è informale.

L'orario di apertura di questi locali varia a seconda della zona di ubicazione.

BIRRERIA

Ambiente caratteristico che ricalca il pub inglese. Offre al cliente, oltre ad una vasta gamma di birre alla spina ed in bottiglia, anche la possibilità di consumare panini e piatti tipici.

AMERICAN BAR O PIANO BAR

È un locale presente in luoghi di grande passaggio, costituito da un ambiente principale arredato con un grande banco bar e alcuni sgabelli, oltre che da piccoli salotti con tavolini e comode poltrone. La musica dal vivo, piccoli spettacoli, la presenza di un pianista e le luci soffuse creano un'atmosfera particolarmente intima.

Ambiente riservato, raffinato, ed elegante, specializzato nel bere miscelato e nel servizio in generale. La qualità, ed il servizio, sono la prerogativa di questi bar.

Il barman di questo tipo di locale deve essere altamente specializzato, qualificato nella conoscenza dei distillati, dei liquori e delle lingue straniere, inoltre in grado di preparare ogni genere di cocktail gli venga richiesto e anche piccoli snack. L'american bar generalmente inizia il servizio nel tardo pomeriggio e lo termina alle prime luci dell'alba.

BAR DISCOTECA

Situato all'interno di una discoteca. La caratteristica è il servizio veloce di cocktails e bibite dissetanti.

E' un locale frequentato da giovani, il servizio non è particolarmente accurato e le bevande proposte sono generalmente bibite, long drink alla frutta, bevande alcoliche e alcune varietà di cocktail. Questa tipologia di bar è spesso il luogo ideale per i barman flair e free style.

In alcune discoteche, purtroppo rare, esiste anche un bar bianco dove sono somministrate solo bevande a base di latte.

DISCO BAR

Riflette l'ambientazione della discoteca, ma non è permesso il ballo. La musica ed il bere la fanno da padroni.

BAR DEL NIGHT

E' un locale frequentato solo da adulti e rispetto al bar della discoteca offre un'atmosfera più ricercata, un servizio più accurato e maggiore varietà di prodotti. L'orario dei bar annessi alle discoteche e ai night segue quello dei locali in cui sono ubicati. Le nuove leggi prevedono, nelle discoteche, la sospensione della somministrazione delle bevande alcoliche qualche tempo prima della chiusura del locale.

NIGHT CLUB

E' un locale notturno, con ballo, musica dal vivo e spettacoli internazionali. Il servizio è curato da professionisti che propongono bevande miscelate e prodotti di qualità.

BAR D'ALBERGO

Trattasi di un "american bar" situato all'interno dell'albergo e ubicato vicino alla sala ristorante o alla portineria. È in genere arredato con grandi e comodi divani e poltrone in linea con lo stile dell'hotel. La sua funzione è quella di offrire ai clienti momenti di incontro e di relax. Funziona principalmente per esaudire le richieste della clientela ospite dell'hotel.

Il personale del bar di un albergo deve essere dotato di ottime capacità professionali e di notevole esperienza, deve conoscere le tecniche di preparazione e di servizio sia delle bevande più comuni sia dei cocktail più sofisticati. Nei grandi complessi alberghieri di solito esiste un apposito bar collocato vicino alla piscina. In caso contrario il servizio alle vasche viene garantito dal bar centrale.

BAR PISCINA

Bar situato vicino alla piscina. E' un american bar con particolare attenzione all'offerta di drinks dissetanti e freschi.

PRINCIPALI ORARI DI LAVORO

Per quanto sia difficile generalizzare visto le differenti tipologie di bar esistenti, qui di seguito sono indicati i principali momenti di lavoro con orari indicativi, ossia periodi della giornata caratterizzata da tipologie di servizi e bevande ben definite:

Ore 7 – 10.30: servizio di caffetteria accompagnato da paste fresche come brioche, krapfen, ecc.

Ore 11 – 13: servizio d'aperitivi accompagnati da stuzzichini, patatine, olive, crostini, ecc.

Ore 12.30 – 14.30: servizio di pranzo con panini, tramezzini, insalatone, primi o secondi piatti già pronti; da bere si serve in particolare vino, birra, acqua e bibite.

Ore 14 – 15: servizio di caffè e digestivi.

Ore 16 – 18: servizio pomeridiano di caffetteria; l'ora del tè, del caffè, della cioccolata calda accompagnata da torte e piccola pasticceria.

Ore 18.30 – 20: servizio d'aperitivi.

Ore 21 – 22: servizio di caffè e digestivi.

Ore 22 in poi: servizio di cocktail, bottiglie di spumante, distillati, ecc.

LAVORARE NELLA ZONA BAR

OBIETTIVO: conoscere le diverse zone operative del bar e le relative funzioni; saper effettuare la corretta mise en place del banco; saper svolgere le operazioni di riordino e pulizia del bar.

PERCORSO: la conoscenza della struttura dell'ambiente di lavoro è un presupposto indispensabile per potersi muovere e comportarsi con la clientela in modo coordinato, tale da poter svolgere un servizio efficace.

In questa sezione si considera quindi l'organizzazione degli spazi nel bar, evidenziando le diverse aree di lavoro e la loro funzione. Essendo il banco il fulcro del locale, si dedica particolare attenzione al modo migliore per organizzarne la mise en place. Infine vengono fornite indicazioni, pratiche e teoriche per effettuare correttamente le operazioni di riordino e di pulizia del bar

Il lavoro del bar si caratterizza per lo stretto contatto con la clientela e richiede quindi una particolare sensibilità nel relazionarsi con le persone, stimolando la conversazione di chi desidera parlare, sapendo ascoltare, dando consigli solo quando richiesti. Doti fondamentali, la discrezione e la professionalità.

Chi lavora al bar è sempre sotto lo sguardo dei clienti, per questo il comportamento, l'ordine e la pulizia sono aspetti importanti, al vaglio costante da parte della clientela.

Il servizio è un'arte

Dare un servizio significa mettersi a disposizione degli altri. Coinvolge le emozioni ed è astratto ed intangibile; non si tocca, non ha profumo o colore, ma si percepisce.

Il servizio è l'insieme delle sensazioni che agli ospiti fa avere dei bei ricordi e il piacere di ritornare.

Il lavoro del barista si fonda sul desiderio di far stare bene le persone, farle sentire speciali, e la partecipazione di emozioni che ne deriva, può far dire: "Il servizio del barista è un'arte".

Comportamento:

L'educazione, le norme comportamentali, il linguaggio del corpo assume molta importanza.

Ordine:

La prima regola dell'ordine è di mettere subito al proprio posto le cose appena utilizzate. Tenere il bar sempre in ordine agevola il lavoro e dà una buona impressione al cliente.

Pulizia:

La pulizia è un obiettivo che si deve rincorrere continuamente durante l'orario di lavoro. Il banco bar, i tavoli si sporcano in continuazione, è fondamentale tenerli continuamente puliti produce un effetto benefico sul cliente.

L'ordine e la pulizia non sono solo riservati al bar ma anche a tutti coloro che lavorano nel bar.

ZONE E EREE DI LAVORO DEL BAR

PIANO DI SERVIZIO

E' ad uso esclusivo del cliente. E' poco più alto di quello di lavoro. Può essere vestito con frangini. Le consumazioni preparate sul piano di lavoro sono servite sul piano di servizio.

Sul piano di servizio si dispongono le mise en place per i servizi di caffetteria e aperitivi. In delimitate aree del piano di servizio si possono esporre alcuni prodotti, in contenitori con coperchio, per i servizi di caffetteria, o in secchielli nel caso dei vini per l'aperitivo.

Nella mise en place di caffetteria sul piano di servizio e sui tavoli disporre:
• Tovaglioli di carta.
• Bustine di vari tipi di zucchero.

IL BANCO BAR

E' la zona di lavoro più importante ed è composta a sua volta da sottobanco, piano di lavoro, piano di servizio e retro-banco.

Sottobanco

Qui si trovano di solito i frigoriferi, macchina del ghiaccio e se manca l'office anche il lavabicchieri.

Piano di lavoro

E' ad uso esclusivo del personale. E' la zona dove si dispongono piccole attrezzature e si preparano bevande e snack. Generalmente è formato da un piano d'acciaio, ma può essere ricoperto da altro materiale. Si può trovare anche un lavello.

E' la parte del banco che, suddivisa in aree, serve alla disposizione della mise en place di servizio. Le attrezzerie sono disposte in modo da rendere completamente autonomo il servizio per cui sono predisposte. Tutte le preparazioni vengono allestite sul piano di lavoro.

Il piano di lavoro deve essere coperto con del tovagliato, coprimacchia o tovaglia su cui disporre la mise en place. Sopra al coprimacchia nell'area di lavoro sono distesi uno o più tovaglioli.

Il tovagliato è utile perché:
• Veste il banco.
• Attutisce i colpi.
• Assorbe le macchie.

Dietro il banco non si deve:
• Fumare, bere, toccarsi capelli, naso o altre parti del corpo.
• Chiacchierare con colleghi.
• Dare le spalle ai clienti.

• Pulirsi le mani con i strofinacci destinati alle stoviglie.

IL RETRO-BANCO

E' la zona alle spalle degli operatori. E' formato da una parte composta dalla bottigliera, una parte occupata dalla macchina del caffè e materiale connesso, alcuni armadietti a terra con sportelli per il deposito di materiale di uso frequente, ed è separata dal banco da una pedana.

Il retrobanco è una zona di servizio destinata a:
• Piani di appoggio per il servizio.
• Piani per bicchieri e bottiglie.
• Piani per materiale di riserva.
• Frigoriferi.
• Congelatori.
• Lavelli.

La pedana influisce fortemente sullo stress fisico degli operatori. Eccessiva rigidità o flessibilità, altezza non proporzionata al piano del banco, sono le principali cause che, associate ad una cattiva postura e scarpe non adatte, provocano mal di schiena e dolori alle gambe. Per quanto concerne la pedana, si deve prestare attenzione a: materiale di costruzione, fissaggio non barcollante, rivestimento e altezza.

La larghezza della pedana deve corrispondere all'esatta distanza che c'è tra banco e retrobanco, e non deve avere fessure d'inciampo e obbligare a contrazioni o estensioni innaturali dei movimenti.

LA BOTTIGLIERA

E' il luogo in cui si conservano e sono esposte le bottiglie di liquori. Spesso si trova alle spalle del barista. E' formata da piani su cui sono ordinate le bottiglie. Le forme o interpretazioni della bottigliera sono molte; il tipo più diffuso è formato da una serie di ripiani situati nel retrobanco, o lateralmente al banco. Spesso su una parete con specchio.

Se il retrobanco è sufficientemente profondo, può essere costruita in piani a scalare; se c'è spazio sufficiente può essere una colonna girevole posta al centro della pedana o, se la necessità è creare un'atmosfera riservata, può essere sostituita con una credenza.

Può avere qualsiasi forma, ma l'ordine con cui vi si dispongono le bottiglie deve seguire una logica precisa.
Le bottiglie sui piani devono essere divise per:
• Frequenza d'uso.
• Tipologia.
• Provenienza.
• Invecchiamento.

PORTABOTTIGLIE SPILLATORE DA MURO

Pratico portabottiglie con dosatore 4 cl. Basta semplicemente posizionare il bicchiere all'estremità sottostante e verrà riempito velocemente ed accuratamente. La sua praticità facilita il mixing. E' regolabile per differenti tipi di bottiglie (0.7-1 litro).

L'OFFICE

Per i bar forniti di office questa è una zona molto utile. Qui avviene la pulizia del materiale e la preparazione di alcuni snack e bevande. E' utilizzata anche come area da lavaggio e quindi troveremo il lavabicchieri, lavelli e macchinari vari quali frullatore, centrifuga, spremiagrumi, tostiera, ecc. A volte si trova anche la macchina del ghiaccio e del caffè.

LA ZONA ESTERNA

Questa zona include l'area destinata alla clientela. Si compone di un ingresso, un'area vicino al banco-bar e un'area per il servizio ai tavoli, le toilette ed eventuali aree destinate all'intrattenimento dei clienti.

RIASSUMENDO, NELLA STRUTTURA DEL REPARTO BAR DISTINGUIAMO 3 ZONE:

1) **Il banco**, con alle spalle la **bottigliera**.
2) **La spazio per la clientela**:
• Ingresso
• Area per il servizio ai tavoli.
• Zona per il consumo in piedi.
3) **L'office**, locale di servizio con:
• Tavoli di lavoro.
• Scaffali per attrezzature e scorte.
• Frigoriferi.
• Altra attrezzatura.
4)

IL PERSONALE DEL BAR

OBIETTIVO: Avere un quadro preciso della professione del barman, sotto il profilo delle mansioni, dell'etica professionale, dei rapporti con la clientela e con i colleghi all'interno dello staff, nonché dei requisiti necessari per operare professionalmente con successo.

PERCORSO: Questa sezione è composta da due unità didattiche.
1) Nella prima si fornisce una descrizione dettagliata del profilo professionale del barman, evidenziando le peculiarità di questo lavoro e requisiti necessari per svolgerlo correttamente. In particolare si insiste sui tratti che formano l'etica professionale e su quel complesso di norme che sono alla base di un rapporto corretto ed efficace con il cliente e con i colleghi.

Un'attenzione particolare è riservata all'insieme dei comportamenti e delle attenzioni da applicare per mantenere lo propria persona curata e in buona salute. Infine, per completare il quadro orientativo sulla professione, viene presentato un possibile schema organizzativo del lavoro all'interno del bar.
2) Nella seconda unità didattica viene presa in considerazione la composizione dello staff di bar, descrivendo le mansioni di ciascun addetto e i requisiti che gli sono richiesti.

Staff di bar
- Direttore di bar
- Capo barman
- 1° Barman / Barman
- 2° Barman
- Barista
- Aiuto-barista
- Cameriere di bar
- Freestyle / flair bartender

LA BRIGATA DEL BAR

Le qualifiche professionali, dal più esperto al meno esperto sono:
• Capobarman.
• Barman.
• Secondo barman.
• Commis di bar.

Altre qualifiche usate prevalentemente all'esterno delle strutture ricettive alberghiere sono:
• Banconista.
• Barista.
• Apprendista.

Le caratteristiche principali del personale del bar sono: ordine, capacità di ascolto, discrezione, buona cultura, intuito, capacità di osservazione.

La gerarchia da Capobarman a Commis, sta a dimostrare un curriculum professionale continuo e vario, con esperienze che spaziano dal Bar d'albergo, alla Gelateria, passando attraverso il Pub, la Discoteca e la Caffetteria, senza dimenticare la Ristorazione.

Essere Capobarman, Barman o Commis, potrebbe imporre periodi di lavoro all'estero per arricchire le conoscenze linguistiche e professionali.

Il Capobarman ha funzioni direttive e di coordinamento del suo reparto, di cui ha la responsabilità economica e professionale. Stabilisce, in accordo con la direzione, stile di servizio, quantità di mescita, scelta dei prodotti, carta del bar, turni di lavoro e cura i rapporti con i fornitori.

In quelle strutture dove la qualifica di Capobarman non è prevista, è il Barman stesso ad avere la responsabilità economica e di servizio del bar. Il Barman deve avere capacità e conoscenze professionali mature.

Il Secondo barman, e in misura maggiore il Commis, "studiano" per diventare Barman o Capobarman.

Il Banconista (barista), ha capacità professionali adeguate al lavoro di banco, caffetteria e mescita. Può avere funzioni direttive, gestisce sovente la parte economica dell'attività, tratta con i fornitori e stabilisce orari e modalità di servizio.

LA FIGURA PROFESSIONALE E IL LAVORO NEL BAR

• Per la delicatezza della posizione che occupa all'interno di un sistema ristorativo, il barista è chiamato a: trovarsi al proprio posto prima che arrivi il cliente.

• Durante il servizio deve evitare di raggrupparsi e discutere o dilungarsi in discussioni inutili. Dovendolo fare per esigenze di servizio, è bene utilizzare un tono basso della voce. La trasmissione degli ordini non deve avvenire in modo plateale. Se una brigata di sala-bar è ben affiatata, basta un cenno, un colpo d'occhio per capirsi.

• Evitare gesti appariscenti, ammiccamenti verso il cliente o esprimersi con i colleghi come se si stesse parlando di uno dei clienti in sala.

• Sia nel momento dell'accoglienza che nel congedo il saluto deve essere spontaneo e disteso e nello stesso tempo cordiale. Guardare l'ospite in viso senza fissarlo per lungo tempo negli occhi. Non lesinare mai un grazie ma non pronunciarlo ripetutamente anche quando non serve. Potrebbe infastidire il cliente che si sente preso in giro.

• Mantenere il giusto equilibrio tra il rispetto e l'ossequiosità. Mai perdere il proprio stile e diventare troppo servili.

• La deontologia professionale è l'insieme delle regole etiche e comportamentali legate ad una determinata professione. L'etica professionale può essere espressa come la corretta modalità di comportamento che ogni persona deve mantenere sul lavoro, nei confronti dei colleghi, dei clienti e del datore di lavoro.

• Onestà, rispetto, lealtà, serietà, puntualità, impegno e collaborazione sono alcuni tra i principali valori da perseguire.

• Nella consapevolezza che il lavoro di bar è soprattutto un lavoro di gruppo. Esiste anche un'etica nei confronti della professione stessa: il barman con il suo comportamento e il suo modo di presentarsi tiene alta l'immagine dell'intera categoria.

• Affinché l'osservanza di tali regole non risultino particolarmente gravose è importante porsi nei panni del cliente per chiedere cosa piacerebbe che si facesse a noi stessi, nel caso in cui ci recassimo in un bar. Le stesse attenzioni e cordialità vanno rivolte alla clientela che frequenta il locale in cui si presta la propria attività.

• In particolare: Nei confronti dei colleghi è necessario avere uno spirito di collaborazione e il rispetto delle differenti opinioni. La brigata di bar raggiunge i migliori risultati se i suoi componenti hanno attitudini a lavorare in gruppo. Una squadra unita negli obiettivi da raggiungere raggiunge dei risultati superiori a singole individualità che lavorano ognuno con un proprio obiettivo.

• Nei confronti dei clienti ogni operatore è chiamato a svolgere la propria attività affinché ogni cliente possa trascorrere piacevolmente il suo tempo all'interno del locale.

• Discrezione, tatto, empatia e rispetto della persona, sono le strategie che ogni barman deve adottare nel rapporto con il cliente.

• Nei confronti dell'azienda: onestà, puntualità e rispetto organizzativo e dell'arredamento sono alcuni dei requisiti richiesti nel rapporto con la struttura ed il suo gestore.

• Evitare gli sprechi e tutti i comportamenti che possano determinare difficoltà al buon andamento dell'azienda ristorativa. Rispettare la privacy aziendale evitando di divulgare dati sensibili, strategie commerciali e scelte gestionali.

• Dignità professionale significa attuare un comportamento che non danneggi l'immagine della categoria avendo cura e rispetto della propria persona, dell'igiene personale e del posto di lavoro. Indossare sempre la divisa durante il servizio avendo cura di mantenerla pulita e in ordine per tutto il tempo necessario.

IL RAPPORTO CON LA CLIENTELA

OBIETTIVO: Conoscere il modo corretto di porsi nei confronti della clientela, con particolare attenzione alle differenze rispetto all'attività del ristorante; saper stilare correttamente la lista delle bevande.

PERCORSO: Questa sezione si compone di un'unica unità didattica e si apre illustrando il modo migliore di accogliere il cliente, il frasario più idoneo da utilizzare e i vari tipi di clientela che ci si può trovare di fronte. Di seguito si analizza la lista delle bevande, delineandone le principali caratteristiche.

COMPORTAMENTO NEI RAPPORTI CON I CLIENTI

1) Accoglienza: quando un cliente entra nel locale, offrigli la tua migliore accoglienza, fagli sentire che è il benvenuto e fallo sentire importante.

2) Adattamento: adatta il tuo comportamento e modo di parlare alla persona o tipologia di cliente: se sei con un bambino di 4 anni o con un anziano di 70, non puoi comportarti e parlare nello stesso modo.

3) Additare: non indicare con il dito persone o tavoli; se devi fornire delle indicazioni o riferimenti, descrivi la persona o il luogo, evitando di fissare qualcuno.

4) Apprezzamenti: cerca di avere sempre qualche apprezzamento sincero, verso il cliente, i figli, la macchina, il cane…

5) Attenzione: assumi sempre un atteggiamento premuroso e scrupoloso, e dimostrati sempre disponibile e attento alle esigenze di tutta la clientela, anche verso quella di altri colleghi.

6) Cliente informato: se un cliente vuole parlare per dimostrare le sue conoscenze o capacità, incoraggialo, senza interromperlo né contraddirlo.

7) Colloqui: parla di ciò che interessa al cliente, non di quello che interessa a te. Ricorda che al tuo cliente non interessa nulla delle tue difficoltà, a lui interessano i suoi problemi! Non intervenire nei colloqui, salvo se espressamente richiesto.

8) Commiato: quando un cliente esce, salutalo calorosamente ringraziandolo per essere venuto nel locale, per averci concesso quindi la sua preferenza.

9) Comunicazioni non verbali negative: non trasmettere al cliente i tuoi stati d'animo negativi (preoccupazione, nervosismo, insofferenza, rabbia, ecc.) con il tuo comportamento, il viso, le parole, il tono di voce o lo sguardo; mantieni sempre un tono di voce e un atteggiamento tranquillo e sicuro.

10) Confidenze: cordialità, simpatia, gentilezza... ma evita le eccessive confidenze, anche se ti sembra che il cliente ne sia contento; questa è la situazione più pericolosa, perché non sempre si è in grado di percepirne il limite. Per contro evita di tenere un atteggiamento troppo freddo e distaccato.

11) Empatia: durante il lavoro, mettiti nei panni dei clienti per soddisfarli al meglio e valutare in modo corretto la qualità del tuo operato.

12) Errori: se hai commesso qualche errore, ammettilo subito con sincerità.

13) Gossip: evita commenti e pettegolezzi, e non ascoltare i discorsi dei clienti. Non criticare o biasimare altre persone con i clienti; spesso ti si ritorce contro.

14) Impegno: fai capire ai tuoi clienti, con comportamenti e parole, che fai del tuo meglio per soddisfarli, e che lo fai con piacere.

15) Incrocio: se mentre cammini incroci un cliente, cedigli il passo: fermandoti o rallentando e facendolo passare prima di te.

16) Linguaggio: sempre appropriato; no parolacce, no dialetto.

17) Memorizza: cerca di memorizzare i gusti e le preferenze dei clienti abituali. Osservali, comprendili, ricordali.

18) Precedenze di servizio: rispettale, sempre.

19) Presentati: prima di servire, sbarazzare o rimpiazzare accertati che il cliente ti abbia notato; in caso contrario richiama l'attenzione con frasi come: prego, gradisce..., mi scusi, ecc.;

20) Pro-attivo: se puoi, cerca di prevenire i desideri, le esigenze e le richieste degli ospiti.

21) Rapporto con il cliente: devi instaurare un rapporto sincero, onesto, tranquillo e professionale.

22) Saluto: saluta sempre per primo.

23) Sorriso: mentre parli, sorridi sempre: deve essere un sorriso spontaneo, non forzato (si nota subito). Chi non sa sorridere deve cambiare professione!

24) Valorizzazione: fai sentire al tuo cliente che lui per te è molto importante (tutti); valorizzalo come persona e apprezza le sue idee, giudizi e desideri.

25) Vigila: se noti che un cliente non è soddisfatto, intervieni per porvi rimedio o informa subito il tuo superiore.

26) Voce: innanzitutto di tono basso; se l'interlocutore è distante, non devi alzare il tono, ti devi avvicinare! Il tuo modo di parlare deve essere pronto, sicuro, deciso, convincente e tranquillo.

5)

IL RUOLO DEL BARMAN

All'interno di un Bar o Cocktail Bar o in un pubblico esercizio esistente nel settore dell'*"Ospitality"*, il ruolo di chi fa il nostro mestiere, ovvero quello del Barman, i prodotti somministrati sono molti e non è facile saperli gestire tutti con le tecniche di lavoro e servizio.

Un operatore bar, rispetto ad altri colleghi esercenti, deve avere una più vasta conoscenza merceologica e saper somministrare cibi e bevande al meglio. Se aggiungiamo anche le tecniche di miscelazione, il discorso si allarga maggiormente.

Proviamo a dare adesso alcuni suggerimenti sulle norme di comportamento, di servizio e su come relazionarsi con il cliente.

Ricordiamo che la professionalità passa anche attraverso le piccole attenzioni e i piccoli dettagli, cose un po' trascurate da molti Bartenders non professionisti.

Comportamento

Come primissima cosa dobbiamo chiederci cosa riusciamo a trasmettere prima di iniziare il nostro servizio, sia esso sia di Bar o di Sala, guardandoci e (non troppo superficialmente) con la nostra presenza a chi ci sta vicino.

Presenza

Viviamo in un mondo dove l'immagine sta assumendo una importanza sempre più determinante; i ritmi frenetici della nostra vita quotidiana, uniti all'affollamento di messaggi che riceviamo, riducono i tempi di comunicazione interpersonale e quindi di conoscenza reciproca; molta della nostra credibilità si guadagna sull' impressione che noi riusciamo a dare al nostro prossimo (soprattutto la prima impressione).

La cura della propria immagine sarà tanto più importante per chi svolge una attività dietro un banco bar (lavorando sempre di fronte ai clienti).

Avere una bella presenza significa proporre la propria immagine in maniera positiva, gradevole, dignitosa, affidabile per il ruolo che siamo chiamati interpretare. Chi più chi meno, tutti noi *"comunichiamo"* anche quando stiamo zitti (si chiama CNV: comunicazione non verbale), il silenzio, la smorfia di contrarietà, lo sguardo di sufficienza significa comunicare qualcosa.

Quando si svolge un lavoro a contatto con il pubblico non si devono assumere con la faccia *"espressioni"* che esprimano i nostri stati d'animo negativi, soprattutto quando queste espressioni potrebbero infastidire il cliente.

Quando lavoriamo dietro un banco bar dovremo stare molto attenti a non compiere gesti poco simpatici quali: grattarsi la testa, asciugarsi il sudore con le dita, toccarsi il naso, ecc..

Comportamenti da adottare al banco

Il banco bar evita assolutamente di entrare nella zona intima del cliente, per contro può creare *"freddezza"*, distacco se la posizione assunta dall'operatore è troppo presuntuosa e rigida, dobbiamo avvicinarci al cliente per ascoltarlo (molti clienti, specialmente quando il locale è pieno, esitano a fare l'ordinazione con un tono alto di voce).

Comportamento per l'operatore di sala-bar

In questo caso si rischia spesso di invadere la zona intima del cliente, un operatore non professionista, che *"pressa"* il cliente per fargli aumentare le ordinazioni, invade lo spazio personale del cliente e oltrepassa i confini della discrezione che regolano il rapporto operatore/cliente.

Esiste, quindi, uno spazio *" ideale "* di comunicazione che può variare da soggetto a soggetto; il bravo operatore è colui che riesce a stabilire La giusta distanza di comunicazione con i colleghi, i superiori e i clienti.

La postura

In attesa del cliente, il professionista ha sempre un atteggiamento composto (non è appoggiato alla macchina del caffè, né tanto meno sul banco); se dialoga con un collega non fa conversazione animata e soprattutto guarda sempre in direzione della porta d'ingresso (come se fosse alla guida del proprio banco bar e la porta fosse la strada da tenere d'occhio!!).

La posizione da tenere di fronte al cliente è la seguente: corpo eretto, ma non eccessivamente impettito, volto che esprime il piacere di vedere il cliente, saluto cordiale ma garbato guardando negli occhi il cliente, approccio educato per promuovere l'ordinazione, tono della voce moderato, scelta della distanza più appropriata per ottimizzare la comunicazione e non si beve mai! Non si mangia mai! Di fronte al cliente.

Il primo prodotto che deve *"vendere"* l'operatore nel pubblico esercizio è la propria immagine. L'atteggiamento professionale conduce il cliente a un dialogo altrettanto rispettoso. L'atteggiamento troppo permissivo incoraggia il cliente a non rispettare l'ambiente nel quale si trova.

L'ordinazione

Molti operatori si rivolgono al cliente con un: *"dica!"* oppure *"cosa prende ?"*
Vi sono modi decisamente più professionali per rivolgersi al cliente: *"buongiorno, cosa desidera?"* oppure: *"Buongiorno, cosa posso servirle?"*
Al cliente abituale: *"buongiorno dottore, le servo ... (oppure gradisce) il solito caffè?"*

Non sottovalutare mai il tuo cliente

Questo è uno degli errori più frequenti che vengono fatti da operatori non professionisti, ragionare nei seguenti termini: *"E' inutile che mi dia tanto da fare ….tanto il cliente non si accorge di quello che sto facendo e inoltre……non capisce niente!"*

Con questa convinzione molti locali – ogni giorno – perdono clienti.

Non è assolutamente vero che il cliente non capisce niente; il cliente osserva e giudica dal comportamento degli operatori se sono professionisti e se, soprattutto, osservano norme igieniche .

TIPI DI CLIENTI E I LORO COMPORTAMENTI

Il Cliente abituale

Molto spesso si aspetta di essere riconosciuto e salutato in modo più caloroso, magari con il proprio nome, gli piace sentirsi trattato in modo diverso, migliore; c'è un rapporto di conoscenza per cui è normale scambiare qualche battuta.

Il Cliente nuovo

Non va trattato con freddezza o indifferenza, non deve sentirsi meno importante degli altri , potrebbe diventare un cliente abituale .

Il Cliente Mimo

Di solito entra senza salutare, il volto è inespressivo, si avvicina al banco e ti guarda senza parlare. Se viene ignorato, sbatte la bustina di zucchero o una moneta sul banco, sempre più rumorosamente. Essendo un cliente abituale e consumando sempre lo stesso prodotto ogni giorno, ritiene superfluo dovertelo chiedere, o, più raramente, è una persona estremamente timida.

Il problema è che ha lo stesso atteggiamento anche se la barista che lo serve è appena stata assunta e non conosce le sue abitudini, oppure se è un orario di alta affluenza, c'è molta confusione, e la sua presenza si confonde nella moltitudine. Lui semplicemente non parla, non chiede ma pretende di essere capito e servito al volo.

Come comportarsi in un caso del genere? Non occorre ogni volta chiedere al cliente cosa desidera, o ancora peggio fargli l'elenco di tutti i prodotti in vendita, serve solo a spazientirti e a consumare energia, perchè molto spesso ricevi in cambio uno sguardo di rimprovero e disappunto.

Concentrati solo sui lati positivi: è una perfetta occasione per sviluppare la memoria, concentrati su quello che ti chiede la prima, seconda e terza volta, e stai tranquillo che sarà sempre la stessa cosa vita natural durante. Non puoi sbagliare! Secondo "il silenzio è d'oro" se è paragonato ad un'inondazione di parole che magari non incontrano il tuo interesse ma che il ruolo che rivesti ti obbliga ad ascoltare.

Queste sono regole chiamati: "Piccoli dettagli e che fanno la differenza". Oggi di Bar, locali e ristoranti ve ne sono tantissimi e altri ancora ne nasceranno. Ricordati che il Cliente con i propri soldi va dove vuole, ed è quindi compito del barista far si di essere talmente bravo, pronto e premuroso da far si che scelga il suo locale.
6)

LAVORARE NEL BAR

Il lavoro del bar si caratterizza per lo stretto contatto con la clientela, e ciò richiede una particolare predisposizione e sensibilità nel trattare le persone. Requisito essenziale del barman, infatti, è la grande capacità di stare in contatto e comunicare con le persone: deve essere in grado di stimolare la conversazione in coloro che lo desiderano, saper ascoltare e, quando richiesto, anche dare consigli, mantenendo, comunque, riservatezza e discrezione.

La maggior parte delle persone non va al bar solo perché ha sete e fame, ma anche per altri motivi quali:
1) Trascorrere del tempo in un ambiente confortevole.
2) Bere e mangiare qualcosa di piacevole e stuzzicante.
3) Incontrarsi e parlare.

Il barman è il protagonista della vita che si svolge nel bar, e dalle sue capacità dipende gran parte del successo commerciale del locale. Egli deve essere in grado di:
4) Offrire le bevande giuste – preparate in modo corretto – alle persone giuste e nel giusto momento, accompagnate spesso da buoni snack.
5) Creare un ambiente che stimoli, sotto il profilo umano, il soggiorno nel locale.

Come nel ristorante, anche nel bar l'occhio inteso come attenzione ai dettagli e alle sfumature del servizio è quello che differenzia il professionista: la perfezione del servizio sta nell'attenzione ai dettagli. Ordine, meticolosità e pulizia sono imperativi per chiunque lavori in un bar.

Per quanto riguarda l'ordine, la prima regola che un barista deve adottare nel lavoro è rimettere subito al loro posto le cose appena utilizzate. Nel bar si usano in continuazione attrezzi di lavoro, bottiglie, cibi: se non si è più che ordinati il risultato è un costante senso di confusione e disordine, con tutti i problemi che derivano dal non trovare ciò che occorre mentre si lavora, oltre alla sgradevole impressione che si trasmette alla clientela.

La meticolosità serve perché ogni giorno ci sono lavori che devono essere ripetuti sempre nello stesso modo (fare il carico, svolgere le pulizie, controllare la linea completa, ecc.) per lavorare con tranquillità e professionalità.

La pulizia è un obiettivo che si deve rincorrere in continuazione. Tenere pulito un bar è una cosa difficilissima; il banco, i tavoli, il pavimento, le attrezzature, le bottiglie…: tutto si sporca in continuazione, e in continuazione si deve pulire, il più presto possibile.

Per diventare barman occorrono sacrifici e impegno costante, ma è una professione che sa ripagare gli sforzi compiuti, sia sotto il profilo economico sia sotto il profilo umano e sociale. A una condizione: che gli sforzi siano fatti per offrire un servizio di alta qualità; per ottenere risultati positivi e duraturi, occorre diventare professionisti, lavorando in locali professionali.

Un'annotazione importante riguarda il comportamento. Lavorare in bar è – sotto questo aspetto – più difficile che lavorare in sala. Il servizio di ristorante prevede momenti e luoghi senza la presenza dei clienti: durante la preparazione e il riassetto della sala, ma anche durante il servizio, in office o in plonge. Nel bar invece l'addetto è costantemente esposto al pubblico: è quasi sempre sotto lo sguardo dei clienti o delle persone esterne al locale, per cui ogni comportamento assume molta rilevanza.

Hanno dunque molta importanza le norme di comportamento che bisogna seguire scrupolosamente, soprattutto laddove si sottolinea che i clienti non devono mai vedere il personale toccarsi capelli, naso o altre parti del corpo, mangiare, e neppure bere (anche se si tratta di acqua, si berrà in luogo appartato).

Ecco le principali conoscenze e competenze necessarie per svolgere la professione di barman:
1) Ordine, meticolosità e pulizia (sia personale e sia del bar).
2) Grandi capacità comunicative e di rapporto con le persone.
3) Approfondita conoscenza delle bevande e delle tecniche di servizio.
4) Conoscenza delle preparazioni miscelate (cocktail) e relative tecniche di miscelazione.
5) Notevole creatività.
6) Improvvisazione spontanea.
7) Buona conoscenza della lingua inglese e di una seconda lingua (tedesco, francese, spagnolo…).
8) Conoscenze di economia e gestione aziendale.
9) Cultura generale.
10) Conoscenze tecnologiche, informatiche e di impiantistica dei bar.

LA MUSICA NEL BAR

La musica da un segno distintivo del bar nei vari momenti della giornata ed il suo volume va modulato in base ai seguenti fattori:

• Fascia oraria della giornata lavorativa: (al mattino la musica deve essere bassa ma percettibile, e possibilmente tranquilla).

• Quantità delle persone presenti nel locale: (più persone sono all'interno del locale, più le loro voci si mescoleranno alla musica tanto da ridurne la percezione. In questo caso occorrerà ripristinarla a livelli accettabili e percettibili al pubblico).

• Rispetto dei limiti di decibel: (bisogna anche considerare il vicinato e le leggi in materia di rispetto dei decibel, il rischio? La chiusura del locale).

• Il tipo di evento al Bar: (la tipologia di musica nel locale può variare in base alla tipologia dell'evento, aperitivo, dopocena, allegria, festa...).

Prodotti alimentari, snack, articoli di gelateria e di pasticceria non vanno mai presi a mani nude, ma usando sempre l'apposita pinzetta. Quindi, nel caso che dovrai prendere una brioche o quant'altro da consegnare al cliente per consumare direttamente sul bancone, potrai usare anche una tovagliolo di carta poggiando ciò che ha richiesto su un piattino ben pulito. Questo vale anche per incartare i prodotti alimentari da asporto.

RISPETTO DEL CLIENTE E FIDELIZZAZIONE

Quando un cliente vi chiede un vino X o un Whisky X è importantissimo che gli diate proprio quel prodotto. Se avete terminato il prodotto in questione è altrettanto importante comunicarlo al cliente in modo che possa scegliere qualcos'altro. L'approccio mentale tipo " tanto quello non capisce niente" con cui molti operatori erroneamente sono soliti lavorare, è altamente contro-produttivo, deprofessionalizzante ed ignorante.

Il cliente va coccolato, rispettato, se necessario formato sui prodotti in commercio.

Se lavorate in un luogo dove non vi è cultura del bere, è un ottima occasione per evidenziare le vostre conoscenze trasmettendole ai clienti, magari raccontandoli come viene prodotto un certo tipo di Rum, Whisky, Grappa, Vino, che caratteristiche organolettiche possiede. Tale atteggiamento vi farà conoscere al pubblico come un preparato professionista degno di fiducia e rispetto e vi guadagnerete anche la fidelizzazione del cliente ovunque voi andrete a lavorare. Anche nel corso negli anni, il cliente si ricorderà di voi come validi e preparati professionisti.

L'IMPORTANZA DELLA RISERVATEZZA DEL BARMAN

Talvolta nei piccoli paesi il bar è il ritrovo della popolazione per stare in compagnia e fare nuove amicizie. Spesso in queste occasioni capita che la clientela fidelizzata si lascia andare in confidenze personali ed altrettanto spesso capita che il bar si trasforma nel luogo dove gli uomini scambiano gossip o pareri (come le donne dalla parrucchiera). Questo può essere divertente per passare il tempo ma deleterio per il business in quanto se il Barman racconta i gossip dei propri clienti un giorno o l'altro rischia di perderli tutti.

Negli hotels invece, è vietato ai dipendenti riferire informazioni sensibili riguardanti l'azienda per cui si lavora e i propri clienti. Tale divieto è inoltre regolato della legge sulla privacy attualmente in vigore. Chi non rispetta tale divieto rischia provvedimenti disciplinari o peggio il licenziamento nei casi più gravi.

Un buon Barman professionista per definirsi tale deve avere l'atteggiamento non vedo, non sento, non parlo nei confronti dei clienti. Ovviamente in casi estremi, qualora l'autorità giudiziaria lo necessitasse saranno liberi di parlare adeguatamente.

Qualche esempio?
Esempio 1) Il cliente Dott. Pinco Pallino è solito venire al bar in compagnia di varie donne e voi conoscete la moglie. Il vostro atteggiamento dovrà sempre e comunque essere distaccato e trattare con professionalità e discrezione il Dott. Pallino, dandogli del Lei ad entrambi e non facendo commenti alcuni. Tale comportamento aumenterà la fidelizzazione con il cliente e denoterà l'elevata professionalità della vostra persona. Ricordate che siete al lavoro per eseguire un servizio professionale di operatore della ristorazione e non un servizio di morale o quant'altro.

Esempio 2) In hotel ci sono dei clienti VIP (Very Important Person) che soggiornano per qualche giorno presso la struttura. Al bar si presenta un cliente che consuma un caffè e vi chiede anche se il cliente Pinco Pallino alloggia in Hotel e per quanto rimane.

La risposta, molto cortese, sarà: " mi spiace ma non sono autorizzato/a a rilasciare informazioni sui clienti in Hotel. Provi a chiedere al ricevimento".

In questo caso quando un cliente qualsiasi soggiorna in Hotel rilascia l'autorizzazione o meno di rilasciare informazioni sulla sua permanenza presso la struttura o il passargli le telefonate in camera.

Nel caso di clienti VIP dello spettacolo, se sono interessati a farsi pubblicità sulla loro permanenza in Hotel, lo comunicheranno tramite i mezzi di informazione (stampa, TV...), ed in tal caso, comunque voi dovrete rispondere come detto in precedenza.

COME AUMENTARE L'AUTOSTIMA E DIVENTARE BARMAN

Per tutti quanti c'è un momento nella vita in cui si deve affrontare una difficoltà apparentemente insuperabile.

E' proprio in occasioni come queste che diventa fondamentale essere dotati di una buona autostima.

Ma che cos'è esattamente l'autostima e soprattutto… Come aumentare l'autostima nel momento in cui sentiamo di non averne abbastanza?

Cominciamo per gradi e facciamo subito una distinzione tra autoefficacia ed autostima.

Per autoefficacia si intende una vera e propria percezione delle proprie capacità di affrontare (e superare) gli ostacoli.

Una persona abituata a fallire gli obiettivi che si prefigge è portata ad avere una bassa autoefficacia, mentre chi al contrario tende ad ottenere ciò che desidera svilupperà più facilmente un elevato senso di autoefficacia.

In poche parole, se di solito tutto quello che provo a fare finisce male, perché stavolta dovrebbe andare meglio?

Oppure: se di solito riesco a farcela, perché non dovrebbe andarmi bene anche questa volta?

Al di là del modo in cui percepisci te stesso, lo "storico" delle tue vicende personali è un fattore molto importante nell'influenzare il tuo approccio ai problemi e, in buona parte, l'esito delle sfide che affronterai nella vita.

Molto spesso, sia le persone accompagnate da un basso che un alto senso di autoefficacia tendono a fare "scarica barile" quando le cose vanno male, ma in maniera del tutto differente.

Se i più ottimisti giustificano un loro eventuale insuccesso dando tutta la colpa (o almeno buona parte) al mondo esterno e ad un episodio fuori dal loro controllo, quelli meno abituati a sorridere nella vita ovviamente colgono ogni opportunità per auto-flagellarsi, ricordando a loro stessi quanto valgano poco: perché non sono abbastanza intelligenti, alti, belli, ricchi, perché i genitori non li aiutano abbastanza, perché il mondo non li capisce…

E' proprio qui che entra in gioco l'autostima.

Per autostima si intende la differenza tra il sé ideale, quindi come vorresti essere, e il sé reale, ossia come sei effettivamente.

La distanza tra il sé ideale e il sé reale, oltre a definire il livello di autostima, per tante persone è anche un indice molto pertinente della loro felicità.

Una persona con degli obiettivi relativamente facili da raggiungere, e quindi poco ambiziosa, può essere felice anche avendo quella che molti definirebbero un'esistenza piatta e vuota.

Al contrario, persone che all'apparenza hanno già "tutto", potrebbero non essere affatto appagate da quanto prodotto e sentire il bisogno costante di fare di più.

Indipendentemente dal punto in cui ti trovi nel bivio tra una vita semplice e tranquilla (da una parte), e la costante salita verso una vetta che potresti non raggiungere mai (dall'altra), è fondamentale che tu impari come aumentare l'autostima per essere effettivamente felice.

In un mondo in cui tutto sembra girare intorno ai soldi e alle apparenze, non c'è assolutamente niente di male a voler fare un lavoro semplice con cui magari non ti potrai mai permettere una Lamborghini, ma che ti faccia sentire orgoglioso del contributo dato alla comunità e che ti faccia dormire sonni tranquilli.

In questo caso aumentare la tua autostima significherebbe riconoscere i tuoi desideri e dargli una priorità rispetto a ciò che gli altri si aspettano da te, imparando ad "accontentarti della tua felicità".

Sembra una presa in giro, eppure per tanti è il passo più difficile da fare: ammettere di sentirsi davvero bene con una passeggiata al parco, condividendo più di qualche minuto al giorno con le persone che contano pur non vivendo in una villa a 3 piani.

Il rovescio della medaglia è l'esatto opposto: se vuoi capire come aumentare l'autostima che ti accompagna da tutta la vita, devi trovare la forza di inseguire i tuoi obiettivi.

Se resti fermo e ti limiti ad aspettare che succeda qualcosa, quel qualcosa facilmente non succederà mai.

Devi capire tutti i passaggi da seguire per ottenere il risultato che vuoi e fare il primo passo; poi il secondo passo; poi il terzo e così via…

Dopo alcuni passi ti renderai conto di non essere più così lontano dal tuo sé ideale e la vita ti sembrerà tutt'altro che una tortura da sopportare mentre gli altri se la spassano.

E' vero, ci sono i più e i meno fortunati, ma finché tu farai ciò che devi per ottenere quello che vuoi, ti assicuro che non avrai più nulla di cui lamentarti e potrai finalmente godere dei risultati ottenuti col tuo sudore, col tuo talento, con la tua voglia di trasformare te stesso.

Qualche anno fa un ragazzo di nome Angelo si è iscritto ad uno dei corsi barman professionali della Mixology Academy.

Sin dai primi giorni di lezione lo avevo notato perché mi ricordava una versione più giovane di me: molto timido, ma con tante cose da dire.

I trainer e i Master trainer che lo stavano seguendo mi raccontavano che aveva tantissimo talento, ma che aveva bisogno di scrollarsi da dosso la paura di non essere all'altezza…

Per caso questo aneddoto ti ricorda qualcosa?

Bene, il buon Angelo senza sorpresa ha passato gli esami per certificarsi alla Mixology Academy con il massimo dei voti e alla prima occasione ho fatto di tutto perché iniziasse a lavorare in una delle mie aziende.

A partire da quella prima meritatissima occasione, Angelo non ha fatto altro che dimostrare il suo valore, crescendo come professionista e come persona di giorno in giorno.

Partito con mille speranze e altrettante paure da un paesino del Molise, oggi Angelo è un bartender che ha collezionato numerose ed importanti esperienze di lavoro, partecipazioni e piazzamenti prestigiosi in competizioni di Mixology a livello nazionale, guadagnandosi sempre più responsabilità e di recente una nuova opportunità di carriera come trainer proprio alla Mixology Academy.

Il figliol prodigo continua a crescere dimostrando, in primis a sé stesso, che se lo desideri puoi diventare un barman di successo e qualsiasi altra cosa tu voglia.

E' tutta una questione di autostima, e la cosa bella è che dipende da te e da nessun altro. 7)

INFORMAZIONI UTILI

DIVIETO DI VENDITA BEVANDE ALCOLICHE AI MINORI
Nuove regole per bar, ristoranti e negozi
Risoluzione 18512/13, prevista dall'art. 7 del DL 158/2012.

Sono state apportate sostanziali modifiche sia al regime di vendita che di somministrazione di bevande alcoliche rivolte ai minori (ove per somministrazione si intende vendita per il consumo sul posto).

Il legislatore ha infatti inteso rafforzare il preesistente divieto di somministrazione da parte di un esercente o chi per lui, bar o altro pubblico esercizio di bevande alcoliche a un minore di anni 16 o a infermo di mente, già previsto dall'art. 689 del codice penale e sanzionato con una pena dell'arresto fino ad un anno.

Per i minori di anni 16:

L'esercente che, somministrando alcol ai minori di 16 anni o a infermi di mente, commette tale reato più di una volta sarà soggetto anche ad una sanzione amministrativa pecuniaria da 1.000 a 25.000 euro con la sospensione dell'attività per tre mesi.

La stessa pena (arresto fino a un anno) è prevista anche per chi pone in essere una delle citate condotte attraverso distributori automatici che non consentano la rilevazione dei dati anagrafici dell'utilizzatore mediante sistemi di lettura ottica dei documenti, a meno che non ci sia presente personale incaricato a effettuare tale controllo.

Per i minori di anni 18:

Il divieto di somministrare bevande alcoliche è esteso anche ai minori di anni 18. Chiunque somministri bevande alcoliche a ragazzi di età inferiore ai 18 anni soggiace ad una sanzione amministrativa pecuniaria da 250 a 1.000 euro; se il fatto è commesso più di una volta si applica la sanzione da 500 a 2.000 euro con la sospensione dell'attività per tre mesi.

Sempre per i minori di anni 18 è ora introdotto il divieto di vendita di bevande alcoliche: la sanzione amministrativa è sempre la stessa (da 250 a 1.000 euro; se il fatto è commesso più di una volta si applica la sanzione da 500 a 2.000 euro con la sospensione dell'attività per tre mesi).

Il termine "vendere" deve essere interpretato come "fornire, mettere a disposizione" sia in un bar che in un negozio. Chiunque vende o somministra bevande alcoliche ha l'obbligo di chiedere all'acquirente, all'atto dell'acquisto, l'esibizione di un documento di identità, tranne nei casi in cui la maggiore età dell'acquirente sia manifesta.

SALVO PREDESPOSIZIONI IN PARTICOLARI LOCALI, NEGLI ESERCIZI PUBBLICI E' ASSOLUTAMENTE VIETATO FUMARE

A tutto il personale ed in particolare a quello di sala, bar e cucina non è consentito fumare durante il servizio.

Nelle vicinanze e specie a contatto con i clienti, l'alito del barman che ha appena fumato emana sempre un cattivo odore di tabacco che può infastidire e quindi irritare i commensali. Serve a poco l'uso di spray profumati e caramelle alla menta. In un fumatore l'odore di tabacco lo avvince in tutto il suo corpo, nei capelli, nelle mani, negli abiti e tutt'intorno a se.

L'unico rimedio è di lavarsi bene i denti e farsi una buona doccia con sapone e acqua calda, dopodiché vestirsi con abiti puliti.

E' VIETATO BERE ALCOLICI DURANTE IL SERVIZIO DI LAVORO

A tutto il personale ed in particolare a quello di sala, bar e cucina non è consentito bere alcolici durante l'intero orario di servizio. Questo divieto è valido pure durante le pause, la pausa pranzo e/o cena se queste sono inferiori a 90 minuti.

Nel caso le pause di pranzo e/o cena sono superiori a 90 minuti è concesso una sola bibita a bassa gradazione alcolica come ad esempio: una birra o un bicchiere di vino.

LE ATTREZZATURE E I MACCHINARI DEL BAR

IL SISTEMA PRE-MIX E POST-MIX

La differenza tra un impianto di spillatura pre-mix e post-mix:
Il pre-mix è un fusto di bibita già pronto da spillare, mentre il post-mix è un tipo di sciroppo che si mischia con l'acqua automaticamente durante il momento della spillatura.

2 foto sopra a sinistra: il sistema premix soprabanco - 2 foto sopra a destra: il sistema premix sottobanco

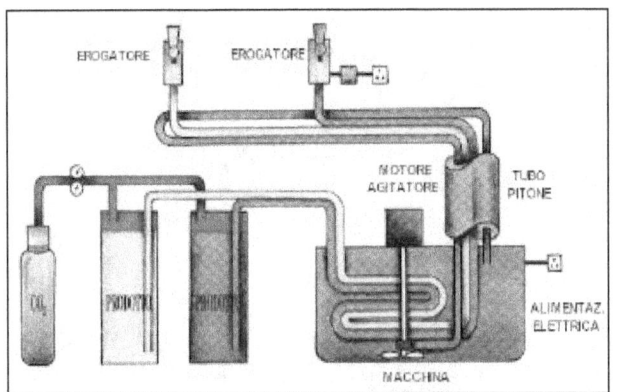 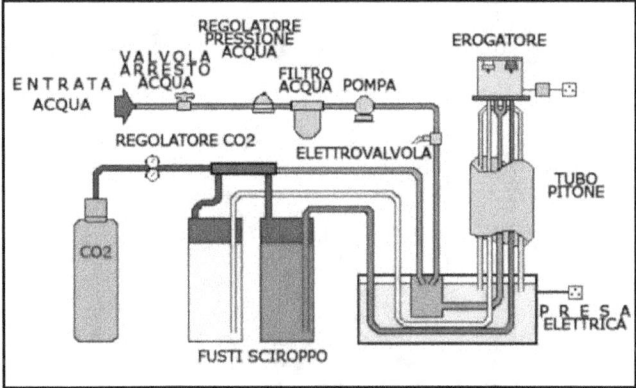

L'erogatore del sistema premix sottobanco si riduce a una colonnina con uno o più rubinetti di erogazione a seconda del numero di bevande da spillare. Le bibite premix, cioè già pronte, possono essere: acqua, aranciata, gazzosa, coca cola, birra, vino, ecc.

Negli impianti di spillatura con il sistema postmix che utilizzano l'acqua della rete idrica comunale è prevista l'installazione di un filtro decloratore.

L'IMPIANTO DI SPILLATURA DELLA BIRRA

L'impianto è l'insieme di materiale tecnico e di circuiti collegati, che permettono di raggiungere il nostro obiettivo: spillare la birra alla giusta temperatura e alla giusta pressione. La birra, nel fusto, è composta da una miscela di birra e di anidride carbonica. L'impianto deve permettere di far fuoriuscire dal fusto la birra con la giusta pressione, così che la spillatura sarà perfetta.

Il circuito del freddo è assicurato dal refrigeratore, che raffredda la birra che arriva dal fusto attraverso una condotta (serpentina) grazie alla spinta data dall'anidride carbonica, che va a spingere sulla superficie della birra, spingendola nella condotta attraverso lo stantuffo di pescaggio situato sul fondo del fusto.

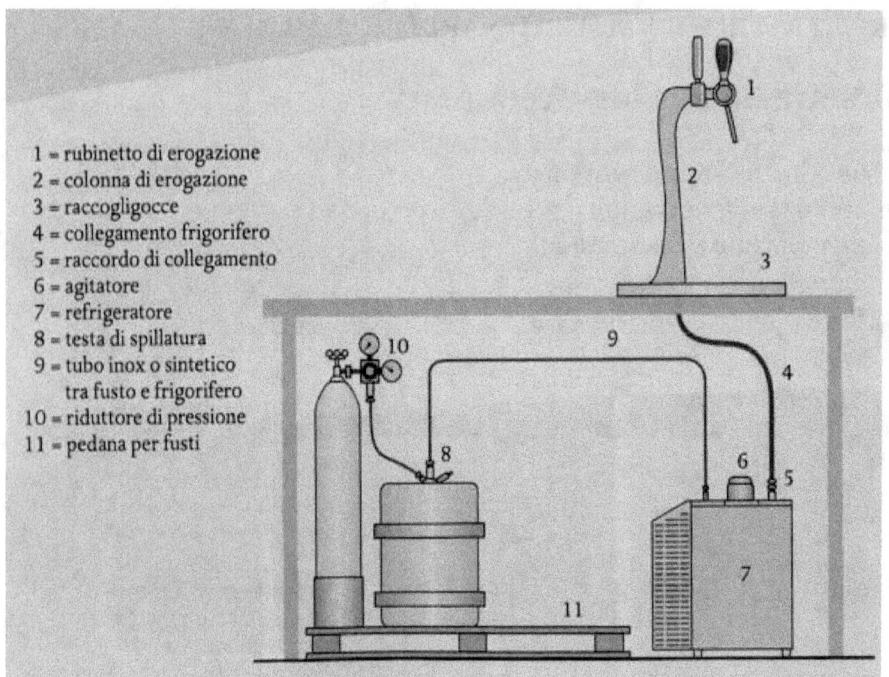

1 = rubinetto di erogazione
2 = colonna di erogazione
3 = raccogligocce
4 = collegamento frigorifero
5 = raccordo di collegamento
6 = agitatore
7 = refrigeratore
8 = testa di spillatura
9 = tubo inox o sintetico tra fusto e frigorifero
10 = riduttore di pressione
11 = pedana per fusti

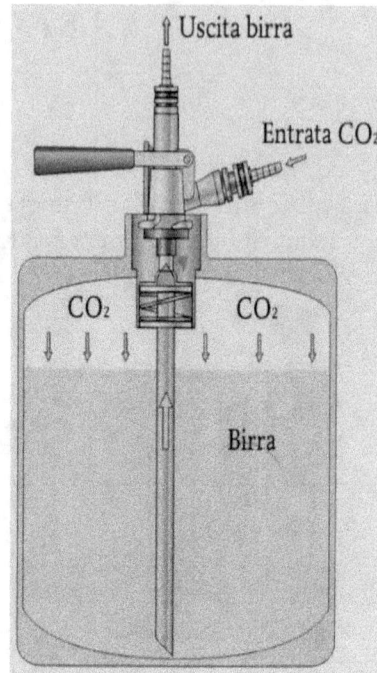

VARIE ATTREZZATURE E MACCHINARI

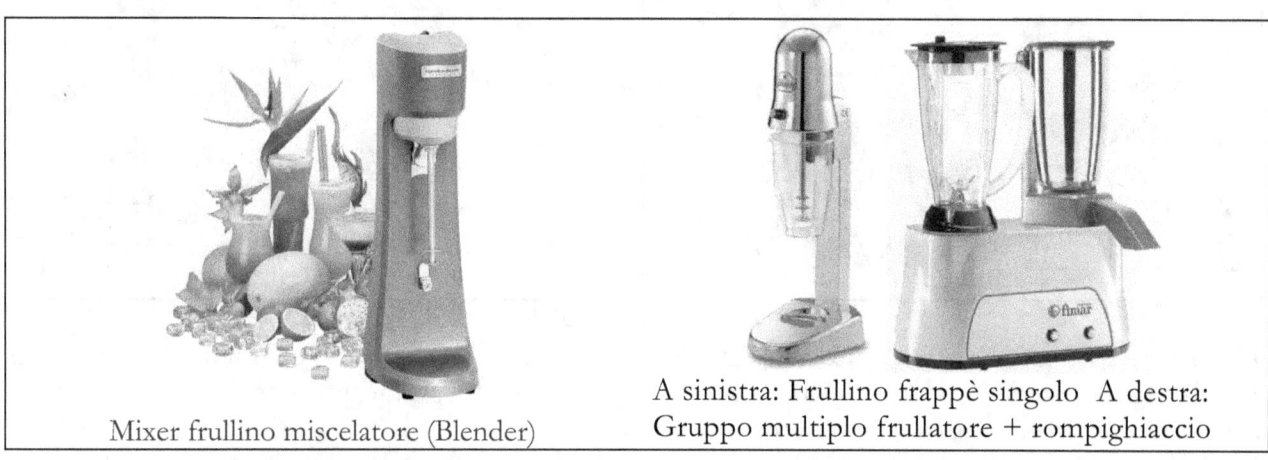

Mixer frullino miscelatore (Blender)

A sinistra: Frullino frappè singolo A destra: Gruppo multiplo frullatore + rompighiaccio

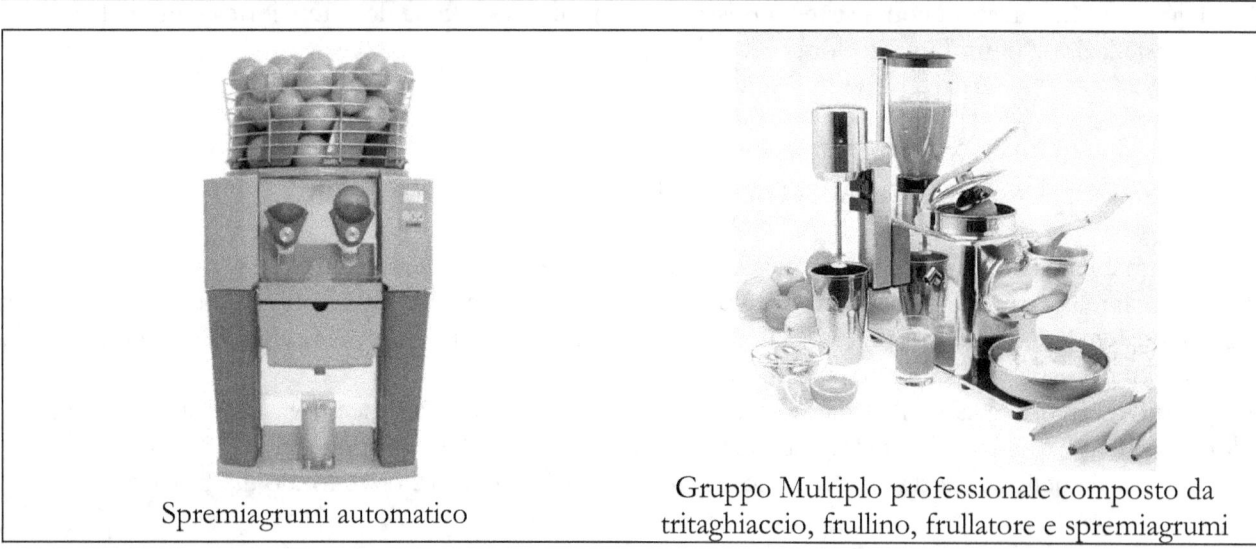

Spremiagrumi automatico

Gruppo Multiplo professionale composto da tritaghiaccio, frullino, frullatore e spremiagrumi

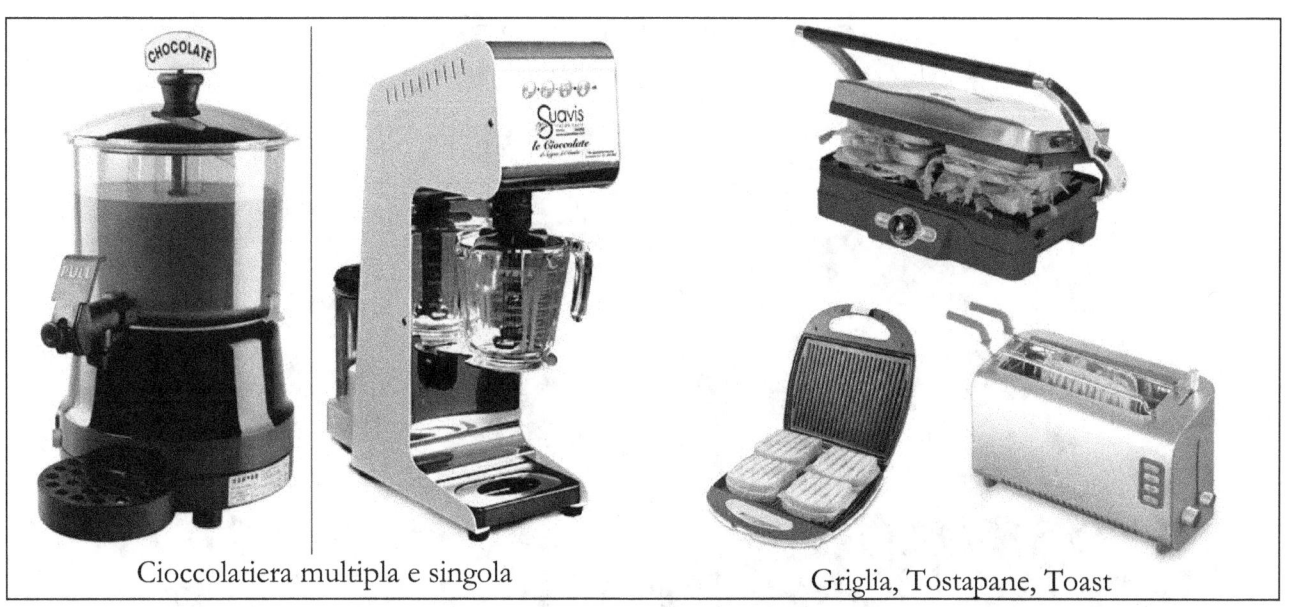

Cioccolatiera multipla e singola

Griglia, Tostapane, Toast

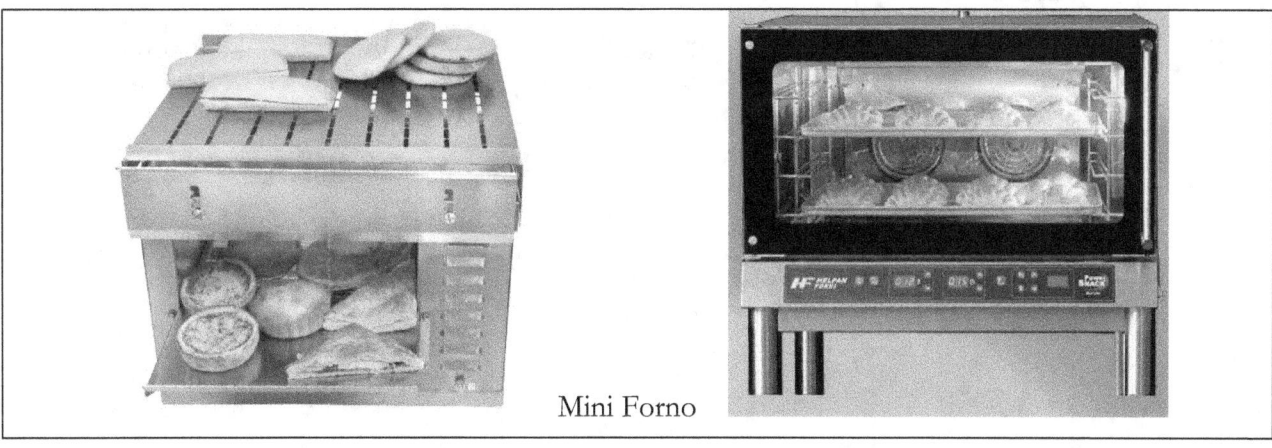

Mini Forno

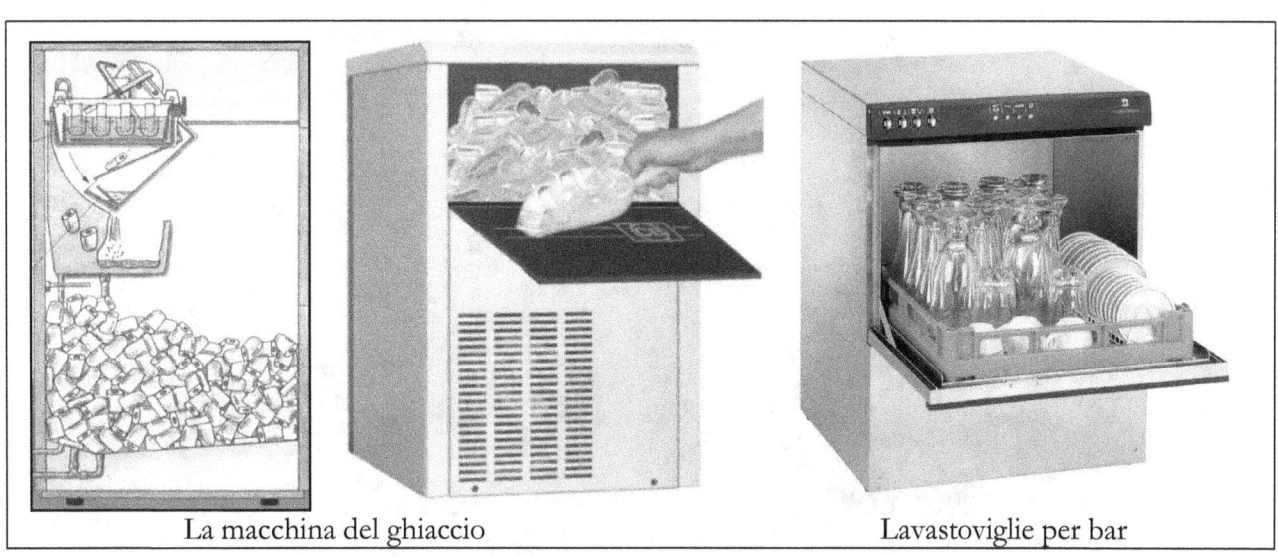

La macchina del ghiaccio

Lavastoviglie per bar

LA MACCHINA PER IL CAFFE' ESPRESSO

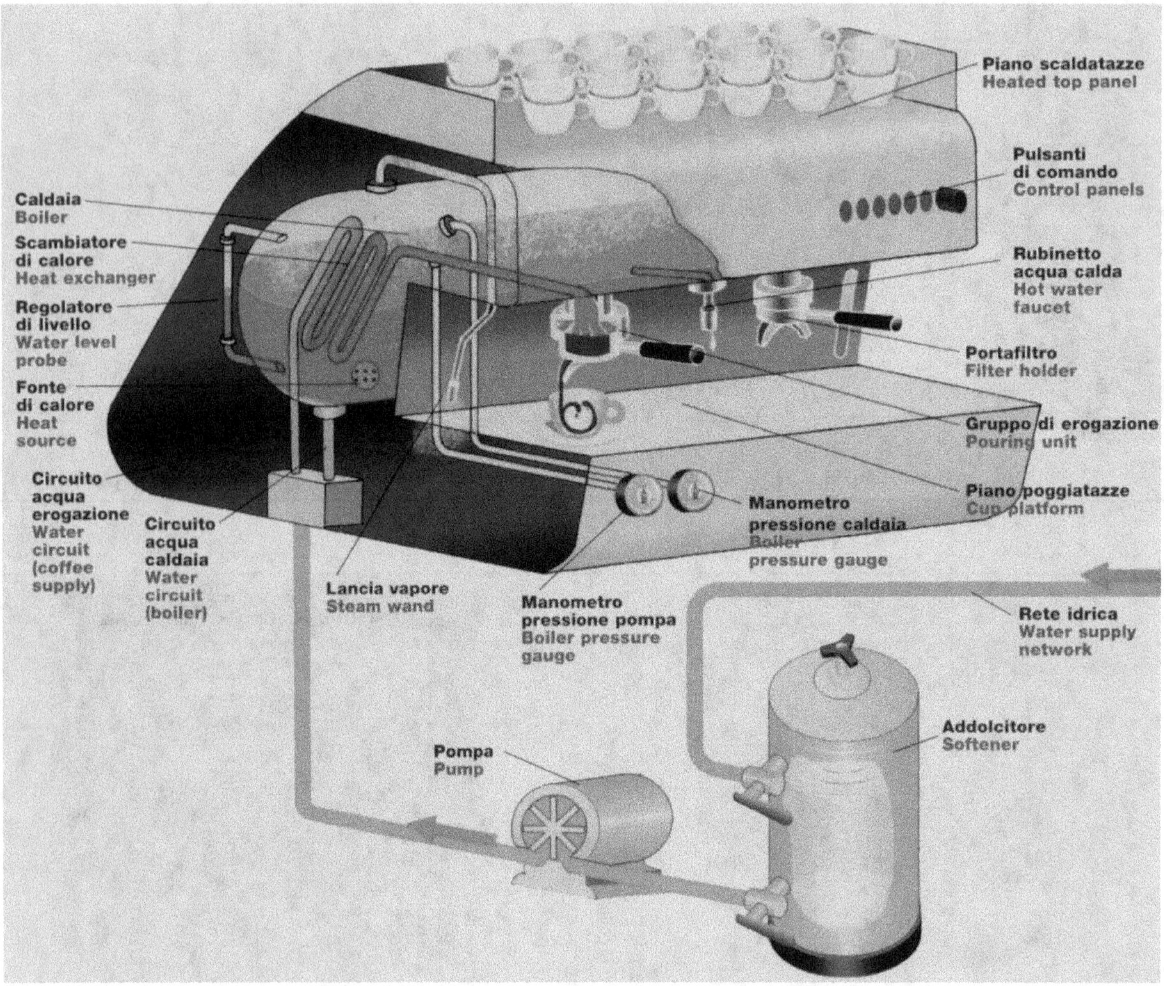

Caldaia
Boiler

Scambiatore di calore
Heat exchanger

Regolatore di livello
Water level probe

Fonte di calore
Heat source

Circuito acqua erogazione
Water circuit (coffee supply)

Circuito acqua caldaia
Water circuit (boiler)

Lancia vapore
Steam wand

Manometro pressione pompa
Boiler pressure gauge

Manometro pressione caldaia
Boiler pressure gauge

Piano scaldatazze
Heated top panel

Pulsanti di comando
Control panels

Rubinetto acqua calda
Hot water faucet

Portafiltro
Filter holder

Gruppo di erogazione
Pouring unit

Piano poggiatazze
Cup platform

Rete idrica
Water supply network

Addolcitore
Softener

Pompa
Pump

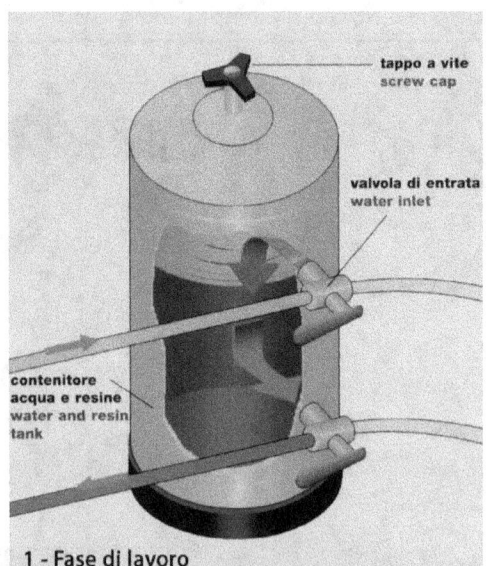

tappo a vite
screw cap

valvola di entrata
water inlet

contenitore acqua e resine
water and resin tank

1 - Fase di lavoro
La frequenza del ciclo di lavaggio delle resine è determinata dal grado di durezza dell'acqua utilizzata e dal suo consumo in metri cubi.

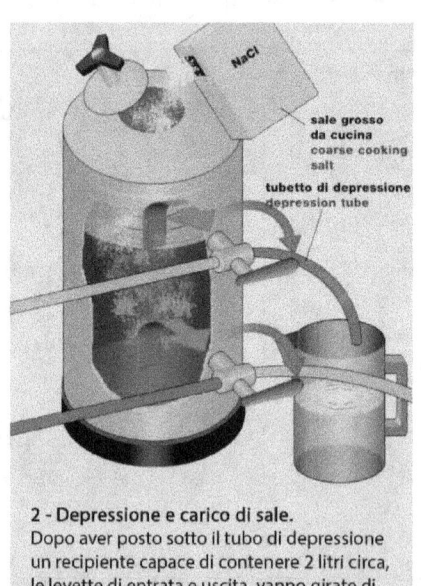

NaCl

sale grosso da cucina
coarse cooking salt

tubetto di depressione
depression tube

2 - Depressione e carico di sale.
Dopo aver posto sotto il tubo di depressione un recipiente capace di contenere 2 litri circa, le levette di entrata e uscita, vanno girate di 180°, da sinistra a destra. A questo punto si può aprire il coperchio e mettere il sale.

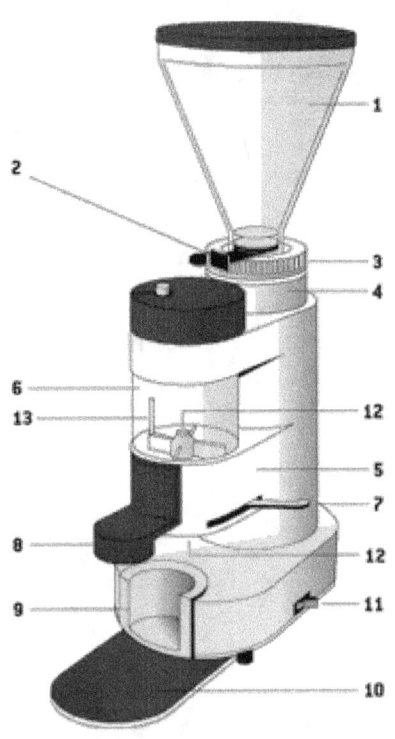

Parti di un macinadosatore
1. Campana: contiene i chicchi di caffè e li convoglia nelle macine.
2. Sportellino di chiusura: si chiude quando si vuole impedire la discesa dei chicchi presenti nella campana.
3. Ghiera di regolazione macinatura: consente di regolare il grado di macinazione; talvolta, per evitare spostamenti accidentali, per girarla occorre prima premere una piccola leva posta accanto.
4. Macine: riducono il caffè in polvere.
5. Motore: è collegato alle macine.
6. Dosatore: ha la funzione di erogare le dosi di caffè; all'interno troviamo degli incavi, nei quali cade la polvere di caffè, e una bandiera di raschiamento [13], che gira mentre si fanno le dosi evitando che la polvere rimanga attaccata alle pareti del dosatore.
7. Leva di distribuzione: si aziona per distribuire le dosi.
8. Pressino: per pressare il caffè.
9. Appoggio per portafiltro: si appoggia il portafiltro quando si deve estrarre la dose.
10. Vassoio di raccolta: per la polvere di caffè che cade dal portafiltro.
11. Interruttore: alcuni hanno avviamento e arresto automatico, che è comunque disinseribile.
12. Vite di regolazione dose: consente di aumentare o diminuire la dose del macinato; può essere posta sotto il dosatore o all'interno, al centro.

Le migliori attrezzature da bar potete acquistarle online su PRO BAR, sul sito www.attrezzaturabarman.it

I BICCHIERI E LA CRISTALLERIA IN USO AL BAR

Pur se hanno lo stesso nome e lo stesso formato, alcuni bicchieri hanno una capacità di dosaggio diverso. Necessita quindi sapere quale di questi sia quello giusto per quel particolare drink o cocktail.
I bicchieri sono da considerarsi dei veri e propri strumenti di lavoro capaci di esaltare al massimo un drink o svilirlo miseramente qualora si sbagli la loro scelta.
I bicchieri principalmente si suddividono in tre categorie: Senza stelo, con Stelo e Fantasia.

I bicchieri senza stelo
1) Bicchiere da amaro.
2) Tumbler alto o Highball.
3) Tumbler medio.
4) Old fashioned o Tumbler basso.
5) Shooter o Shot.

bicchieri con stelo

 coppa da asti

 flute da champagne

 coppa da cocktail

 copita da sherry

 calicino da grappa

 calicino da liquori

 calice per vini bianchi

 calice per vini rossi

 HURRICANE

 ballon per cognac

 bicchiere iso 180

 DOPPIA COPPETTA

bicchieri fantasia

 sombrero da margaritas

 bicchiere da irish coffèe

 bicchiere da pousse cafè

 bicchiere grog per bevande calde

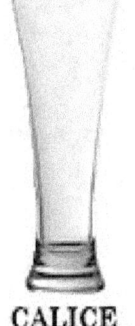 CALICE GRANDE

 ROCK

GLI STRUMENTI INDISPENSABILI PER UN VERO BARMAN

Sei vuoi diventare barman ed esercitare la tua nuova professione in maniera non solo adeguata, ma eccellente, avrai bisogno di:
• Passione.
• Fiducia in te stesso.
• Capacità tecniche.
• Conoscenze merceologiche.
• Adeguate attrezzature per lavorare al bar.

Non tutti nascono con certe doti. Praticamente chiunque, quando inizia il percorso in questo mondo non ha molta fiducia in se stesso e, di certo, non può avere una particolare manualità con le attrezzature da bar. Solo dopo le prime esperienze di formazione e lavoro come barman, si comincia ad acquisire sicurezza in ciò che si fa e a migliorare dal punto di vista tecnico.

Ovviamente, più passa il tempo e più la pratica porta a migliorare tutti gli aspetti del lavoro, più si diventa bravi manualmente, più si approfondisce la conoscenza delle materie prime che si miscela e maggiore sarà la fiducia che si ostenta ai propri clienti.

Divenire dei veri professionisti non fa che catturare più sorrisi e più complimenti per ciò che si fa, sia da parte delle persone che godono dei tuoi cocktail, sia dei tuoi datori di lavoro. Se si è carichi di passione, ci vogliono solo poche settimane per far carriera in questo settore.
Immaginati di dover fare il Bartender in una mega discoteca dove ogni sera arrivavano migliaia di persone di tutte le età. Immagina di lavorare dietro il bancone di questo enorme bar nel bel mezzo di una sala gigantesca, circondato da lunghe file e file di persone pronte a bere cocktail a 5 euro. Oltre che dai tuoi colleghi, sei circondato da una infinità di litri di bottiglie di liquori, sciroppi e bibite di ogni genere da servire e da miscelare, ma non vi è nemmeno uno SHAKER o un METAL POURER da poter utilizzare. Quindi dovrai improvvisare la tua tecnica al momento stesso. L'unica cosa che hai a disposizione è la lista di ricette dei 400 cocktail menzionati in questo libro e forse una piccola lista di ricette dei cocktail più richiesti in quella discoteca.

A sinistra - il sistema moderno: "Global Bartending". A destra - Il vecchio sistema: "Metodo Classico"

Il Metal Pourer (o metal pour) è uno strumento di fondamentale importanza in locali dove è indispensabile lavorare in velocità come una discoteca. Fondamentalmente si tratta di un tappo in acciaio o plastica con una guaina di gomma che permette di dosare il liquido della bottiglia su cui lo si applica.

Contando, nel vero senso della parola, il liquido versato con una speciale tecnica, grazie al Metal/plastic-Pourer saprai esattamente quando fermarti, rispettando così la dose richiesta dalla ricetta del cocktail.

Immagina da un lato di dover versare due bottiglie contemporaneamente, una per ogni mano, e dall'altra di dover togliere il tappo ad ogni bottiglia per poi versarne il liquido "ad occhio" per azzeccare il giusto quantitativo (come insegna il vecchio Metodo Classico andato quasi fuori uso).

In una discoteca affollata, nel secondo caso, per preparare un cocktail ci metteresti il quadruplo del tempo oltre ad essere molto meno preciso, sprecando con tutta probabilità molti centilitri di liquido e quindi soldi del tuo datore di lavoro.

La cosa bella è che oltre ai Metal Pourer, in un simile ipotetico bar-discoteca non vi è nessun tipo di attrezzatura fornita allo staff per lavorare. Una cosa assurda! Ciò avviene spesso per il motivo che i proprietari di simili mega discoteche non sono dei veri bartender professionisti, ma solo degli uomini d'affari e investitori.

In questi casi, se il locale tutto sommato ti piace, la paga è ottima e ritieni il lavoro un'esperienza importante per la tua crescita, due cose che potresti fare sono le seguenti:

1) Parlare con i proprietari e convincerli a valutarne i vari vantaggi che si hanno se si ha l'attrezzatura e gli strumenti indispensabili per il barman, questi sono: velocità nella preparazione dei cocktail (speed-working) e profitti economici nell'evitare nei dosaggi gli sprechi di liquori.

2) Devi scrivere una lista di tutta l'attrezzatura bar di cui tu hai bisogno per lavorare bene, questa potrebbe includere:

• Circa 30 Metal Pourer (uno per ogni bottiglia).
• 4 Shaker boston grandi
• 4 Half tin.
• Bar Spoon.
• Strainer.
• Apribottiglie.
• Muddler.
• Lime Squeezer.

E tanti altri strumenti.

 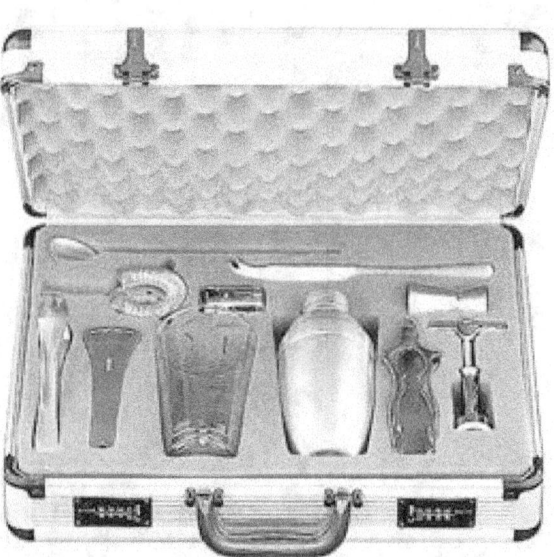

BORSE BARMAN

Questi strumenti indispensabili si trovano in una qualsiasi borsa barman (kit standard), come quelle in foto, che potrai acquistare in un negozio specializzato in ristorazione.

Attrezzandoti professionalmente, nel preparare cocktail sarai più veloce dei tuoi colleghi, potrai notare che la tua zona del bar sarà più affollata perché sei il bartender che fa più cocktail rispetto a tutti gli altri, e quindi, la somma di denaro in mance che incasserai sarà maggiore.

Se lavori utilizzando un sistema che ti permette di preparare cocktail perfetti in velocità (speed-working) e disponi di una postazione dotata delle attrezzature bar indispensabili per sfruttare al meglio lo stesso sistema, il risultato non può che essere quello di avere più clienti soddisfatti e maggiori vendite per il locale – e aggiungerei: senza sprechi inutili di sovradosaggio di costosi liquori!

8)

ALCUNE DOTAZIONI DEL BAR & STRUMENTI PER PREPARARE I COCKTAIL

Oltre ai bicchieri chi lavora al bar ha bisogno di altri attrezzi per compiere il suo lavoro. Conoscere questi attrezzi e come usarli al meglio agevola il lavoro e si acquisisce professionalità.

Di seguito verranno elencati i principali attrezzi usati al bar per la preparazione di bevande e cocktail.

SPEED BOTTLE: contenitore con beccuccio di versaggio calibrato che serve a contenere e versare i premix come lo Sweet and Sour e i vari sciroppi e succhi di frutta. Si utilizza versando in modo verticale e non a 45° gradi come lo store 'n' pour (bottiglia liquore di vetro), che ha funzione similare.

BAR MATS: striscia di gomma rettangolare che viene utilizzata come piano d'appoggio per i cocktail, senza dover sporcare il banco del bar.

PINZA GHIACCIO (o MOLLE): serve per prendere i cubetti di ghiaccio. Si utilizza anche per prendere olive, ciliegine, decorazioni in genere, fette di lime, limone, arancia, ecc... Nota: è vietato prendere con le mani qualsiasi ingrediente che sarà versato in un qualsiasi bicchiere, Shaker, ecc

MISURINO (JIGGER): è un dosatore d'acciaio, che permette di misurare e verificare le quantità di alcolici da versare bicchieri e nei cocktail.
Le misure rispettive dei due dosatori sono: 2 cl e 4 cl, ma ve ne sono anche di 2,5 cl e 5 cl.

DECAPSULATORE: permette di aprire bottiglie con capsula metallica, come bottiglie di birra e bibite alla frutta.

BORDATORE PER BICCHIERI (GLASS RIMMER): pratico contenitore in plastica che permette di eseguire diverse bordature di sale, zucchero, limone e sciroppi intorno al bordo dei bicchieri.

BAR SPOON: cucchiaino di acciaio con il manico lungo a forma di spirale, adatto alla miscelazione dei liquidi nel bicchiere.
Nota: è vietato prendere con le mani qualsiasi ingrediente che sarà versato in un qualsiasi bicchiere, Shaker, ecc...

STIRRER: serve per mescolare, agitare o stratificare il cocktail nel bicchiere (es: Bellini e Rossini); inoltre riduce le bolle se vi si fa scivolare sopra Champagne o spumante mentre lo si versa nel bicchiere.
Nota: è vietato prendere con le mani qualsiasi ingrediente che sarà versato in un qualsiasi bicchiere, Shaker, ecc...

CUCCHIAIO PER IL GHIACCIO:
E' cucchiaio forato usato per raccogliere i cubetti di ghiaccio dall'apposito contenitore.
Nota: è vietato prendere con le mani qualsiasi ingrediente che sarà versato in un qualsiasi bicchiere, Shaker, ecc...

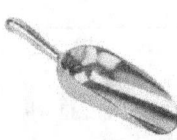

ICE SCOOP: paletta in metallo per raccogliere il ghiaccio in cubetti o pilet (ghiaccio tritato).

CONTENITORE PER GHIACCIO: secchiello termico in acciaio o in plastica, usato per conservare il ghiaccio sul banco, munito di coperchio e di fondo forato per evitare il contatto dell'acqua con il ghiaccio.

CONTENITORE PER IL GHIACCIO (Seau a Glace): secchiello in acciaio, argento, vetro o materiale plastico usato per raffreddare o mantenere la temperatura dello champagne, lo spumante e vini, riempiendolo con ghiaccio ed acqua.

METAL POUR (o FREE PURING): tappo versatore in acciaio, da inserire nelle bottiglie, permette un versaggio calibrato dei distillati.

CAVATAPPI: accessorio di metallo per stappare bottiglie con tappi in sughero come vini, spumanti, champagne, ecc.

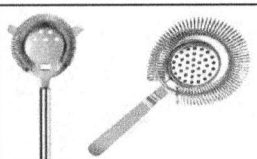

STRAINER (PASSINO o COLINO): è un filtro di acciaio che permette di trattenere il ghiaccio quando si travasa il cocktail dal Mixing Glass (o dal BOSTON TIN o dal MIXING TIN) nel bicchiere da servire al cliente.

MUDDLER: pestello in policarbonato che permette di pestare menta, lime o altre basi per i cocktail, come Mojito, Caipiroska, ecc.

COLTELLO: coltello da bar dotato di due punte, sbuccia limone, riga limoni e altri agrumi, scavino per frutta.
Serve per preparare le basi e le decorazioni.

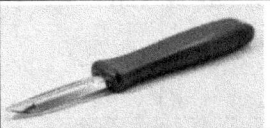

SBUCCIA AGRUMI: per ricavare perfetti twist o scorze da arance, limoni o qualsiasi altro frutto. Dotato ai lati di dentini per raschiare.

SPREMI AGRUMI (Squeezer): è un attrezzo in alluminio, acciaio o plastica che ti permette di estrarre il succo fresco da Lime e altri agrumi in pochi secondi.

TAGLIERE: serve a posarvi la frutta, le erbe e quant'altro per tagliarle e prepararle.

BOSTON TIN (o SHAKER AMERICANO): è composto da due contenitori conici, uno di vetro, utilizzato anche come Mixing Glass, ed uno di acciaio; smontabili ed a chiusura ermetica. Ha lo stesso uso dello Shaker Classico con il vantaggio di essere più capiente.

MIXING GLASS: bicchiere a forma di tronco di cono in vetro, in cui vengono miscelati e refrigerati gli ingredienti per alcuni tipi di cocktail. E' provvisto di beccuccio ed è usato per la preparazione di cocktails che contengono ingredienti che si amalgamano facilmente come ad esempio: vini, distillati e vini liquorosi.

MIXING TIN (o TIN o GALLONE): è un contenitore di metallo appartenete allo BOSTON TIN; strumento fondamentale per la preparazione di cocktail; serve per tutti quei drink che devono essere shakerati o mixati. Ha la stessa funzione del Mixing-Glass e che lo sostituisce quando si necessita di preparare un numero elevato di cocktail contemporaneamente.
Per shakerare i cocktail deve essere abbinato a un Mixing Glass, o al Half Tin di vetro oppure a un bicchiere come un Rock o un Double Rock.

SHAKER CLASSICO (Tradizionale o Continentale): contenitore in metallo ermetico formato da 3 parti smontabili: bicchiere, colino o passino che trattiene il ghiaccio e il tappo. Viene utilizzato nella preparazione di cocktail "shakerati" che contengono ingredienti di densità diverse e, che quindi, hanno difficoltà di amalgamarsi tra loro e necessitano di essere sbattuti energicamente, come ad esempio succhi, panna, creme, sciroppi, uovo.
To shake = agitare

SIFONE SELTZ e MONTAPANNA
Dopo aver inserito nel sifone l'acqua o la panna liquida, inserire la bomboletta di ricarica nel carica bombole e attendere l'entrata del gas nel sifone. Agitare bene, svitare la bomboletta e applicare il tappino di protezione.
(Le cartucce possono contenere anidride carbonica o azoto).
Per far uscire il liquido sarà sufficiente premere la levetta.

FRULLATORE ELETTRICO (BLENDER): singolo, ad alta potenza, adatto per vari scopi: tritare ghiaccio, miscelare pre-mix, eseguire frullati, ecc.

MIXER BAR: frullatore con 1 bicchiere in acciaio, per preparare frappè, montare panna e cocktails.

LE BEVANDE ANALCOLICHE & ALCOLICHE

LE BIBITE ANALCOLICHE O SOFT DRINKS

Le bevande analcoliche sono gassate e non, confezionate in bottiglia o in un altro contenitore a chiusura ermetica e preparate con acqua potabile o minerale naturale. possono contenere succhi di frutta, estratti di frutta, infusi, Saccarosio o altri tipi di Dolcificanti, Acido citrico e altri e Alcol etilico fino a 1,2% e Anidride carbonica per le gassate.

Anche gli integratori salini fanno parte delle bibite analcoliche. Energy drink, Multivitaminici, Aperitivi Analcolici sono tutte bevande analcoliche.

Le bevande analcoliche sono da considerarsi un prodotto in continuo cambiamento. Nuovi sapori, frutti esotici, zuccheri dietetici, integratori salini sono voci che si trovano sulle etichette dei soft drinKS.
Le bibite si servono fresche ed eventualmente con ghiaccio in un Tumbler (alto o basso).

Le più conosciute:
Coca-cola: bevanda gassata a base di caramello e caffeina.
Ginger Ale: bevanda gassata e base di radici di zenzero.
Acqua tonica: bevanda gassata a base di chinino.
Gassosa o Seven up: Bevanda gassata a base di acido citrico.
Chinotto: bevanda gassata a base di chinotto (agrume).
Lemonsoda, Oransoda, Pelmosoda: bibita gassata a base di limone, arancia e pompelmo.
Soda water o Soda: bevanda gassata e base d'acqua con aggiunta di carbonato di sodio e sali.
Seltz: bevanda gassata a base d'acqua ed anidride carbonica; si prepara nel sifone.

GLI SCIROPPI

Gli sciroppi sono estratti di frutta ed erbe, ottenuti per restrizione, con l'aggiunta di zucchero.
Possono essere serviti allungati con acqua e ghiaccio, oppure utilizzati come aromatizzanti per cocktails.
Tipi di sciroppo:
Sciroppo di granatina: ottenuto in passato dalla meloarana. Oggi non si usa più questo frutto ma si produce con un misto di frutta rossa e con l'aggiunta di succo d'arancia.
• Sciroppo d'orzata: ottenuto dalle mandorle.
• Sciroppo di zucchero: ottenuto dallo zucchero.

I SUCCHI DI FRUTTA

Il succo di frutta è il prodotto risultante dalla lavorazione dei frutti, che alla fine del processo produttivo mantiene l'aroma ed il gusto del frutto dal quale proviene. Il succo di frutta contiene acqua, zuccheri, acidi organici, sali minerali e molte vitamine.

I succhi di frutta sono una tipologia ben definita di prodotto, regolamentata da un apposito D.P.R. del 1982 a da successivi decreti ministeriali (1992 e 1996). Occorre che il consumatore conosca precisamente il significato dei termini riportati sulle confezioni, in quanto designano classi di prodotti molto diversi.

"Succo di frutta": è un prodotto che deve essere costituto da frutta al 100%, e può prevedere opzionalmente l'aggiunta di zucchero. Nel caso di succhi concentrati o disidratati, parte dell'acqua contenuta nel succo viene eliminata. Nel caso si aggiunga lo zucchero, la legge prevede che sia esplicitamente indicato con la menzione "zuccherato" accanto alla denominazione. La massima quantità di zucchero aggiunto consentita dalla legislazione è di 100 g per litro (200 g nei succhi di lampone, ribes e limone).

• **"Spremuta"**: il termine si applica solo agli agrumi e indica il succo di agrumi, anche in questo caso con o senza zuccheri aggiunti.

• **"Nettare di frutta"**: simile al succo di frutta; la percentuale di frutta scende al 50%, a cui sono aggiunti zucchero e acqua. La percentuale minima di frutta utilizzata (tenore minimo effettivo di succo di frutta) deve comparire con la dicitura "frutta XX% minimo".

• **"Bevande analcoliche alla frutta"**: le bibite in cui la percentuale di succo di frutta scende al 12%.

• **"Bevanda al gusto di…."**: quando la percentuale di succo di frutta risulta inferiore al 12%.

Risulta chiaro che, volendo conservare l'apporto di frutta, i prodotti nutrizionalmente più interessanti sono i succhi di frutta e i nettari, mentre le bevande alla frutta o al gusto di… sono poco più che acqua zuccherata e per tipologia sono più simili alle bevande.

Non è considerato un fattore da privilegiare la provenienza da agricoltura biologica della frutta, in quanto non è ben chiaro quanto incida l'uso di una coltivazione non biologica sul prodotto finale (il succo o il nettare) in cui la frutta è sottoposta a una lungo processo di spremitura, sterilizzazione e pastorizzazione.

La genuinità degli ingredienti: la legislazione vieta l'aggiunta di coloranti; in questo senso i succhi, escludendo completamente una categoria di additivi, sono più sicuri delle comuni bevande al gusto di frutta o alla frutta.

PREPARAZIONE DI BEVANDE CON MACCHINE

FRULLATI

I frullati sono bevande a base di frutta fresca, ghiaccio tritato e zucchero. Per diluirli è spesso necessario usare del latte, soprattutto quando si utilizza frutta poco acquosa (banana, mela, pera, pesca, ecc.). Possono essere aromatizzati con sciroppi e liquori.

Tale aggiunta non è necessaria (o se ne aggiunge poco) quando si usano frutti acquosi o acidi (arancia, pompelmo, anguria, melone, kiwi, ecc.) dove il gusto non legherebbe con il latte. Vengono preparati con il frullatore e si servono in un bicchiere da long-drink con cannuccia e decorati con frutta fresca. La quantità da servire è 20-25 cl.

FRAPPE'

I frappè sono bevande a base di latte, zucchero, ghiaccio pilèè ed aromi. Si può aggiungere dell'alcol e degli sciroppi.

Si preparano nell'apposita macchina dotata di un innesto senza lame ma con piccoli fori. Questa macchina permette di ottenere una bevanda a base di latte gonfiato. Si servono in un bicchiere da long drink guarnito con cannuccia e frutta fresca. Nel frappè al caffè non si aggiunge il latte. La quantità da servire è 20-25 cl.

MILK-SHAKE

Il milk-shake è un frappè a base di latte, con l'aggiunta del gelato al posto degli aromi.

CENTRIFUGA DI FRUTTA E VERDURE

La centrifuga è una bevanda analcolica, dissetante e nutriente che si ottiene tramite l'utilizzo di una macchina apposita chiamata centrifuga appunto, che riduce in poltiglia il frutto o la verdura e ne estrae il liquido, separando contemporaneamente le parti solide da quelle liquide.

Il vantaggio di questa macchina e che rapidamente ti permette di ottenete dei succhi pronti e filtrati. La centrifuga può essere solo di un tipo di frutta o verdura o più frutta e verdure assieme. Si serve in un bicchiere alto con o senza ghiaccio e zucchero e senza allungare con acqua.

GRANITE

Le granite sono bevande dissetanti a base di acqua ghiacciata aromatizzata con succhi di agrumi, calle, tè, succhi di frutta fresca e sciroppi.
Si utilizza l'apposita macchina nella quale si introduce l'acqua aromatizzata con succhi o sciroppi. La macchina dotata di apposite pale ghiaccia lentamente l'acqua e forma piccoli cristalli di ghiaccio.

Si serve in un bicchiere alto con cannuccia larga e cucchiaio lungo. La quantità da servire è 25-30 cl.

SGROPPINO

Lo sgroppino è una bevanda rinfrescante e digestiva di solito servita a fine pasto a base di gelato al limone, succo di limone e vodka (a piacere anche prosecco). Si prepara sia con il frullatore, che a mano con la frusta sbattendo gli ingredienti in una bowl.

Si posso preparare sgroppini con altri gusti di gelato o altri distillati, tuttavia, la ricetta sopracitata è quella originale.

Si serve solitamente in un bicchiere alto come la flûte o in un a doppia coppa martini e la quantità è di 12-15 cl.

SORBETTO

Il sorbetto è un composto ghiacciato e solido che si prepara con acqua, zucchero, aromi, frutta (liquori , vino, ecc.).

Si utilizza la sorbettiera, macchina che permette di portare a basse temperature l'acqua aromatizzata e tramite una pala rotante, si tiene mescolato il prodotto affinché non si attacca alle pareti ghiacciate. Si serve come intermezzo o al termine di un pasto in una piccola coppetta e si mangia con il cucchiaino.

GLI APERITIVI

Gli aperitivi sono bevande particolari che hanno la funzione di predisporre l'organismo al pasto.
Le bevande considerate aperitivi sono:
• Vini bianchi secchi.
• Vini spumanti secchi.
• Vini liquorosi secchi.
• Bitter.
• Aperitivi a base di anice.

• Aperitivi a base di vino.
• Cocktails.

Gli aperitivi contengono delle sostanze che hanno delle proprietà che vanno a stimolare i succhi gastrici dello stomaco predisponendolo alla ricezione del cibo. Oltre alle sostanze contenute, anche il colore e l'odore, sono importanti. Spesso gli aperitivi si presentano con colori che vanno dal rosso, all'arancione, al bianco o trasparente. I cocktails appartenenti alla categoria degli aperitivi si chiamano pre-dinner.

LA BIRRA

La birra è una bevanda poco alcolica ottenuta dalla fermentazione d'orzo e altri cereali, aromatizzata con luppolo.
Gli ingredienti necessari per la produzione della birra sono: malto d'orzo, luppolo, acqua, cerali e lievito.

MALTO D'ORZO
E' la materia prima più importante. Per la produzione della bevanda è usato un orzo speciale detto orzo da birra, il quale subisce una lavorazione chiamata maltaggio, al fine di trasformare gli amidi in zuccheri semplici.

LUPPOLO
Il luppolo (Humulus Lupulus) è una pianta rampicante che produce fiori maschili e femminili (su arbusti differenti) a forma di cono molto profumati. Per la birra si usano i fiori femminili non fecondati, evitando così la perdita del prezioso polline. Il fiore contiene la luppolina che conferisce alla birra il caratteristico sapore amarognolo ed aromatico. Oltre ad avere una funzione aromatizzante, esso migliora la formazione della spuma e la conservazione della birra.

ACQUA
L'acqua è un ingrediente importante in quanto rappresenta il 90% del prodotto finito. Essa deve essere batteriologicamente pura, di sapore neutro e priva d'odori.

CERALI
Per la produzione della birra vengono usati anche cerali non maltati quali frumento, mais, riso, orzo, ecc. i quali conferiscono corpo, gusto ed aromi alla bevanda.

LIEVITI
Il lievito è un organismo unicellulare in grado di trasformare gli zuccheri in alcol ed anidride carbonica. Per la birra si utilizzano due tipi di lievito: il Saccharomyces carlsbergensis (bassa fermentazione) e il Saccharomyces cerevisiae (alta fermentazione).

PRODUZIONE DELLA BIRRA
La produzione della birra avviene in due momenti diversi e che spesso avvengono in luoghi lontano tra loro:
• Il maltaggio, che avviene nelle malterie;
• La lavorazione, che avviene nelle birrerie.

Maltaggio:
1a fase – Germinazione
I semi d'orzo sono messi in vasche con dell'acqua per quasi due giorni attivando così un enzima (diastasi) in grado di trasformare gli amidi in zuccheri semplici; in seguito sono stesi in grandi spazi detti germinatoi e rivoltati fino a che non spuntano delle radichette dai semi.

2a fase – Essiccazione

I chicchi attraversati da aria calda per bloccare la germinazione, fanno nascere il malto.
In base alle temperature d'essiccamento si ottengono il malto chiaro (80° C) usato per le birre chiare ed il malto scuro usato (> 100° C) per le birre scure. Per le birre rosse si usa un malto essiccato intorno ai 95° C o miscele di malto chiaro e scuro.

Lavorazione:
3a fase – Macinazione

Il malto e gli altri cereali sono macinati facendoli passare attraverso dei rulli.

4a fase – Miscelazione

I cereali macinati sono messi in un tino di miscela, dove è aggiunta acqua in modo da ottenere un impasto che è tenuto in continuo movimento e portato a temperature tra i 50 ed i 75° C. Durante questa fase gli enzimi prodotti con il maltaggio, trasformano l'amido in zuccheri semplici (saccarificazione).

5a fase – Filtrazione

Al termine della miscelazione nel mosto sono ancora presenti le scorze dei cereali. Esse sono eliminate con una filtrazione al termine della quale otteniamo un mosto limpido.

6a fase – Cottura e aromatizzazione

Il mosto è ora messo dentro una vasca, detta caldaia, per essere cotto ed allo stesso tempo aromatizzato con l'aggiunta del luppolo. Dopo una cottura di circa un'ora e mezza, tutte le sostanze presenti nei cereali e nel luppolo sono disciolte nell'acqua; inoltre con la cottura si sterilizza il mosto e si fa evaporare una parte dell'acqua ottenendo una maggiore concentrazione zuccherina. Finita la cottura, il liquido è raffreddato e filtrato pronto per la fase della fermentazione.

7a fase – Fermentazione

Nel tino di fermentazione il mosto è addizionato di lieviti ed ossigeno (importante per avviare la fermentazione). La fermentazione può avvenire in due modi: alta e bassa.

Alta fermentazione: birra ottenuta con l'uso del lievito Saccharomyces cerevisiae e fermentate ad una temperatura tra i 15 e 20 ° C per 4-5 giorni; terminata la fermentazione i lieviti salgono verso l'alto. Si ottengono birre meno gassate, più corpose, gusto robusto e profumi complessi.

Bassa fermentazione: birra ottenuta con l'uso del lievito Saccharomyces carlsbergensis e fermentate ad una temperatura tra i 5 e10° C per 7-10 giorni; terminata la fermentazione i lieviti si depositano sul fondo. Si ottengono birre leggere, ben gassate e con aromi fruttati.

8a fase – maturazione

Ora la birra è messa a maturare a temperature di circa 0-2° C. In questo periodo, che varia da uno a sei mesi, avviene una seconda fermentazione, più lenta, durante la quale la birra si satura d'anidride carbonica ed acquisisce gusti e profumi più equilibrati.

9a fase – imbottigliamento

Finita la maturazione, la birra è filtrata per eliminare ogni impurità e poi imbottigliata. Viene confezionata in bottiglie, lattine o fusti chiamati Keg. Quando è imbottigliata nelle bottiglie subisce una pastorizzazione per eliminare eventuali germi e stabilizzarla.
La birra è un prodotto vivo e delicato è va conservata in un ambiente fresco, senza sbalzi termici e protetta dalla luce. Non è un prodotto che migliora invecchiando e deve essere quindi consumata il più presto possibile.

La birra va servita fresca e con il bicchiere bagnato:
6-7° C quella leggera.
12-14° C quella scura e corposa.

Gradazione della birra

In base alla gradazione alcolica la birra si classifica in:
- Birra analcolica < 1,2 % vol.
- Birra light 1,2 - 3,5 % vol.
- Birra normale > 3,5 % vol.
- Birra speciale > 4 % vol.
- Birra doppio malto > 4,8 % vol.

STILI DI BIRRA

Di seguito vengono elencati alcuni degli stili di birra più conosciuti.

BASSA FERMENTAZIONE

Lager: è un termine generico che indica tutte le birre prodotte con fermentazione bassa o metodo bavarese. È la tipologia più diffusa al mondo. Sono di colore chiaro, spumeggianti, mediamente luppolate e mediamente alcoliche.

Pils, Pilsener, Pilsner: originaria della Repubblica Ceca (città di Pilzen). Birra a bassa fermentazione, marcato aroma di luppolo, colore chiaro mediamente alcolica (circa 5 % vol).

ALTA FERMENTAZIONE

Ale: termine generico usato per le birre ad alta fermentazione o metodo inglese, spesso confezionate non filtrate né pastorizzate e comprendono varie versioni.

Bière Blanche o Wirbier: birra nata in Belgio e caratterizzata da un colore molto chiaro per la presenza di grano nelle miscela. Leggermente opaca ed acidula.

Weizenbier o Weissbier: birra tedesca prodotta con un alta percentuale di malto di frumento, fermentata oltre che con lieviti, anche con l'aggiunta di acido lattico, che conferisce un sapore acido. Di solito viene effettuata una seconda fermentazione in bottiglia con l'aggiunta di lieviti e zuccheri che formano un deposito sul fondo.

Trappiste: di colore dorato o scuro, con gusto complesso e molto alcoliche; è prodotta con una rifermentazione in bottiglia da cinque monasteri belgi e uno olandese. Le cinque belghe sono Chimay, Orval, Rochefort, Westmalle e WestvIeteren e l'olandese Koningshove.

Stout: tipica inglese ed irlandese. Di colore scuro, quasi nera, gusto amaro e moderatamente alcolica.

FERMENTAZIONE SPONTANEA

Lambic: birra belga prodotta con fermentazione spontanea, con lieviti che sono naturalmente presenti nell'aria. E' spesso aromatizzata con frutta (Kriek, Frambozen).

IL SERVIZIO DELLA BIRRA:

Birra in bottiglia

Quando si serve una birra in bottiglia si tiene il bicchiere inclinato e si fa scendere la birra senza eccessivi sbalzi in modo da formare la giusta schiuma.

BIRRA ALLA SPINA

Le tecniche sono due: belga e tedesca.

In entrambi i casi prima di spillare bisogna lavare con particolari detergenti e risciacquare i bicchieri in acqua fredda corrente. Questa operazione oltre che migliorare l'igiene, portando il bicchiere ad una temperatura più fresca, limita la formazione di schiuma esagerata e la rende più compatta.

Tecnica belga

Avvicino il bicchiere inclinato al rubinetto in modo che la birra sia versata senza salti; pillo in un'unica volta la birra e quando il bicchiere è quasi colmo, lo porto in posizione verticale e chiudo il rubinetto. Poi con l'apposita taglia-spuma, taglio la spuma che super il bicchiere. Pulire poi l'esterno del bicchiere immergendolo nell'acqua e servire la birra.

Tecnica tedesca

La tecnica prevede che si formi un'abbondante spuma, pillando con il bicchiere inclinato e portandolo poco a poco in posizione verticale ottenendo spuma per metà del bicchiere. Si lascia riposare per 1-2 minuti durante i quali la spuma si abbassa e si compatta. Si ripete l'operazione una o due volte finché non si formerà un cappello di spuma che uscirà dal bicchiere.

DISTILLATI & LIQUORI

Spesso non si fa attenzione nel definire i distillati dai liquori. Si pensa che siano la stessa cosa e a volte e davvero difficile distinguere gli uni dagli altri.

Le differenze però ci sono e si devono al modo in cui sono preparati e alle loro caratteristiche organolettiche.

I liquori derivano dalla miscelazione di alcol, zucchero, sostanze aromatizzanti e coloranti.

Nei liquori il contenuto di zucchero minimo è pari a 100 gr/l.

I liquori si differenziano quindi dai distillati per la presenza di zuccheri e di diverse sostanze aromatizzanti.

I LIQUORI

Il liquore è una bevanda spiritosa a base di zucchero (contenuto minimo pari a 100gr/lt), alcol e sostanze aromatiche che lo caratterizzano.

PRODUZIONE

Alcol + Zucchero + Sostanze aromatizzanti + Coloranti = Liquore.

Dopo aver miscelato tutti gli ingredienti, i liquori vengono lasciati riposare per un certo periodo che varia da 1-2 mesi a 1-2 o più anni.

Per ottenere gli aromi che caratterizzano i liquori ci sono varie tecniche, in base alle sostanze da trattare e ai risultati che si vogliono raggiungere: macerazione, distillazione, infusione o percolazione.

I prodotti che si posso usare sono numerosi: erbe, semi, piante, foglie, fiori, frutta, succhi di frutta, caffè, cioccolato ed anche uova e panna.

I liquori si dividono in:

• **Liquori fantasia**: sono quelli in cui l'insieme degli aromi dà un sapore indefinibile (Galliano, Strega)

• **Liquori naturali**: sono quelli in cui è possibile individuare un aroma ben definito (Grand Marnier, apricot brandy)

• **Liquori creme**: sono caratterizzati da una bassa gradazione alcolica rispetto agli altri e dall'aggiunta di zucchero fino alla massima concentrazione oltre alla quale si verificherebbe la cristallizzazione dello zucchero (min 200-max 500 gr/lt).(crema di cacao, di menta).

IL SERVIZIO DEI LIQUORI

Vanno bevuti solitamente dopo i pasti, di pomeriggio o a tarda sera.

Lisci: serviti in bicchieri a stelo piccoli e di forma allungata o in coppette da cocktails.

Con ghiaccio in Tumbler basso od Old Fashioned. Salvo altre indicazioni si servono a temperatura ambiente. Dose 4 cl.

LIQUORI ITALIANI

ALCHERMES
Luogo di origine: Firenze per opera dei Frati di Santa Maria Novella (Alchermes di Firenze o Rosolio).
Tipologia: liquore dolce ottenuto per infusione e macerazione di varie erbe e spezie (tra le quali garofano, cannella, vaniglia, noce moscata, coriandolo) colorato con cocciniglia e aromatizzato alla rosa.
Gradi: generalmente tra 21 e 30% in volume.
Consumo: esclusivo nella pasticceria.
Bicchiere: in degustazione può essere servito - come una volta - in piccoli bicchieri di cristallo lavorato che risaltano, con i riflessi, il colore rosso.

AMARETTO
Origine: Italia.
Tipologia: liquore dolce ottenuto per macerazione in alcool o acquavite di vino di mandorle, noccioli di albicocche erbe e spezie.
Gradi: tra 21 e 32% in volume.
Consumo: liscio o nei cocktail.
Bicchiere: bicchiere da liquore o Tumbler basso con ghiaccio.

CORDIALE
Origine: Italia.
Tipologia: tipologia di liquori ottenuti per distillazione di un' infusione idroalcolica a base di frutta erbe e spezie varie, zucchero
Gradi: 28 - 40% in volume.
Consumo: degustazione dopo pasto e in miscelazione.
Bicchiere: classico da liquore a stelo.

GENEPI
Origine: Italia.
Tipologia: liquore ottenuto per infusione di varie erbe dove è prevalente l'Artemisia genepì; successivamente questa infusione viene distillata e messa a riposare per circa un anno e mezzo. A seconda della formula viene rinforzata con alcol o con grappa. Le varianti sono due: gialla e verde.
Gradi: 45% in volume.
Consumo: come tonico, dopo pasto.
Bicchiere: da liquore a stelo.

MANDARINO
Origine: Italia.
Tipologia: liquore ottenuto dall'infusione e macerazione di scorze di mandarino e altre erbe essenziali in alcool da vino
Gradi: 25-40% in volume.
Consumo: liscio, freddo, nei cocktail.
Bicchiere: da liquore a stelo.

MIRTO

Origine: Corsica e Sardegna.

Tipologia: liquore ottenuto per macerazione delle foglie di mirto in alcool neutro . Sul mercato esistono due tipi: bianco e rosso. L'infusione alcolica si può anche distillare e serve per la preparazione dell'acquavite di mirto.

Gradi: 30% in volume.

Consumo: liscio, fresco, nei cocktail Bicchiere: da liquore a stelo.

MILLEFIORI

Origine: Italia.

Tipologia: liquore ottenuto per infusione di vari ingredienti quali fiori di arancio, petali di fiori , sassofrasso , aggiunta di zucchero con un rametto di erica all'interno . Lo zucchero generalmente cristallizza sul rametto.

Gradi: 25-30% in volume.

Consumo: liscio freddo , dopo pasto.

Bicchiere: da liquore a stelo.

MISTRA'

Origine: Italia.

Tipologia: liquore ottenuto per macerazione di anice, anetolo, anice badiana e assenzio in alcool da vino. Molto secco poiché non si aggiunge zucchero.

Gradi: 40 - 47% in volume.

Consumo: dopo pasto, liscio o diluito con acqua rinfrescante.

Bicchiere: da liquore a stelo.

NOCINO

Origine: Italia (Modena).

Tipologia: liquore ottenuto per macerazione del mallo di noce in combinazione con mandorla, cannella, limone, garofano.

Trascorso un periodo massimo di due mesi, viene filtrato e imbottigliato. Facoltativo l'invecchia- mento.

Gradi: 40 - 42% in volume.

Consumo: dopo pasto.

Bicchiere: da degustazione liquori.

RATAFIA'

Origine: Italia.

Tipologia: liquore per antonomasia (il termine ratafià - pare - abbia identificato tutto il comparto dei liquori alla frutta).

Generalmente è l'unione di un alcool con un succo o polpa di frutta (oggi di ciliegie visciole e marasche).

Gradi: 28 - 35% in volume.

Consumo: dopo pasto.

Bicchiere: da liquore a stelo.

ROSOLIO

Origine: Italia.

Tipologia: liquore dolce ottenuto per macerazione in alcool neutro di zucchero, essenza di erbe, fiori, piante quali: menta, garofano e varie altre.

Gradi: 28 - 34% in volume.

Consumo: liscio freddo.

Bicchiere: a stelo per liquori.

SAMBUCA

Origine: Italia.

Tipologia: liquore aromatizzato all'anice risultante da distillazione, macerazione e infusione di anice verde e/o anice stellato e altre erbe aromatiche. Contiene anche estratti di fiore di sambuco bianco dal quale deriva il nome.

In commercio di sono varie tipologie (bianca, nera, aromatizzata al caffè, al cioccolato e alla menta).

Gradi: 38-43% in volume.

Consumo: prevalentemente liscio (a temperatura ambiente o fredda), con aggiunta di "mosca", cioè qualche chicco di caffè tostato.

Bicchiere: da liquore.

STREGA

Origine: Italia (Benevento).

Tipologia: liquore alla radice di Angelica arcangelica, arancia ed altre erbe aromatizzanti messe in infusione in alcol e sciroppo di zucchero. Il caratteristico colore oro è dato dallo zafferano.

Gradi: 42% in volume.

Consumo: prevalentemente liscio a temperatura ambiente.

Bicchiere: da liquore.

UOVO (liquore all')

Si tratta di una categoria di liquori energetici, tradizionalmente considerati come proposte calde per la stagione invernale. La tipologia è quella dei liquore. Si tratta generalmente di una ricetta a base di tuorlo d'uovo zucchero, alcool e marsala.

Gradi: 17 - 25% in volume.

Consumo: oltre al consumo tradizionale c'è una tendenza di considerare il potere energetico inserito anche in una ricetta fredda per un consumo estivo (frozen, ecc...).

Bicchiere: tazzina per il caldo, coppetta per il frozen.

LIQUORI ESTERI

APRICOT BRANDY

Luogo di origine: Nord Europa.

Tipologia: liquore ottenuto per macerazione del frutto in alcool e successiva aggiunta di zucchero.

Gradi: da 21 a 28% in volume.

Consumo: prevalente nei cocktail oppure liscio freddo.

Bicchiere: da liquore o Tumbler se servito con ghiaccio.

CAFFE' LIQUORE

Origine: Centro e Sud America.

Tipologia: liquore ottenuto per miscela di infuso di caffè con alcol di vino o distillato da melassa con aggiunta di altri aromatizzanti quali vaniglia, liquirizia.

Consumo: classico liquore da degustazione o ingrediente nei cocktail.

Bicchiere: da liquore a stelo.

CHARTEUSE

Origine: Francia (monaci).

Tipologia: liquore a base di molte erbe.

Viene prodotta in due colori.

Verde: gusto deciso e secco 55% in volume.

Giallo: gusto morbido ed aromatico 40% in volume.
Consumo: dopo pasto.
Bicchiere: da liquore a stelo.

CHERRY BRANDY
Origine: Europea.
Tipologia: liquore ottenuto sia per macerazione di ciliegie in alcool di vino , sia per miscela di succo di ciliegie ad acquavite ottenuta dallo stesso succo fermentato di ciliegie. Affinamento in botte, previa aggiunta di zucchero.
Gradi: vari tipi in commercio, 28 - 34% in volume.
Consumo: liscio, freddo o nei cocktail.
Bicchiere: da liquore classico.

CIOCCOLATO LIQUORE
Origine: Olanda & U.S.A.
Tipologia: liquori ottenuti dall'unione del cioccolato e altre erbe e spezie in soluzione idroalcolica, talvolta nella ricetta è presente anche crema di latte.
Gradi: 25 - 32% in volume.
Consumo: liscio o nei cocktail.
Bicchiere: da liquore a stelo.

COINTREAU
Origine: Francia (Angers).
Tipologia: liquore ottenuto con distillato di vino nel quale vengono messe in infusione fiori e scorze d'arancia amara e selvatica delle Antille.
Gradi: 40% in volume.
Consumo: dopo pasto Bicchiere: da liquore a stelo.

CURACAO
Origine: Antille Olandesi.
Tipologia: liquore ottenuto per macerazione di scorze d'arancia dell'isola di Curaçao in unione ad altri ingredienti quali erbe e spezie. Il profumo fortemente agrumato ha interessato l'industria liquoristica nella ricerca di numerose varianti, sono state create numerose ricette con una vasta gamma di colori, che hanno trovato applicazione soprattutto nel bere miscelato.
Può essere Blu, Orange o Triple sec.
Gradi: da 20 a 40% in volume.
Consumo: alcuni tipi vengono proposti on the rocks , generalmente trovano un vasto impiego nei cocktail.

DRAMBUIE
Origine: Scozia.
Tipologia: liquore ottenuto con miele d'erica e whisky scozzese.
Gradi: 40% in volume.
Consumo: dopo pasto.
Bicchiere: da liquore a stelo.

ELIXIR
Il termine si riferisce a un liquore ottenuto per macerazione di erbe e altri estratti . Questi liquori sono forti, di alta gradazione alcolica, dolci e contengono sostanza aromatiche medicamentose.
Elisir è una parola che deriva dalla voce araba " al-iksir", che significa: Pietra filosofale, Quintessenza.

GRAND MARNIER

Origine: Francia.
Tipologia: liquore ottenuto con cognac ed essenza di scorze d'arancia amara di Haiti.
Gradi: 40% in volume.
Consumo: dopo pasto.
Bicchiere: da liquore a stelo.

IRISH CREAM - BAILEYS

Origine: Irlandese.
Tipologia: liquore ottenuto per miscelazione di whiskey irlandese, crema di latte, crema di caffè, zucchero e altri aromatizzanti.
Gradi: 28 - 32% in volume.
Consumo: liscio dopo pasto , in miscela nei cocktail after dinner.
Bicchiere: classico da liquore con stelo.

MARASCHINO

Origine: Dalmazia.
Tipologia: liquore ottenuto per infusione di marasche in alcool , successivamente distillato , zucchero e alcool da vino.
Gradi: 25-38% in volume.
Consumo: liscio , freddo e nei cocktail.
Bicchiere: da liquore a stelo.

KUMMEL

Origine: Germania.
Tipologia: liquore ottenuto per infusione e successiva distillazione di semi di cumino in alcool, molto dolce .
Tipiche alcune qualità con lo zucchero cristallizzato nella bottiglia.
Gradi: 28% in volume.
Consumo: freddo, dopo pasto.
Bicchiere: da liquore a stelo.

SOUTHERN COMFORT

Origine: Stati Uniti (Mississippi).
Tipologia: liquore ottenuto con whisky americano, pesche mature, miele ed aromi naturali.
Gradi: 43% in volume.
Consumo: dopo pasto.
Bicchiere: da liquore a stelo.

LA DISTILLAZIONE

Distillare significa separare una sostanza da un'altra, portando un liquido allo stato di vapore e ricondensandolo.

LA DISTILLAZIONE DELL'ALCOL

Le origini della distillazione sono molto antiche. Sembrano risalire ai tempi degli Egizi o dei Persiani, i quali tramandarono poi queste conoscenze agli Arabi. Le prime distillazioni servirono per produrre medicinali e rimedi terapeutici.

La diffusione della distillazione e dell'alambicco lo si deve quasi sicuramente agli Arabi come lo dimostra l'influsso della lingua araba in due termini strettamente legati a questa pratica:

- Al-khul (polvere impalpabile) ovvero alcol.
- Al-ambiq (vaso conico con becco) ovvero alambicco.

Con i romani l'alambicco viene perfezionato.

Nel 1400-1500 in Italia ed in Europa si diffonde rapidamente questa tecnica con la distillazione delle vinacce e la produzione della grappa ampiamente praticate in Friuli-Venezia-Giulia e Veneto.

Le acqueviti, comunemente dette distillati, sono bevande ricavate dalla distillazione di un prodotto alcolico.

Per ottenere quindi un distillato bisogna separare l'acqua dall'alcol.

Questo processo avviene sfruttando le diverse temperature d'evaporazione dei liquidi.

L'alcol etilico evapora a 78,4°C mentre l'acqua evapora a 100°C.

La distillazione è ottenuta attraverso l'uso di alambicchi.

Gli alambicchi si dividono in due categorie: Discontinui e Continui.

La distillazione con l'alambicco discontinuo

L'alambicco discontinuo è formato principalmente da 4 parti che corrispondo quasi anche alle fasi principali della distillazione:

- La **caldaia** o cucurbita cioè il contenitore dove si mette la materia prima da distillare. Sotto la caldaia c'è una sorgente di calore.
- Il **coperchio** o capitello o deflemmatore che chiude la caldaia. Quando il liquido inizia a scaldarsi e a condensare e qui che cominciano a raggrupparsi i vapori ricchi di alcol ed aromi.
- Il **"collo di cigno"** collettore. E' un tratto di tubo allungato a forma incurvata dove si incanalano i vapori che salgono dal capitello.
- La **serpentina di raffreddamento** o refrigerante. E' l'ultima parte del tubo che scende progressivamente a spirale all'esterno della quale scorre acqua o un liquido o sostanza refrigerante. I vapori incanalati nel collo scendono nella serpentina che ha il compito di raffreddare e riportare così allo stato liquido i vapori alcolici. Sotto la serpentina c'è un recipiente che raccoglierà il liquido che fuoriesce.

L'alambicco discontinuo è detto anche alambicco a ripasso, poiché occorrono almeno due distillazioni.

Con la prima distillazione si ottengo una notevole separazione dell'alcol dall'acqua, ma il liquido è un prodotto di media gradazione alcolica e dai profumi mediocri. Si procede quindi alla seconda distillazione per ottenere il prodotto finale. In questa fase si procede al taglio delle teste e code.

Le testa è la prima parte del liquido che evapora ad una temperatura al di sotto dei 78,4°C ed è composta da sostanze sgradevoli e nocive, come l'alcol metilico, dannoso per l'uomo, è viene scartata.

La seconda parte, quella centrale si chiama cuore ed è composta da tutte quella sostanze che evaporano fra i 78,4°C e i 100°C. Questi vapori rappresentano l'anima del distillato poiché contengono le sostanze considerate positive e determinanti per la qualità del prodotto. Nel cuore troveremo quindi l'alcol etilico e tutti gli aromi.

La terza parte è detta coda, contiene le sostanze che evaporano dai 100°C in su e che conferiscono aromi e sapori sgradevoli al distillato. Le code posso essere scartate o inserite nei processi di distillazione successivi.

Con questo metodo ottengo un distillato con gradazione di circa 65-75%.

L'alambicco discontinuo detto anche Pot-still, comporta più lavoro poiché permette d'eseguire una sola distillazione alla volta alla quale segue lo svuotamento e la pulizia della caldaia, ma permette di ottenere un distillato più delicato, meno alcolico ma ricco di profumo adatto alla produzione di distillati pregiati.

La distillazione con l'alambicco continuo

L'alambicco continuo è composto da due colonne suddivise in sezioni da una serie di piatti. Il funzionamento è il seguente:

il liquido da distillare entra dall'alto e fatto scendere nella prima colonna mentre dal basso della stessa viene fatto salire del vapore caldo prodotto da una fonte di calore esterna. Salendo il vapore incontra il liquido, lo riscalda e porta via con sé i vapori che contengono alcol e sostanze volatili.

Questo vapore alcolico viene fatto entrare dal basso nell'altra colonna, portato da un tubo; comincia a risalire la colonna attraversando dei piatti forati. Man mano che sale il vapore comincia a raffreddarsi.

Quando il vapore arriva attorno ai 78,4°C incontra un piatto di raccoglimento, non forato, viene fatto condensare, raccolto e fatto uscire dalla colonna.

Le teste evaporano uscendo dall'alto dell'ultima colonna e le code vengono escono dal fondo della stessa.

DISTILLATI

Spesso non si fa attenzione nel definire i distillati dai liquori. Si pensa che siano la stessa cosa e a volte e davvero difficile distinguere gli uni dagli altri. Le differenze però ci sono e si devono al modo in cui sono preparati e alle loro caratteristiche organolettiche.

I distillati sono il risultato della distillazione di mosti fermentati (vini, cereali, frutta, ecc.). Nei distillati lo zucchero può essere presente solo in piccoli dosi, ma con funzione di colorante sotto forma di caramello.

CLASSIFICAZIONE DEI DISTILLATI

VITIVINICOLA

VINO	Brandy (tutto il mondo; più famosi quelli spagnoli). Cognac (Francia). Armagnac (Francia). Pisco (Perù, Cile, Argentina). Aguardente (Portogallo). Aguardiente (Spagna, America Latina).
VINACCIA	Grappa (Italia). Eau-de-vie de Marc (Francia). Bagaceira (Portogallo). Aguardiente de Orujo (Spagna). Komovica (Croazia)

CEREALICOLA

CERALI	Aquavit, Akvavit (Paesi Scandinavi). Bourbon Whiskey (Stati uniti). Irish Whiskey (Irlanda). Rey Whiskey (Stati Uniti). Tennessee Whiskey (Stati uniti). Scotch Whisky (Scozia). Canadian Whisky (Canada). Whisky (varie aree del mondo). Gin (varie aree del mondo). Vodka (varie aree del mondo). Steinhager (Germania). Korn (Germania).

FRUTTICOLA

CILIEGIE	Kirsch (Germania, Austria, Svizzera e varie aree del mondo). Kirsebaerlioer (Danimarca).
DATTERI	Bouza (Egitto).
FICHI	Boukha (Tunisia). Bourra (Nord Africa).

LAMPONI	Framboise (Francia). Himbergeist (Germania).
MELE	Applejack (Stati Uniti, Canada). Balzi (Svizzera). Calvados (Francia).
MORE	Brombergeist (Grermania).
PERE	Williamine, Williams (Europa).
PRUGNE	Mirabelle (Francia). Slivovitz, Sliwowitz (Europa). Quetsche (Francia).
COCOMERO	Kislav (Nord Est Europa).
UVA	Distillato d'uva (Italia).

PIANTE E VARIE

AGAVE	Tequila (Messico-Jalisco). Mezcal (Messico). Zotol (Messico). Magji Kawn (Africa).
CACTUS	Cocuj (Venezuela).
CANNA DA ZUCCHERO E MELASSA	Rum (varie aree nel mondo). Cachaça
MIELE	Honey Brandy (Regno Unito).
PATATE	Vodka (varie aree del mondo). Black Death (Islanda).

9)

Dosi delle bevande	
Prodotto	**cl**
Acqua	20
Acquaviti	4
Le più pregiate, come quelle di frutta, anche 3 cl	
Aperitivi in bottiglia	4
I prodotti poco alcolici 5 cl	
Bibite	20
Cocktail short drink	5-7
Latte	20
Liquori	
Gli amari pregiati 3 cl	4
Long drink	15-20
Sciroppi	
Da allungare con 15-18 cl di acqua	4-5
Spumante	10
Succhi di frutta	15-20
Vermouth	6
Vini liquorosi	6
Vino	10

le regole del bartender

REQUISITI PER OTTENERE UN BUON CAFFÈ

Quando si parla di caffè, necessita sapere che stiamo parlando di prodotti nervini. Che cosa sono i prodotti nervini? Sono alimenti che contengono sostanze in grado di agire sul sistema nervoso con effetto eccitante.

• **Il caffè**: contiene caffeina.

• **Il té**: contiene teina e caffeina.

• **La Cioccolata**: contiene teobromina e caffeina.

La tazza ideale per l'espresso è di porcellana, ha una forma tronco conica, uno spessore di 3-4 millimetri e il bordo arrotondato.

L'uso corretto e un'adeguata manutenzione della macchina per espresso, sono condizioni essenziali per ottenere un buon caffè. Gli errori nell'uso delle attrezzerie, dovuti a incuria o disattenzione, si accentuano in tazza, e tra questi i più frequenti sono:

• Cattiva pressatura: nel filtro la pressatura del caffè, deve risultare, energica, piana ed uniforme. In caso contrario, con scarsa pressione, pannello non livellato, si producono caffè sottoestratti, se invece la pressione è eccessiva si ottengono caffè sovraestratti.

• La mancata pulizia dei residui di caffè nel portafiltri accentua il gusto amaro e di cotto.

• Una temperatura dell'acqua in fase di infusione superiore ai 92°C causa un caffè sovraestratto o bruciato.

• Una temperatura inferiore ad 88°C, provoca la sottoestrazione delle componenti aromatiche del macinato e il caffè risulta freddo.

• Residui di polvere di caffè sul bordo del portafiltri, provocano una più rapida usura delle guarnizioni con perdite di pressione e relativa sottoestrazione del caffè.

• La mancata pulizia, e la non sostituzione dei filtri e delle guarnizioni del sottocoppa, possono essere causa di caffè sottoestratti o sovraestratti, o di caffè dagli odori sgradevoli.

• L'uso di tazze fredde provoca la sensazione di caffè freddo; è utile pertanto non impilare più di due tazze, e cercare di non usare quelle appena messe sul piano scaldatazze.

• Non superare la quantità di 3 cl per un espresso normale, e di circa 2 cl per il ristretto.

Vedi video: https://youtu.be/LP_r-J4Xias

https://youtu.be/5BDeODY-QUs

https://youtu.be/SDlY2XpwR28

https://youtu.be/HE0F2X2UjRg

IL CAFFÈ, UNO DEI BIGLIETTI DA VISITA DEL LOCALE

I bicchieri del bar ottimamente brillanti, insieme ad un bagno (WC) efficiente e ben pulito, anche il Caffè è un importantissimo prodotto che ci fa conoscere ai clienti nuovi e fidelizzati. Infatti il caffè espresso o il Cappuccino sono i prodotti guida con i quali i clienti ci scelgono in mezzo alla concorrenza, per cui è importantissimo saper preparare bene tale prodotto.

DIFETTI CAUSATI DA UN USO SCORETTO DEL MACINA DOSATORE

	DIFETTO	CAUSA	SOLUZIONE
	Crema chiara (il caffè scende velocemente dal beccuccio)	•Macinatura grossa •Pressatura debole •Dose scarsa	•Macinatura più fine •Aumentare la pressatura •Aumentare la dose
	Crema scura (il caffè scende a gocce da beccuccio)	•Macinatura fine •Pressatura forte •Dose elevata	•Macinatura più grossa •Ridurre la pressatura •Diminuire la dose
	Presenza di fondi di caffè in tazzina	•Caffè macinato troppo fine •Macine consumate	•Macinatura più grossa •Sostituire le macine

Per ottenere un buon caffè

- tazza ben calda
- temperatura del caffè in tazza 70 – 76°C
- temperatura acqua in caldaia 110 – 120°C
- tempo di erogazione 25 – 30 secondi
- temperatura acqua sul pannello di caffè, 90 – 92°C
- pressione in caldaia tra 0,7 e 1,5 secondo il tipo di macchina
- dose della miscela di caffè tra 6 e 7 gr
- pressione della pompa 8 – 9 atm

NOTA: Se dalla macchina del caffè all'improvviso non esce più caffè, più volte è dovuto al fatto che il caffè già macinato è divenuto umido. Questo avviene per colpa del cosiddetto: Scirocco, un vento caldo del sud-est, proveniente dall'Africa, ricco di umidità. Per risolvere il problema, basta togliere il caffè già macinato dalla macinatrice e inserire nuovi chicchi di caffè macinandoli e usandoli al momento stesso (il caffè divenuto umido va messo ad asciugare in un luogo asciutto).

A sinistra: un simile caffè non va mai servito
A destra: un caffè perfetto

Il barista deve prendere la tazzina, ben pulita e calda, sempre dal manico, con il cucchiaino posato a destra

IL SERVIZIO DEL CAFFÈ ESPRESSO E I SUOI DERIVATI

Le varie bevande derivate dall'espresso caffè sono: macchiato, fior di latte, caffè corretto, all'americana, kona o black coffe, caffè con crema liquida, crema al caffè, caffè mélange, cappuccino viennese, cappuccino alla triestina, cappuccino all'italiana, caffè freddo, espresso ghiacciato shakerato, caffè caldo shakerato, granita di caffè, latte macchiato, caffè decaffeinato, caffè d'orzo, caffè al ginseng, caffè salentino (con ghiaccio), caffè con l'aggiunta di cioccolato e panna montata, caffè con panna montata.

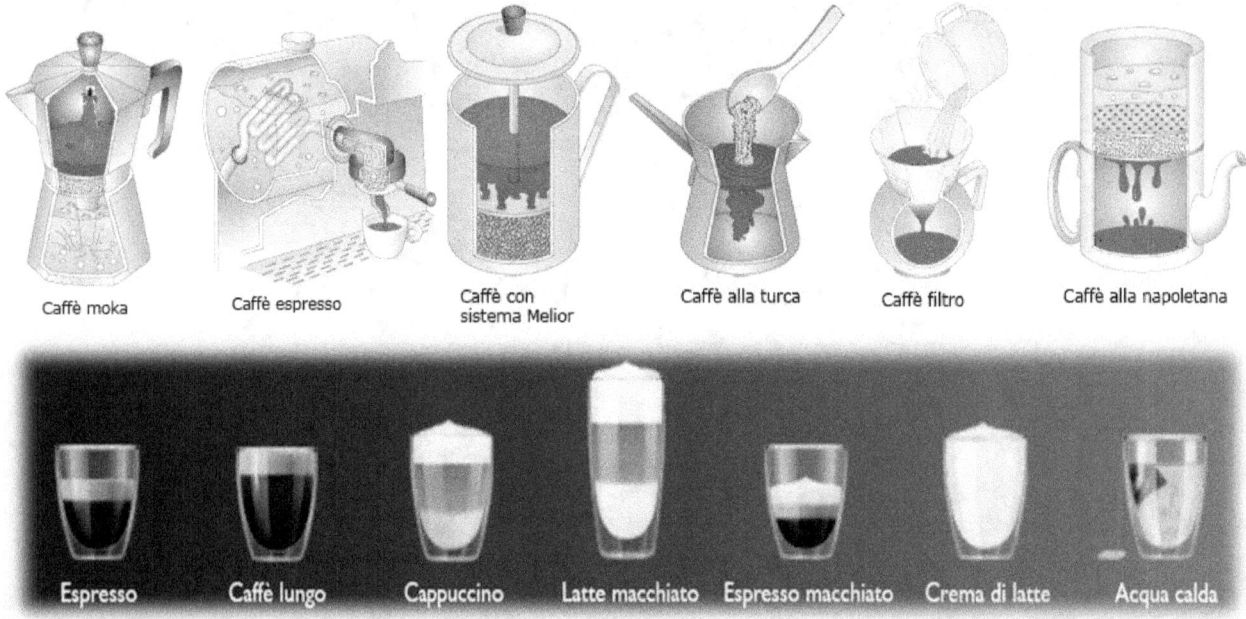

IL TE' (o meno correttamente the o thè) è una bevanda consistente in un infuso o decotto ricavato dalle foglie (a volte miscelate con spezie, erbe o essenze) di una pianta legnosa, *Camellia sinensis* che viene coltivata principalmente in Bangladesh, Pakistan, Cina, India, Indonesia, Sri Lanka, Giappone e Kenya.

Le tipologie più diffuse sono il tè al limone e il tè alla pesca. Molto diffuso è pure il "tè freddo".
I 6 tipi base di tè sono: il tè nero, il tè verde, il tè oolong, il tè bianco, il tè giallo, il tè Pu'er o tè postfermentato.

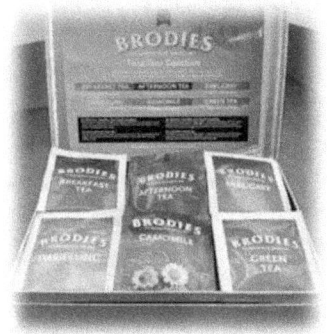 

I principali tè richiesti sono:
Tè in bustine filtro,
Tè sfuso e Tè freddo.

La Camomilla e altri infusi sono:
Le tisane.
Il carcadè.

I PRODOTTI DA: SNACK BAR – GELATERIA & PASTICCERIA

Alcuni SNACK che si trovano al bar sono:
• I crostini.
• Le crocchette.
• Le pizze e le focacce.
• I salatini.
• Gli spiedini.
• I sandwich.
• I toast.
• I panini imbottiti.
• I tramezzini.
• I savouries.
• Le olive.
• Le patatine.

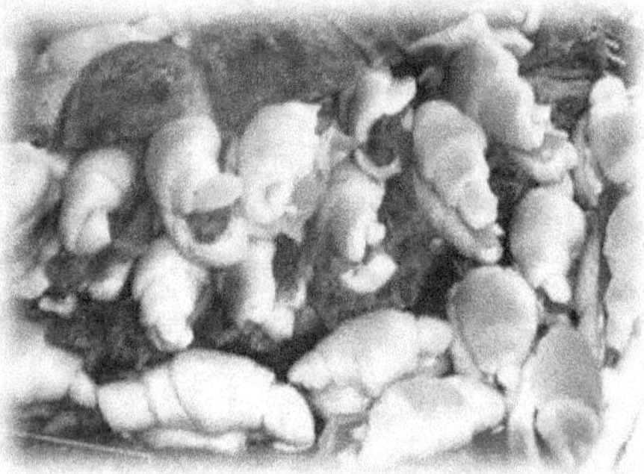

LA GELATERIA

• <u>Le Tipologie di gelati sono:</u>
1 - Gelati alla crema di latte.
2 - Gelati al latte.
3 - Sorbetti o gelati di frutta.
4 - Ghiaccioli.

• <u>I tipi di lavorazione sono:</u>
1 - Gelati Artigianali.
2 - Gelati industriali.
3 - Gelati predosati.

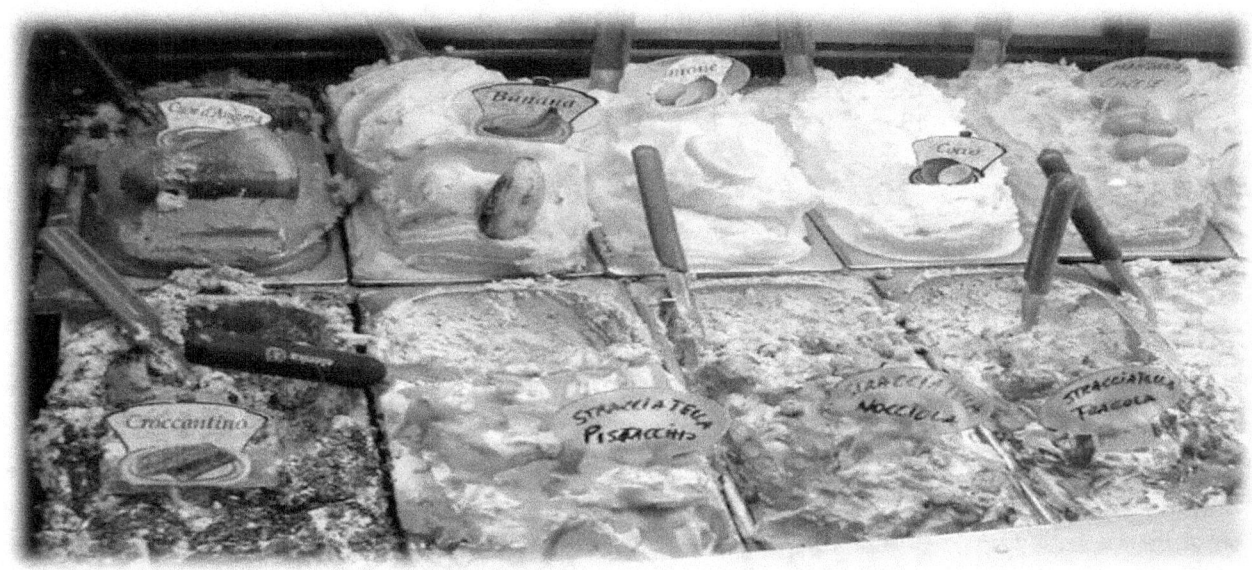

COME SI FA UN BUON GELATO ARTIGIANALE?

La preparazione di un buon gelato artigianale parte dallo studio della ricetta (o della formula) con il conseguente dosaggio di materie prime e ingredienti composti di qualità.

La miscelazione: È la fase che precede il processo di pastorizzazione. Nella preparazione a caldo, il primo elemento che viene posto nel pastorizzatore è il liquido (in genere latte, in alcuni casi acqua se si utilizza latte in polvere) nel quale vengono versati lentamente gli zuccheri già miscelati con additivi (emulsionanti e stabilizzanti).

La miscela base è fatta! In Italia l'aggiunta degli altri ingredienti (i caratterizzanti) avviene nella maggior parte dei casi quasi alla fine della gelata. Un gelatiere che desidera garantire una buona qualità al proprio prodotto prepara almeno una base bianca, una base gialla, un cioccolato e uno sciroppo per la frutta. Con una macchina combinata è possibile invece preparare ogni singolo gusto separatamente.

La pastorizzazione: Contemporaneamente alla miscelazione, si dà avvio alla pastorizzazione, trattamento termico che conferisce stabilità biologica all'alimento, eliminando gran parte della flora batterica patogena causa delle alterazioni del prodotto, ma lasciando inalterate le caratteristiche organolettiche. Il processo consiste nel riscaldamento della miscela fino a 82-85°C per 3 minuti, sotto continua agitazione, e il successivo raffreddamento a 4° C.

La maturazione: Una volta effettuata la pastorizzazione, in questa fase si mantiene la temperatura a 4°C per circa 6/12 ore, permettendo così a tutti gli ingredienti di amalgamarsi bene e alle parti solide di idratarsi per avere un gelato più cremoso e con migliore struttura.

La mantecazione: È la fase che trasforma la miscela in gelato, facendola passare dallo stato liquido a quello solido pastoso, in quanto parte dell'acqua, uniformemente distribuita, viene congelata. Dalla temperatura positiva si passa ad una negativa di diversi gradi centigradi in pochi minuti. È in questa fase, inoltre, che, attraverso l'agitazione, la miscela incorpora aria raggiungendo la consistenza pastosa del prodotto.

Indurimento: In base alle macchine utilizzate, all'uscita dal mantecatore la temperatura del gelato può aggirarsi attorno ai -8°/-10°C. In questa fase, il prodotto può essere disposto in cella o in vetrina. Eventualmente, prima dell'esposizione, può venire posto in abbattitori che portano il prodotto a -20°C e oltre per ridurre la quantità di acqua non congelata che farebbe perdere cremosità e volume al gelato.

Conservazione/Esposizione: Il gelato artigianale si conserva in cella a temperature di almeno -18°C. È necessario mantenere costantemente la catena del freddo per garantire la giusta struttura e cremosità al gelato e assicurare un prodotto sicuro al consumatore. In vetrina, il gelato viene esposto alla temperatura di somministrazione, pari a -14/-15°C..

10)

< **Paciugo variegato all'amarena**: gelato di vaniglia e di limone, amarene con il suo sciroppo e panna montata.

< **Coppa autunnale**: gelato di castagne, marron glacé morbide e panna montata.

< **Coppa Irish Coffee**: gelato di caffè e di vaniglia, Whisky, panna montata e chicchi di caffè.

< **SORBETTO**

Ingredienti:

Acqua, succo di agrumi o altri frutti a scelta, zucchero (opzionale: albume d'uovo).

Consolidare in freezer per 12 ore.

< **Sorbetto di champagne**

< **Sorbetto biancorosso**: sorbetto di mele, mirtilli e limoni.

< **Mandarini ripieni**: con sorbetto di mandarini, salsa di albicocche, mandorle e meringhe.

LA GRANITA

Ingredienti:

Acqua naturale

Zucchero

Succo di agrumi o altri frutti a scelta (inoltre: mandorla, pistacchio, caffè o cacao o cioccolato.

Mettete il contenitore nel freezer e dopo circa 20 minuti eliminate il ghiaccio che si sarà formato lungo i bordi e girate col mestolo, ripetendo poi questa operazione ogni 20 minuti circa.

< **Granita di amarene**

< **Gelo d'anguria con gocce di cioccolato**

< **Granita al caffè**

IL FRAPPE' - Ingredienti:

Frullare un frutto o un insieme di più frutti con ghiaccio tritato e latte. (opzionale: zucchero). Si chiama frappè anche il frullato di gelato e latte. Si anche utilizzare: gelato, liquori, cacao, caffè o sciroppi (menta e amarena). Il frappè si serve in bicchieri alti con una cannuccia, e/o panna montata.

< **Frappè al cacao**

< **Frappè di agrumi**

< **Frappè tropicale**

IL FRULLATO:

Sono bevande ottenute frullando diversi alimenti (in genere frutta fresca o sciroppata o alcuni tipi di verdure) da soli o insieme a una base di acqua, latte, yogurt o simili; possono essere zuccherati o arricchiti con altri ingredienti (soprattutto cacao, vaniglia, miele, liquore o salse). Se nella preparazione si impiega anche del ghiaccio tritato si parla più propriamente di frappè.

< Frullato vitaminico di kiwi

< Frullato di mele e mirtilli

< Frullato di frutta e verdura

LA PASTICCERIA

< Biscotti da tè

< Dolci fritti

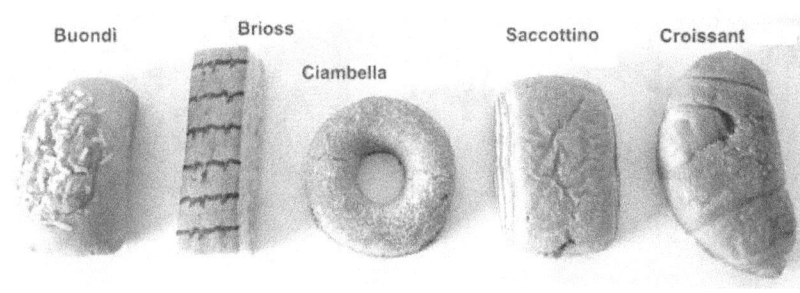

Buondì Brioss Ciambella Saccottino Croissant

∧ Merendine lievitate

< Sfoglie salate

∧

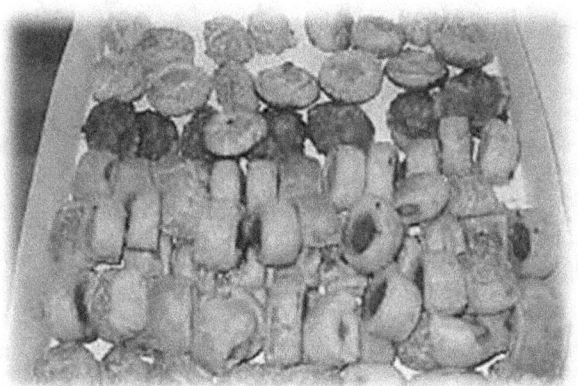

Caramelle e frutti canditi

HAPPY HOUR = APERITIVO

L'Happy hour (letteralmente "Ora felice" in lingua inglese) è una espressione di marketing anglosassone che indica un periodo nel quale un pubblico esercizio come un ristorante o un bar offre sconti sulle bevande alcoliche quali la birra, il vino e i cocktail.

È una pratica di promozione delle vendite nata nei paesi anglosassoni per attirare la clientela nei pub dopo l'uscita dal lavoro con l'offerta di consumazioni a prezzo ridotto per una o due ore nel tardo pomeriggio, coprendo di solito l'intervallo tra le 17:00 e le 18:00.

L'happy hour è un aperitivo "rinforzato" e prolungato. Al posto o accanto a qualche salatino, olive o arachidi (le noccioline americane), ci possono essere dei piccoli tramezzini o toast, tartine, panini o pizzette da cocktail, rustici, bruschette; ma anche mini porzioni di pasta, insalata o verdure, tocchetti di salumi come mortadella o prosciutto cotto.

Oggi in tutta l'Italia sono sempre più numerosi i locali e i Lounge bar che dalle 19:00 in poi o in altri orari e giorni della settimana preparano ricchissimi buffet abbinati a Spritz, Prosecco Cocktails, ecc. Il tutto a un costo decisamente abbordabile, che di solito non supera i dieci euro.

Con l'Happy Hour necessita che il barista faccia domestichezza nel preparare vari stuzzichini, sia freddi sia caldi.

Vieni a trovarci nel weekend per l'Happy Hour del Pappagallo: Drink+Consumazione al Buffet
€8,00

INFORMAZIONI DI SERVIZIO

EVITATE DI ESSERE RAPINATI

Considerando il crescente fenomeno delle rapine ai danni (anche fisici) di esercenti, sarebbe ragionevole fare la chiusura della cassa e quindi del locale, insieme a due o più persone dello staff.

E' quindi consigliabile chiudere a chiave la porta del locale prima di iniziare a preparare il denaro dell'incasso giornaliero.

Inoltre, è meglio lasciare in cassa meno soldi possibili.

INCASSO BAR

Data: _____

BATTUTO E INCASSATO:

€. _____

+ €. _____

TOTALE DA CONSEGNARE:

€. _____

SALDO RIMANENTE IN CASSA:

€. _____

Nome e firma del barista:

_____

_____

Nome e firma per accettazione:

_____

_____

Listino Prezzi Bar

(ESPOSIZIONE OBBLIGATORIA ART. 163 R.D. 635/40 - TESTO UNICO PUBBLICA SICUREZZA)

CAFFETTERIA — EURO

CAFFÈ ESPRESSO	€ 0,90
CAFFÈ CORRETTO	€ 1,00
CAFFÈ DEZA	€ 1,00
CAFFÈ DECAFFEINATO	€ 0,90
CAPPUCCINO	€ 1,20
LATTE MACCHIATO	€ 1,00
LATTE BIANCO	€ 1,00
ESPRESSINO	€ 1,00
TÈ + CORNETTO	€ 1,00
CAFFÈ e GHIACCIO	€ 1,00
CAFFÈ FREDDO	€ 1,10
CAFFÈ SHAKERATO	€ 2,50
CIOCCOLATO CALDO	€ 2,00
CIOCCOLATO CALDO con PANNA	€ 2,50
CREMINO	€ 1,50

BIBITE — EURO

TÈ FREDDO	€ 2,00
TÈ FREDDO con GRANITA	€ 3,50
BEVANDE in LATTINA	€ 2,00
BEVANDE in BOTTIGLIA	€ 2,00
SUCCHI di FRUTTA	€ 2,50
BIRRA NAZIONALE cl 33	€ 2,00
BIRRA ESTERA	€ 2,50
BIRRA ESTERA speciale	€ 3,00
SPREMUTE	€ 2,50
FRULLATI	€ 3,50
FRAPPÈ	€ 3,50

LIQUORI E ACQUEVITI — EURO

LIQUORI nazionali	€ 2,00
LIQUORI esteri	da € 3,00
LIQUORI stock riserva	
LIQUORI stock distillati	
COCKTAIL	
LONG DRINK	
SPUMANTE DOLCE	€ 2,50
SPUMANTE PROSECCO	€ 3,00

GELATERIA / SEMIFREDDI — EURO

CONI/COPPETTE medi con Panna	
CONI/COPPETTE grandi doppia Panna	
GRANITE	
GRANITE con PANNA	
GELATO in VASCHETTA al Kg	
TORTE SEMIFREDDO al Kg	
SEMIFREDDO al Kg	
CREPES	
ZUPPA INGLESE	
MOUSSE	
BAVARESE	

PASTICCERIA — EURO

BRIOCHE/CORNETTI	
BRIOCHE/CORNETTI	
BISCOTTERIA al Kg	
PASTICCERIA MIGNON al Kg	
TORTE alla CREMA al Kg	
PASTICCERIA DI MANDORLE al Kg	

ROSTICCERIA — EURO

PANZEROTTO fritto	
PANZEROTTO al forno	
FOCACCIA semplice	
FOCACCIA	
FOCACCIA farcita	
TRAMEZZINO	
TOST	
TOSTONE	
RUSTICI ASSORTITI	

PER CHI HA INTENZIONE DI APRIRE UN BAR

Prima di aprire un bar, devi tenere presente che la locazione richiede due importanti esigenze:

1) Il luogo deve essere una zona affollata (centro città o zona dove vi sono grandi supermercati).

2) Deve esserci un ampio parcheggio gratuito nelle dirette vicinanze.

A DISCREZIONE DELL'AZIENDA E LA SUA TIPOLOGIA
ESISTONO SVARIATE UNIFORMI DA BARISTA (ANCHE STRAVAGANTI)

LA PULIZIA DEGLI UTENSILI, MACCHINARI & AREE DI LAVORO

Uno degli elementi che condizionano fortemente il risultato finale del lavaggio e della pulizia di una superficie, di un utensile o di un macchinario è rappresentato dal tipo di detergente e di disinfettante usato. La scelta sbagliata di un prodotto rispetto a un altro, oppure il suo impiego inadeguato, può non solo compromettere l'efficacia del trattamento pulente, ma addirittura costituire un rischio per il lavoratore che lo utilizza o per colui che dovrà operare in quell'ambiente, provocando ustioni, irritazioni degli occhi e delle prime vie respiratorie, allergie ed eritemi cutanei.

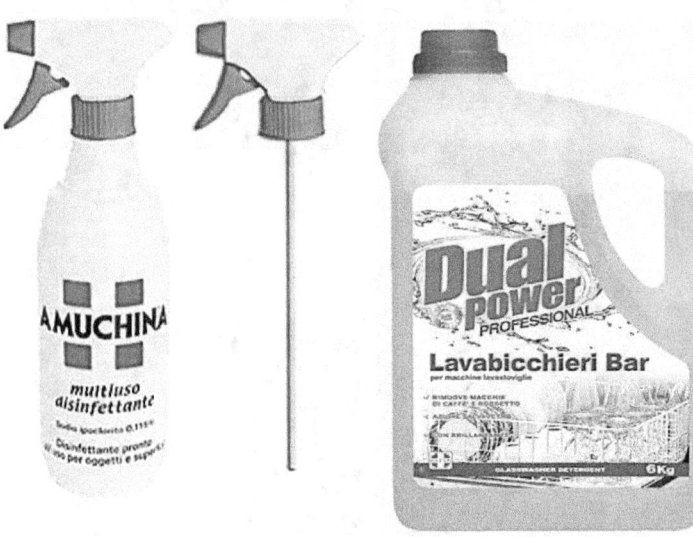

NOZIONI DI ANTINFORTUNISTICA

Qualsiasi ambiente di lavoro può presentare dei rischi potenziali per la salute del personale che vi opera. Nelle aziende alberghiere e negli esercizi di ristorazione tali pericoli possono essere collegati sia a sfavorevoli condizioni ambientali, e in questo caso possono dar luogo nel tempo ad alcune malattie professionali, sia alla possibilità d'infortuni.

Per quanto riguarda la salubrità dell'ambiente, il lavoro del barman, del maître e dei camerieri non mostra gli stessi problemi rispetto a quello del personale di cucina.

In sala o bar, infatti, non vi sono fonti dirette di calore o di vapore e sono meno frequenti gli sbalzi di temperatura, tuttavia anche per gli operatori di sala sussistono rischi ambientali.

I più rilevanti sono quelli a carico dell'apparato locomotore, con lombalgie, sciatica, scoliosi, che colpiscono soprattutto chi lavora in piedi e percorre molti chilometri al giorno.

A questi va aggiunta l'esposizione continua al fumo di tabacco dei clienti, tipico di alcuni bar, che costringe un barman a inalare il fumo passivo di cento-duecento e più sigarette al giorno, in un ambiente chiuso e spesso non ben aerato.

Nel rispetto delle più recenti norme sulla prevenzione degli incidenti sul lavoro, ogni azienda ristorativa deve allestire un programma di prevenzione degli infortuni che illustri chiaramente quali sono i pericoli esistenti nell'azienda stessa.

Tutti gli operatori, periodicamente, devono frequentare corsi basilari di infortunistica e primo soccorso gestiti da personale esperto.

Vicino al telefono è indispensabile attaccare un cartello che riporti in modo evidente i numeri telefonici più importanti per le chiamate di soccorso (polizia, ambulanza, guardia medica, pompieri ecc.).

E' bene che il personale sappia utilizzare correttamente gli estintori, i quali devono essere segnalati e di rapido impiego; nel caso di grandi aree di lavoro è utile avere una pianta generale dei punti d'installazione degli estintori appesa nelle zone principali.

La prevenzione degli infortuni
• Il rischio di cadute accidentali.
• Il rischio di ustioni.
• Il rischio di tagli e ferite.
• Svenimento e difficoltà respiratorie.
• Perdita di coscienza e respirazione artificiale.
• Ferite ed emorragie.
• Ustioni (scottature).
• Corpi estranei.

RISCHI E SOLUZIONI

Classificazione dei principali fattori di rischio
➢ Scivolamento e cadute a livello.
➢ Ferite da taglio alle mani.
➢ Ustioni (per contatto con superfici calde, liquidi bollenti, vapori caldi).
➢ Elettrocuzione (contatti accidentali con parti in tensione o con macchinari non correttamente isolati).
➢ Ergonomia (lavoro prolungato in piedi).
➢ Affaticamento visivo.

➢ Movimentazione manuale dei carichi (pietanze, cassette di bevande, ecc.).

Disposizioni/Procedure/Interventi (DPI) per ridurre i rischi

➢ Mantenere il pavimento della sala e degli altri spazi comuni asciutto e pulito, al fine di contenere gli episodi di scivolamento.

➢ Controllare e verificare che i percorsi lavorativi siano integri ed agibili (pavimenti non ingombri, segnalazioni di eventuali punti pericolosi, ecc.).

➢ Utilizzare scarpe antiscivolo per diminuire il rischio di caduta.

➢ Prevedere personale di riserva per coprire ferie, malattie, periodi di punta, ecc.

➢ Assicurare che il lavoro non venga svolto costantemente in condizioni di stress (tempi ridotti a causa di personale insufficiente).

➢ Utilizzare contenitori idonei per la conservazione di alimenti nel frigorifero.

➢ Verificare che gli organi lavoratori delle attrezzature risultino opportunamente segregati e protetti contro il ravviamento involontario.

➢ Insegnare ai lavoratori il corretto comportamento nell'uso di superfici pericolose (lame e coltelli).

➢ Verificare che l'impianto elettrico sia a norma e che siano stati eseguiti gli interventi di manutenzione ordinaria e straordinaria.

➢ Verificare che l'impianto di terra sia stato sottoposto alle verifiche periodiche.

➢ Eseguire un controllo periodico delle macchine ad alimentazione elettrica da parte di personale qualificato.

➢ Limitare l'uso delle prolunghe elettriche, di riduttori, spine o prese multiple.

➢ Non usare una presa dove già é collegato altro utilizzatore.

➢ In caso di sostituzione di pezzi, richiedere i ricambi originali.

➢ Togliere l'alimentazione elettrica della macchina per ogni intervento di manutenzione.

➢ Evitare di maneggiare con le mani umide macchine ad alimentazione elettrica.

➢ Usare maniglie e prese per isolare il calore quando si prelevano corpi bollenti.

➢ Utilizzare guanti e prese da forno per spostare contenitori caldi.

➢ Prevedere la coibentazione delle parti calde di tubazioni e di attrezzature con cui i lavoratori possono venire a contatto, in caso di impossibilità usare adeguate segnaletica di avvertimento.

➢ Non svuotare i posacenere in contenitori infiammabili o contenenti carta.

➢ Usare raccoglitori per rifiuti resistenti al fuoco e dotati di coperchi opportuni.

➢ Accertarsi che esistano idonei sistemi antincendio e che la loro manutenzione sia regolare.

➢ Redigere un piano di emergenza che contempli anche l'esistenza di lavoratori istruiti al caso di incendio.

➢ Acquistare confezioni di peso o pezzature limitate, evitando pesi superiori a 20-25 kg.

Formazione, informazione e addestramento

La carenza di formazione del personale, incide significativamente sulle probabilità di accadimento dei rischi.

Il personale deve frequentare corsi di formazione, in merito a:

➢ Sicurezza e salute nei luoghi di lavoro.

➢ Formazione ed informazione ai sensi del D.lgs 81/08.

➢ Formazione in materia di gestione delle situazioni di emergenza.

➢ Utilizzo in sicurezza delle attrezzature di lavoro ai sensi del D.lgs 81/08.

Sorveglianza sanitaria

➢ In linea generale il barman non è soggetto alla sorveglianza sanitaria.

➢ Tuttavia, in casi specifici, in cui l'attività di movimentazione manuale dei carichi ed elaborazione merce sia talmente pesante, potrebbe comportare la necessità di attivare un piano di sorveglianza sanitaria.

Dispositivi di protezione individuale

In funzione dei rischi evidenziati potrebbe essere necessario utilizzare i DPI di seguito elencati, dei quali sono riportati la descrizione ed i riferimenti normativi:

RISCHI EVIDENZIATI	DPI	DESCRIZIONE
Scivolamenti, schiacciamento del carico trasportato	Scarpe Antiscivolamento	Suola antiscivolo e per salvaguardare la caviglia da distorsioni
Contatto con parti calde	Guanti anticalore	Guanti pesanti da cucina per manipolazione di pezzi caldi
Ferite e tagli alle mani durante le operazioni di pulizia affettatrice, ecc.	Guanti antitaglio	In maglia di acciaio inox formata da anelli saldati singolarmente. Adatto durante l'utilizzo o la pulizia di utensili taglienti o provvisti di lama

CLASSIFICAZIONE DEI COCKTAIL E DEI BICCHIERI

Un cocktail dovrebbe essere sempre composto da almeno due ingredienti: un liquore di base e una sostanza in grado di modificare il sapore o il colore, di origine alcolica o analcolica. Alcune ricette prevedono inoltre una correzione mediante l'aggiunta di piccole dosi di aromatizzanti. Per finire, spesso si completa l'opera con l'aggiunta di alcune decorazioni. Passeremo in rassegna gli ingredienti di base che non possono mancare in un bar domestico di qualità; l'elenco di questi ingredienti potrà ovviamente cambiare al variare delle stagioni e in base ai gusti individuali.

Atlante dei cocktail

I cocktail possono essere suddivisi in base a diversi parametri: la quantità di alcol (alcolici, non alcolici), il volume complessivo dei liquidi (short drink: 60 ml; medium drink: 90-130 ml; long drink: 150-200 ml), il recipiente nel quale vengono preparati (bicchiere, mixing-glass, shaker) e altri criteri ancora. Probabilmente la classificazione più interessante è quella che suddivide i cocktail in base al momento più adatto per servirli e alla loro funzione: pre dinner (aperitivo), after dinner (digestivo), "tutte le ore", corroborante-invernale, dissetante-estivo.

Cocktail pre-dinner

La funzione specifica di questi cocktail è quella di stimolare l'appetito e preparare il palato al pasto. Il drink non dovrà essere abbondante, né eccessivamente alcolico; dovrà inoltre avere un sapore secco, asprigno, leggermente aromatico e stimolante. Sono esclusi tutti i latticini, il caffè, la menta e altri aromi digestivi. Tra gli analcolici si possono servire semplici succhi di frutta o verdura allungati con acqua tonica. Tra i cocktail a basso-medio contenuto alcolico sono consigliati quelli a base di spumante (Bellini, Kir, Mimosa) e quelli a base di Vermouth (Americano, Bronx, Negroni). Tra i cocktail più alcolici possono rientrare il Gibson, il Gin and It, il Manhattan, il Rob Roy e il Vodka Martini.

Cocktail after-dinner

Il momento conclusivo del pasto richiede un cocktail dal sapore ricco e dolce, in grado di stimolare le funzioni digestive. Sono quindi adatti liquori a base di erbe (come la menta), di caffè o di frutta secca (come l'amaretto). Per non appesantire eccessivamente lo stomaco, è opportuno evitare la presenza di panna e latte, salvo il caso in cui il cocktail sostituisca il dessert. Alcuni cocktail che rientrano in questa categoria sono: il Black Russian, il Godfather, il Godmother, il Margarita, il Paradise, il Sidecar, lo Stinger e il White Lady.

Cocktail "tutte le ore"

Sono drink non legati al momento del pasto, da bere di pomeriggio o nel tardo dopocena. Non devono essere eccessivamente secchi, ma piuttosto morbidi e suadenti, a gradazione alcolica non troppo elevata. Possono presentare una leggera componente acidula, che li rende più dissetanti. Tra i cocktail che rientrano in questa categoria occorre citare tutti quelli a base di spumante, l'Alexander, il Bacardi, il Bronx, il Daiquiri e il Paradise.

Cocktail corroboranti

Sono drink consumati principalmente nei mesi freddi, in grado di apportare un supplemento di energia: per questo motivo tra gli ingredienti di base ci sono spesso il tuorlo d'uovo, la panna, le creme di liquore, i vini dolci o liquorosi e lo zucchero. La gradazione alcolica di questi cocktail non è troppo elevata. Talvolta i miscelati vengono serviti caldi: i grog e i punch sono alcuni esempi. Altri cocktail famosi inclusi in questa categoria sono il Brandy Egg Nog, il Bullshot, l'Irish Coffee, il Porto Flip, il Pussyfoot e il Parson Special.

Cocktail dissetanti

Tipici dei mesi estivi, sono long drink analcolici o a basso contenuto alcolico, generalmente bevuti lontano dai pasti. La quantità media di questi drink è di circa 200 ml. In genere contengono frutta (in pezzi o in succo), succo di limone, una bevanda gassata e ghiaccio. Tra i cocktail inclusi in questa categoria sono molto apprezzati i Cobbler, i Collins, i Cooler, le Cups e gli Highballs. Tra quelli più richiesti occorre citare il Florida, il John Collins, il Garibaldi, il Gin Fizz, la Piña Colada, il Planter's Punch, lo Screwdriver, il Shirley Temple e il Tequila Sunrise.

Bicchieri da cocktail

Ogni cocktail deve essere servito in un particolare bicchiere, in grado di valorizzarne le caratteristiche: per molti drink, in particolare per i sessanta cocktail internazionali codificati dall'IBA, nella ricetta stessa è indicato quale dovrà essere il bicchiere di servizio. La scelta del bicchiere corretto è indice di senso estetico e cura del particolare; è molto importante prestare attenzione a non toccare mai il bordo dei bicchieri con le dita: occorre sempre sollevarli tenendoli dallo stelo oppure dal fondo. Di seguito presenteremo una panoramica dei principali bicchieri da cocktail, anche se difficilmente sarà possibile procurarseli tutti: quelli fondamentali sono la Coppetta da cocktail, il Tumbler basso, il Tumbler alto e la Flûte.

Coppetta da cocktail

È la classica coppa Martini, di forma triangolare e dal lungo stelo. Ha una capacità di circa 100 ml ed è utilizzata in particolar modo per gli short drink alcolici serviti senza ghiaccio: l'ampia superficie di questo bicchiere è infatti in grado di mettere in evidenza gli aromi e il colore che caratterizzano la bevanda.

Doppia coppetta da cocktail

Questo bicchiere ha una forma identica alla coppetta da cocktail, ma una grandezza e una capienza superiori: è infatti in grado di contenere una dose quasi doppia di liquido (circa 20 cl). È utilizzata per cocktail serviti senza ghiaccio, preparati con ingredienti non eccessivamente alcolici (come succhi di frutta o vini).

Flûte

È il classico bicchiere nel quale vengono serviti gli sparkling (una categoria di cocktail leggeri a base di spumante e frutta fresca, come il Bellini, il Puccini e il Mimosa) e gli spumanti o champagne secchi in genere (che hanno bisogno di liberare lentamente l'anidride carbonica). Ha una forma slanciata, con stelo corto e sottile e un calice molto stretto e allungato, in grado di trattenere aromi e bollicine.

Tumbler basso o old fashioned

Bicchiere cilindrico, basso e largo, della capienza di circa 18 cl. Grazie alla sua capacità di contenere una discreta quantità di cubetti, viene utilizzato per servire liquori on-the-rock e short drink che richiedono la presenza di ghiaccio (come, per esempio, il Negroni).
Ha una capienza di circa 20 cl. Quasi sempre il cocktail viene miscelato direttamente nel bicchiere.

Tumbler medio

Bicchiere dalla forma simile al tumbler basso, leggermente più alto e della capienza di circa 240 ml. è utilizzato per servire medium drink contenenti ghiaccio (come il Mojito o il Caipiriña) o cocktail che richiedono l'aggiunta di soda (come l'Americano).

Tumbler alto o Delmonico

Ancora più alto del bicchiere precedente, è in grado di contenere circa 350 ml di liquido. È il bicchiere ideale per servire long drink (in particolar modo quelli poco alcolici, serviti con ghiaccio nel periodo estivo). Viene anche chiamato Delmonico, dal nome del locale che per primo ne lanciò la moda.

Bicchiere per Irish Coffee

È un bicchiere a calice leggermente bombato, della capacità di circa 180 ml, indicato per servire Irish Coffee e altri hot drink (come punch e grog): il gambo consente infatti una presa sicura senza che ci si scotti le dita.

Bicchiere per punch

Bicchiere specifico per il servizio del grog o del punch caldo, di vetro resistente e con manico e struttura metallici, per consentire un'impugnatura sicura anche in presenza di liquidi bollenti. In alternativa può essere utilizzato anche il bicchiere per Irish Coffee.

BANCO BAR PER COCKTAIL

IL CONTENUTO DI ALCUNI BICCHIERI CHE SI USANO ANCHE PER I COCKTAIL

Shot Classico: da 2 a 3,5 cl
Double Shot: da 5 a 7 e oltre
Shooter: da 3,5 a 6 cl
Shooter Max: da 6 cl e oltre
Coppetta cocktail: da 7 a 14 cl
Doppia Coppetta: da 20 cl e oltre
Old Fashioned: da 15 a 33 cl
Tumbler medio: da 18 a 24 cl
Highball: da 20 a 25 cl
Hurricane: da 25 a 44 cl
Flûte: da 14 a 18 cl
Coppa champagne: da 15 a 18 cl
Coppetta Sombrero: da 22 a 27 cl
Copita (**anche per vini rossi**): da 15 a 25 cl
Ballon (per cognac o brandy): da 30 a 45 cl
Goblet: da 20 a 40 cl
Bicchiere da Grog: da 25 a 50 cl
Calice grande (**per birra**): da 25 a 30 cl

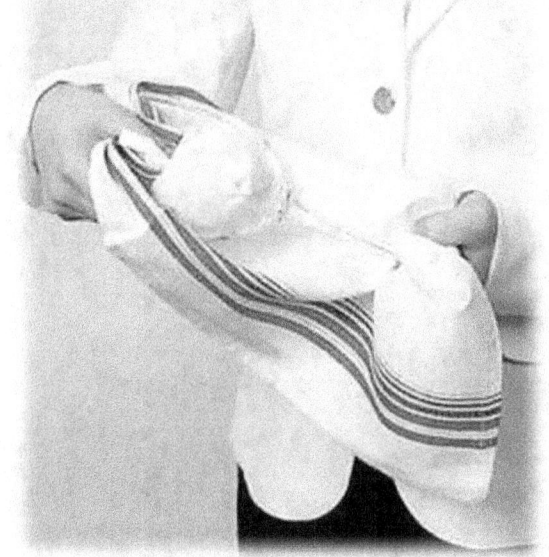

Nonostante abbiano lo stesso nome, alcuni bicchieri potrebbero avere il contenuto in centilitri diversi.
Essendoci gusti differenti tra i ristoratori, potrebbe capitare che in alcuni locali vengano usati modelli di bicchieri diversi da quelli indicati in questo libro.

E' importante che tu, qual nuovo barman, ti orienti bene per quanto riguarda l'assortimento di bicchieri, utensili, dotazioni, strumenti, guarnizioni, ecc... che sono presenti in quel particolare locale.

Aperitivi, afterdinner e quant'altro possono nascere dall'arte della miscelazione, con proposte anche di finger food, stuzzichini e veri e proprio piatti da abbinare.

Il rito dell'aperitivo, è ormai parte del nostro costume, ma non è facile muoversi con disinvoltura fra i "grandi classici" (Negroni, Manhattan, Daiquiri...) e le nuove proposte nate sull'una o l'altra sponda dell'Atlantico. E dunque scorrono cocktail d'ogni genere, senza segreti o con varianti degni di essere preparati e gustati.

I cocktail seguono la classificazione ufficiale dell'IBA (International Bartender's Association) e vengono proposti secondo tre macro sezioni:
The unforgettables (gli indimenticabili), Contemporary classics (i classici contemporanei) e New Era Drinks (Drinks dell'ultima generazione).

SHORT drink: (6-9 cl) vanno serviti nelle Coppette da cocktail o Doppia coppetta
MEDIUM drink: (9-13 cl) vanno serviti in Tumbler bassi o Old fashioned (sono mediamente alcolici con poca presenza di distillati).
LONG DRINKS: (15-30 cl) vanno serviti in Tumbler alti o altri bicchieri di alta capacità (in genere i Long-drink presentano l'aggiunta di succhi di frutta o bevande sodate (hanno pochissimo alcol).

COCKTAIL UFFICIALI – IBA

Un Cocktail ufficiale IBA è uno dei molti cocktail selezionati dalla International Bartenders Association ("IBA") per l'annuale World Cocktail Competition (WCC) di bartending

LA NUOVA LISTA DEI COCKTAILS - IBA

Il 25 novembre 2011, viene ufficializzata la nuova lista dei cocktails IBA direttamente sul sito ufficiale. Molti doppioni spariscono (ad esempio i Manhattan e i Martini, lasciando solo alcuni). Così altri cocktails abbandonano il campo, facendo spazio ad altri poco conosciuti in Italia, ma famosi nel resto del mondo (è il caso del Pisco Sour e del Tommy's Margarita).

Fino a fine dicembre 2011 i cocktails erano 68, poi arrivano a 77: infatti furono rimessi in lista cocktails come il Godfather, il Margarita, Cosmopolitan ed altri ancora. Per cui, in questo momento i cocktails ufficiali sono 77, divisi nelle 3 categorie che abbiamo precedentemente già menzionato, questi sono: The Unforgettables, Contemporary Classics e New Era Drinks.

Nei Pre-Dinner Cocktail, l'uso di prodotti dolcificati è limitato a 2 centilitri (1.35 tbsp, o 0.68 US fl oz), questi sono:
1) Vermouth rosso, bianco e rosè.
2) Liquori dolci come Grand Marnier, Cointreau, Drambuie, Midori, Galliano, e creme.
3) Bols, Monin, Marie Brizard, De Kuyper.
4) Porto, Marsala.
5) Sherry.
6) Tutti gli sciroppi.
7) Vino spumante.

I cocktail ufficiali IBA

Il cocktail è una bevanda composta da ingredienti che vengono miscelati tra loro. Solitamente, uno di questi ingredienti è alcolico. Negli anni 30-40, l'arte di eseguire cocktail divenne molto diffusa, e nacquero quindi vari associazione di categoria:
IBA (International Bartenders Association, nata nel 1951 in America)
AIBES (Associazione Italiana Barmen e Sostenitori, nata nel 1949 in Italia)
FIB (Federazione Italiana Barmen, fondata nel 2001 da 3 barman, Massimo Speroni, Losavio Tommaso e Moschetti Andrea)

Nel 1961 fino al 2011, una commissione dei migliori bartender di tutto il mondo, chiamata International Cocktail Committee, stabilì le regole base per dosare i cocktail, codificandone 50. Negli anni a venire la lista fu allungata fino a toccare quota 66 e poi 70 che l'IBA divise in 5 categorie:
Pre-dinner (cocktails aperitivi); After-dinner (cocktails digestivi); Long drink (cocktail dissetanti); Popular (cocktail famosi) e Special cocktails (cocktail speciali dedicati a personaggi speciali che si sono contraddistinti per imprese o atti particolari).

La suddivisione dei cocktail

Il 25 novembre 2011, viene ufficializzata la nuova lista dei cocktails IBA direttamente sul loro sito ufficiale. Molti doppioni sparirono (ad esempio i Manhattan e i Martini, lasciandone solo alcuni). Così altri cocktails abbandonano il campo, facendo spazio ad altri poco conosciuti in Italia ma famosi nel resto del mondo (è il caso del: Pisco Sour e del Tommy's Margarita).

Fino a fine dicembre 2011 i cocktails furono 68, poi arrivano a 77, infatti vennero rimessi in lista cocktails come: il Godfather, il Margarita, Cosmopolitan ed altri ancora. Per cui, in questo momento i cocktails ufficiali sono 77, divisi in 3 categorie: Contemporary Classics, The Unforgettables e New Era Drinks.

Oltre a queste 5 categorie, ce ne sono altre, come:
• Any time (per ogni occasione): sono bevande che grazie a gradi alcolici bassi ed alla loro amabilità sono adatte a qualsiasi ora del giorno e della notte.
• Tonic (cocktail tonici): sono cocktail energici e corroboranti, adatti ad essere bevuti a qualsiasi ora del giorno o della notte. Prevedono ingredienti come frutta e verdura freschi, uova, latte ecc…
In questo manuale troverete, oltre ai 77 cocktail ufficiali IBA, anche quelli più richiesti nei locali di tutto il mondo.

LE DECORAZIONI

Le decorazioni sono un importante elemento nel servizio dei cocktail o bevande generiche, poichè con pochissimi ingredienti comuni si può trasformare un drink e presentarlo in maniera spettacolare. Le decorazioni si dividono in 2 categorie:
• Semplici.
• Composte.
Semplici: sono formate da ingredienti come fette di arance, limoni, lime, olive, composte: sono per esempio spiedini di frutta o altre decorazioni composte da più ingredienti.

Esistono alcune regole base per la preparazione e presentazione delle decorazioni:
• Short drink: devono essere accompagnati da ciliegie, olive verdi o nere, cipolline o bucce di limone, lime, arancia, ramoscelli di menta, ecc...
• Long drink: si possono decorare con qualsiasi cosa sia poi commestibile, come frutta, erbe o verdure fresche; si possono anche usare elementi come ombrellini di plastica o legno.

Le regole generali a cui attenersi per le decorazioni sono:
• Le decorazioni devono essere molto salde sul bicchiere, per evitare che possano disturbare la sua degustazione.
• Evita di allungare i tempi di esecuzione, quindi fare decorazioni semplici.
• Usa sempre frutta non troppo matura, per evitare che si spappoli o si ossidi troppo velocemente.
• Lava sempre accuratamente tutta la frutta che utilizzerai.
• Evita di utilizzare fiori, potrebbero coprire le fragranze delle bevande.
• Nei long drink bisogna sempre utilizzare le cannucce, meglio se sono 2.
• In alcuni cocktail vanno messe cannucce lunghe mentre in altri cannucce corte.
• Utilizzate sempre e solo le pinze apposite per raccogliere le decorazioni e collocarle al loro posto sul bicchiere. Non toccare mai le decorazioni o la frutta in genere a mani nude!

CREARE L'EFFETTO FUMO NEI BICCHIERI DI VARI COCKTAIL

L'effetto fumo si fa con il ghiaccio secco, questo è un materiale adoperato anche sui set cinematografici per creare l'effetto fumo per scene horror.
Il ghiaccio secco alimentare è composto da anidride carbonica pura, è trasparente, brillante e cristallino. E' privo di sali, inodore e insapore con totale assenza di residui solidi e carica batterica.
Dopo aver preparato il cocktail secondo la ricetta, basta aggiungere e quindi miscelare del ghiaccio nel bicchiere, e come per magia ne uscirà del fumo alimentare senza cambiarne il gusto del drink.
Ideale per:
• Preparazione cocktail con effetto fumo.

• Miscelazione con drink alcolici e analcolici.

Vedi video:

▪ Drink con ghiaccio secco

https://youtu.be/oukc4vYw5xc

▪ Come preparare un perfetto Margarita (con aria di sale)

https://youtu.be/WjOr2vr-iEI

▪ Aria alcolica - sucro - Approfondimenti di cucina molecolare

https://youtu.be/YOX203cZMZ8

PRIMA DI INIZIARE CON I COCKTAILS VEDI I SEGUENTI VIDEO:

▪ Il Barman e gli attrezzi del mestiere

https://youtu.be/h9XtkB8vfvA

▪ Il segreto del barman

https://youtu.be/DX_yCTXAQ7Y

▪ Cocktail, il tutorial del barman Massimo Stronati

https://youtu.be/aq3gOxzm4vQ

▪ Cocktail - Come allestire un bar in casa

https://youtu.be/G0dLHNeS6R0

▪ I 15 strumenti che non possono mancare ad un Bartender - Bar Line

https://youtu.be/GY62ITQjTAo

- **Impara ad usare il BPOUR - Parte 1.MP4**
https://youtu.be/sWfYDpoBQK0

- **Impara ad usare il BPOUR - Parte 2.MP4**
https://youtu.be/R-YjDFTh2uU

- **Tecniche di Versaggio Avanzate - Focal Point, Slide, Bounce e Backhand Tutorial | Drink Corner**
https://youtu.be/nHk6M1HHmZI?list=PLvUv9FV8OM_fqluZlwQsHDsYwdWPTPxCr

- **Tecniche di Versaggio Avanzate - Usare più bottiglie Tutorial | Drink Corner**
https://youtu.be/KlQain5ScYk

- **Cocktail - Come versare il giusto dosaggio**
https://youtu.be/C0UhBNyPTZs

- **Come fare Cocktail -con il miglior barman italiano (Tutorial)**
https://youtu.be/3JK3Xk59pBY

- **Il Barman più famoso del mondo...**
https://youtu.be/74CJVjr8p9s

- **10 movimientos de Working FLAIR que hay que conocer**
https://youtu.be/18B06LdlNoo

- **How-To, Bar Flair Tricks & Tips**
https://youtu.be/uaC9lft6iVs

- **World Class Bartender of the Year 2015 - Full Show**
https://youtu.be/wn_Ja4bwNBA

- **Il giusto uso dello Shaker**
Vedi video: https://youtu.be/Xx1-QE0uMZI

- **Come preparare le guarnizioni per i COCKTAIL**
Vedi video: https://youtu.be/GUiPNebR2pw
https://youtu.be/bGjKFl3zs1E

- **Come allenarsi a casa per fare Cocktail**
Vedi video: https://youtu.be/G0dLHNeS6R0
https://youtu.be/GY62ITQjTAo

- **Primo corso barman acrobatico**
Vedi video: https://youtu.be/Fvogy-OHVDA
https://youtu.be/iHktY1y5wZo
https://youtu.be/MUd53nnUZ7Y

CONSIGLI DA RICORDARE

• L'inizio di ogni preparazione di un cocktail comincia nel riempire di cubetti di ghiaccio il bicchiere che sarà servito al cliente (ciò per farlo raffreddare!

• I bicchieri che devono essere usati e serviti congelati, vanno conservati nel congelatore.

• Riguardo alla Shakerare con il ghiaccio, gli ingredienti saranno ben combinati solo quando si formerà della condensa sulla parte esterna dello shaker.

• Filtrare e versare nel bicchiere, va fatto posando lo Strainer, posandolo sopra lo Shaker o sopra il Mixing glass o sopra il Mixing Tin, che farà da filtro versando il drink nel bicchiere che sarà servito al cliente.

• Se per filtrare alcuni cocktail nel bicchiere servirebbe il colino, ma non si vuole usarlo, esiste anche uno Strainer con i foretti di un colino.

• Le guarnizioni e le decorazioni, a discrezione del barista o del cliente, possono essere diverse da quelle indicate nella lista Cocktail. Ciò vale anche per il tipo di bicchiere che si desidera usare.

• Alcune dosi, ingredienti e tecniche di esecuzione di qualche Cocktail (anche IBA) potrebbero essere diverse da altre note ricette; ciò avviene perché ogni nazione desidera riportarne col tempo le proprie modifiche in base alla scelta, le esigenze e i gusti della clientela.

• Se le dosi dei liquori del Cocktail che stai preparando non sono del tutto esatte, non preoccuparti; l'importante è che il cliente non noti che gli stai dando meno del dovuto, e che il tuo superiore non noti che stai esagerando.

• Il bordo zuccherato o salato del bicchiere si ottiene sfregando sul bordo lo spicchio di limone o arancio e spolverandolo con lo zucchero o sale, oppure posando il bordo del bicchiere sullo zucchero o sale che si trova su un piattino.

• Quando triti il ghiaccio con un frullatore elettrico, prima sminuzza il ghiaccio con l'elettrodomestico e poi aggiungi gli altri ingredienti usando il foro o la finestrella presente nel tappo del frullatore. In seguito potrai aggiungere altro ghiaccio per ottenere la consistenza desiderata.

• Quando prepari un drink, prima aggiungi il ghiaccio, poi l'alcolico (ad esempio vodka o tequila) e infine gli altri ingredienti (succo d'arancia, limone, mirtilli rossi, ecc...).

COME VERSARE RAPIDAMENTE IL GIUSTO DOSAGGIO

In tutti i numerosi cocktail che abbiamo indicato in questi libro abbiamo usato l'unità di misura in centilitri (cl). Ci sono diversi modi per versare il giusto dosaggio, vediamo quali.

Si può utilizzare un Mixing glass, dove ad ogni tacca corrisponde alla quantità desiderata, o un misurino graduato che basta riempirlo per avere il quantitativo richiesto in 2 e 3 once, oppure di 20 ml e 40 ml, oppure di 25 ml e 50 ml, oppure in centilitri (cl).

Una delle tecniche utilizzate dai barman professionisti è il Free puring (o metal puring), un tappo versatore che, grazie ad un conteggio, permette di ottenere dosaggi precisi, veloci e spettacolari allo stesso tempo.

Dimostrazione

Dopo aver inserito nella tappo versatore della bottiglia il metal puring, prendiamo dal collo la bottiglia di liquore prestando attenzione a non ostruire il tubicino di sfiato; il beccuccio dovrà puntare nella direzione opposta al palmo della mano con cui si versa. Poi porteremo il fondo della bottiglia in basso da ore 6 a sopra ore 1.

Appena il flusso fuoriesce, noi inizieremo a contare e ci fermeremo alla quantità richiesta dalla ricetta. Dicendo la parola "Bubble", e associando a essa un numero progressivo, otterremo la quantità desiderata; difatti ad ogni numero conteggiato corrisponde una parte di oncia o centilitro.

Se ci servono 3 cl di prodotto, dopo aver detto la parola: "Bubble", conteremo fino a 4.

Qui di seguito troverai uno schema nel quale sono abbinati le dosi in centilitri desiderati.

Il simbolo **+** che si trova di fianco alla lettera, ad esempio: **(B-1 +)** significa che al conteggio va aggiunto un mezzo Bubbel.

Centilitri (cl)	Conteggio Bubble
0,5 cl	**(B)**
0,75 cl	**(B-1)**
1 cl	**(B-1 +)**
1,5 cl	**(B-2)**
2 cl	**(B-3)**
2.25 cl	**(B-3 +)**
3 cl	**(B-4)**
3.75 cl	**(B-5)**
4 cl	**(B-5 +)**
4.5 cl	**(B-6)**
5 cl	**(B-6 +)**
5,5 cl	**(B-7)**
6 cl	**(B-7 +)**
7 cl	**(B-8 +)**
7,5 cl	**(B-9)**
8 cl	**(B-9 +)**
9 cl	**(B-11)**
10 cl	**(B-12)**

Non preoccuparti se la misura delle dosi non risulterebbe online, cioè non perfetta, ma intollerante, cioè quasi perfetta. Che sia intollerante significa che il dosaggio è quasi perfetto, ma non è preciso.

L'importante è che non si abbia una misura non corretta, cioè errata. Utilizza il B-POUR quando ti alleni nel fare le dosi.

RICORDA:

• L'inizio di ogni preparazione di un cocktail comincia nel riempire di cubetti di ghiaccio il bicchiere che sarà servito al cliente (ciò per farlo raffreddare!

• I bicchieri che devono essere usati e serviti congelati, vanno conservati nel congelatore.

• Filtrare e versare nel bicchiere, va fatto posando lo Strainer sopra il Mixing glass o il Mixing Tin, che farà da filtro versando il drink nel bicchiere che sarà servito al cliente.

• Se per filtrare alcuni cocktail nel bicchiere servirebbe il colino, ma non si vuole usarlo, esiste anche uno Strainer con i foretti di un colino.

• Le guarnizioni e le decorazioni, a discrezione del barista o del cliente, possono essere diverse da quelle indicate nella lista Cocktail. Ciò vale anche per il tipo di bicchiere che si desidera usare.

• Alcune dosi, ingredienti e tecniche di esecuzione di qualche Cocktail (anche IBA) potrebbero essere diverse da altre note ricette; ciò avviene per il motivo che in ogni diversa nazione, il ristoratore desidera aggiornarne e riportarne col tempo le proprie modifiche, fa ciò in base alla scelta e i gusti personali e della propria clientela.

LE FASI INIZIALI VALIDE PER LA PREPARAZIONE DI QUASI TUTTI I COCKTAIL

1) Principalmente, tutti i bicchieri del bar e gli accessori per preparare i cocktail devono essere più che puliti e lucidati.
Devono brillare emanando una massima igiene e pulizia.

2) Le mani del barman devono essere sempre molto pulite e le unghie ben tagliate, così come il resto del corpo: viso, capelli e look, devono essere freschi, puliti e ordinati.

La barlady, pur se truccata e con unghie lunghe, deve emanare una freschezza igienica al femminile.

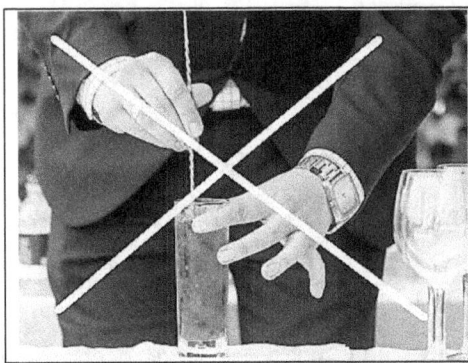 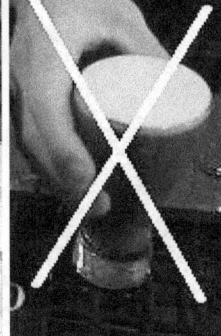 

3) Sia durante la preparazione del cocktail che mentre si serve il bicchiere al cliente, il Barista non deve mai toccare la parte alta del bicchiere, ma solo la parte più bassa.

  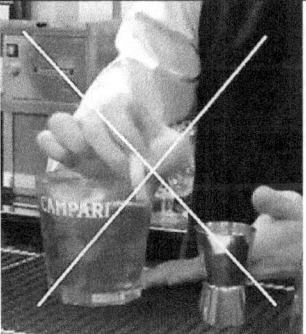

4) Mentre prepari il cocktail, non toccare mai gli ingredienti con le mani, ma usa sempre le pinzette. Le guarnizioni vanno sempre presi usando gli appositi strumenti: Pinza, cucchiaio o paletta per il ghiaccio, Bar Spoon, ecc.

5) Prendi il bicchiere per quel tipo di cocktail che ti è stato ordinato e riempilo di ghiaccio per farlo raffreddare.
Mescola il ghiaccio nel bicchiere usando il cucchiaino lungo.

6) Prendi il recipiente più adatto per miscelare gli ingredienti:
Shaker classico, Boston Tin (Shaker Americano), Mixing Glass o Mixing Tin (Tin o Gallone).

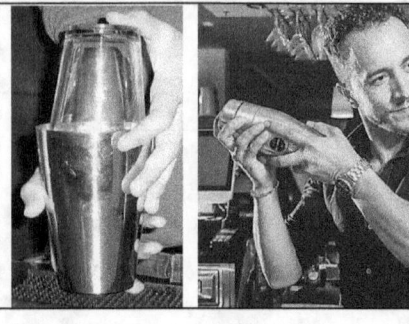

7) Dopo aver versato tutti gli ingredienti: Shake, devi shakerare (scuotere) per bene.

8) Riprendi il bicchiere ormai freddo e svuotalo del ghiaccio.

9) Versa nel bicchiere freddo il contenuto shakerato con o senza filtrarlo, come da ricetta.

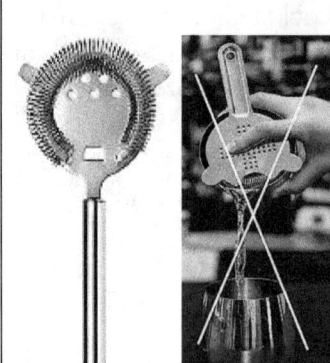  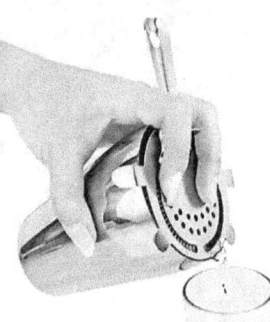

10) Nel caso che tu versi il cocktail drink dal Boston Tin (Shaker americano), Mixing Glass o dal Mixing Tin (Tin o Gallone), e per filtrarlo usi lo Strainer, devi fare attenzione a dove poggi le dita mentre lo blocchi. Devi evitare di mettere le dita sopra i buchini dove fluisce il liquido.

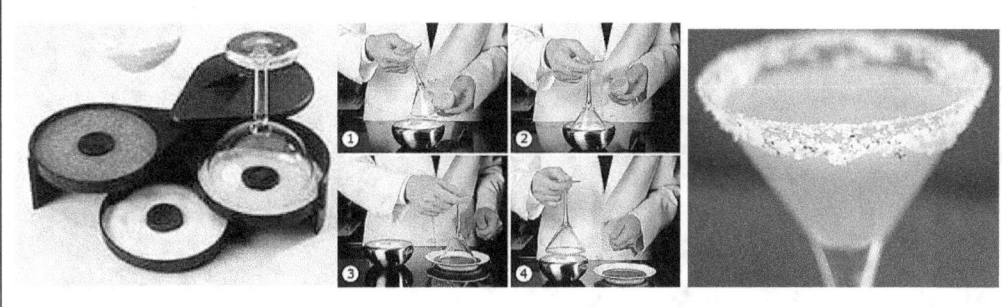

11) Per fare la crosta di sale o zucchero sul bordo del bicchiere, usa il "Bordatore per bicchieri", o altrimenti un piattino da caffè.

12) Devi guarnire il bicchiere come indicato nella ricetta o a tua fantasia.

RICORDA QUESTE 2 DIFFERENZE

▪ **Il *barman*** è associato alla figura classica di mescita delle bevande alcoliche secondo tecniche tradizionali che utilizzano misurini, segue la ricercatezza della ricetta, la presentazione del cocktail, i profumi, il sapore a scapito di una minor velocità; ed è una figura professionale che troviamo nei Grandi Hotel, nei cocktail bar, nei lounge bar.

▪ **Il *bartender*** (o barmaid o barlady per la donna) è il barman definito nell'accezione americana, lavora utilizzando tecniche dell'american bartending, ossia prepara cocktail utilizzando tecniche moderne. La sua misura degli alcolici è basata su un sistema di conteggio verbale (freepouring di 1 livello).

Questo stile può essere associato a una serie di prese delle bottiglie a 2-3-4-5-6 che gli permettono di velocizzare la costruzione del singolo cocktail; inoltre conosce tecniche di Speed Round che gli permettono di poter lavorare da solo servendo molte persone.

Il bartender Flair Acrobatico è una figura professionale che troviamo nelle discoteche, nei pub, nei grandi eventi dove l'affluenza delle persone richiede maggior velocità.

Quale dei due vuoi essere: Il barman classico o il Bartender americano dove puoi associare lo stile Acrobatico Flair?

Questo manuale ti offre la possibilità di scegliere, oppure di essere entrambe le figure adattandoti al tipo di locale dove andrai a lavorare.

DEVI ADDESTRARTI A CASA NEL PREPARARE I COCKTAILS

Se hai seguito bene tutto ciò che fino a questo punto ti è stato insegnato, adesso potresti essere pronto per allenarti a casa, da solo, prima di iniziare a fare cocktail in pubblico.

Gli strumenti che non devono mancare per preparare cocktails a regola d'arte sono:

• **Shaker classico**: Contenitore in metallo ermetico formato da 3 parti smontabili: bicchiere, colino e tappo. Viene utilizzato nella preparazione di cocktail da shakerare.

E' formato fondamentalmente da un bicchiere di vetro e uno di metallo che si incastrano uno dentro l'altro.

• **Bicchiere da bar** (Mixing Glass o Mixing Tin): E' un bicchiere alto che serve per mescolare i cocktails che non devono essere shakerati. E' provvisto di beccuccio.

• **Strainer** (Passino o Colino): E' un filtro d'acciaio che permette di trattenere il ghiaccio quando si travasa il cocktail dal Mixing Glass.

• **Misurino** (Jigger): Serve per dosare con maggiore precisione le quantità degli ingredienti liquidi dei cocktails.

 **< Metal Pour** (o Free Puring): Tappo versatore in acciaio, da inserire nelle bottiglie, permette un versaggio calibrato dei distillati. Questo va inserito in tutte le bottiglie dei liquori che saranno usati per la preparazione dei cocktail.

• **Cucchiaino da bar** (Bar Spoon): Ha un manico dritto lungo dai 25 ai 20 cm e serve per miscelare i cocktails che non devono essere shakerati.

Pinza ghiaccio: serve per prendere i cubetti di ghiaccio. Si utilizza anche per prendere olive, ciliegine, decorazioni in genere, fette di lime, limone, arancia, ecc...

• **Colino** (Strainer): Serve per evitare che travasando il cocktail dallo shaker nel bicchiere in quest'ultimo finiscano anche il ghiaccio e i residui indesiderati di alcuni ingredienti (ad esempio dei semi).

• **Muddler**: E' un pestello che serve per "pestare" alcuni ingredienti dei cockatils "pestati" (ad esempio il Lime e le foglie di menta nel Mojito).

• **Spremiagrumi**.

• **Asciughino e Martelletto**: Servono, rispettivamente, per avvolgere il ghiaccio e per tritarlo (in assenza del tritaghiaccio elettrico).

• **Tagliere**: Serve a posarvi la frutta, le erbe e quant'altro per tagliarle.

• **Coltello**: Serve per preparare la frutta per le basi e le decorazioni.

• **Sbuccia Agrumi**: per ricavare perfetti twist o scorze da arance, limoni o qualsiasi altro frutto. Dotato ai lati di dentini per raschiare.

LISTA DELLE BIBITE, LIQUORI, GUARNIZIONI E BICCHIERI CHE AVRAI BISOGNO:

Liquori:
Vodka.
Vodka al limone.
Martini dry.
Vermouth rosso.
Campari.
Cointreau.
Tequila.
Gin.
Rum bianco cubano.
Blu Curaçao.
Peach likeur (Liquore alla pesca).
Sciroppo di fragola.

Succhi:
Succo di lime.
Succo di limone.
Succo d'arancia.
Soda water.
Cranberry (succo di Mirtillo rosso).

Guarnizioni:
Limone.
Arancia.
Lime.
Fragole fresche o frullate.
Foglie di Menta.

Ghiaccio.

Cannucce corte e lunghe.

Zucchero di canna grezzo.
Zucchero bianco di canna.

Bicchieri:
Coppetta Cocktail.
Old Fashioned.
Doppia Coppetta.
Coppetta Sombrero.
Rock.
Hurricane.

Una volta che ti sei attrezzato di tutti questi strumenti o di oggetti simili che possano essere utilizzati al loro posto è possibile calarsi nei panni del Barman professionista.

Potrai allenarti preparando i seguenti cocktail che sono tra i più famosi e più richiesti e altri a tua scelta.

Le ricette di questi cocktail li trovi qui di seguito nelle pagine dei 410 Cocktail.

Prima però ti consigliamo di guardare bene i seguenti 9 video:

AMERICANO - https://youtu.be/3bT3jYF7H8c
CAIPIROSKA (alla fragola) - https://youtu.be/ewxw6sk88_E
COSMOPOLITAN - https://youtu.be/65N-W886RS0
MARGARITA - https://youtu.be/2sIjgx7OWPY
MOJITO - https://youtu.be/8kO9UyRo2Mo
NEGRONI - https://youtu.be/8uWcGA2W6G4
RAINBOW (o Tricolore) - https://youtu.be/YXrNUR9tueA
SEX ON THE BEACH - https://youtu.be/2_zwJJ1AdHE
VODKA MARTINI - https://youtu.be/ECDCFr5U2pg

---

1) A.B.C. COCKTAIL - (Coppetta Cocktail - 7 cl)
 3 cl Porto Tawny **(B-4)**
 3 cl Courvoisier **(B-4)**
 7 Foglie di menta fresca
 0,5 cl Liquore maraschino Luxardo **(B)**
 0,5 cl Sciroppo di zucchero

Versare tutti gli ingredienti nello Shaker con ghiaccio. Agitare.
 Filtrare versando nel bicchiere freddo.
 Guarnire con twist d'Arancio.

---

2) ABBEY MARTINI - (Coppetta Cocktail - 8 cl) - After dinner
 4 cl Tanqueray London Dry Gin **(B-5 +)**
 2 cl Martini Rosso **(B-3)**
 2 cl Spremuta di arancia
 3 Gocce di Angostura Aromatic Bitters

Versare tutti gli ingredienti nello Shaker con ghiaccio. Agitare.
 Filtrare versando nel bicchiere ben freddo.
 Decorare con 2 ciliegine al Maraschino.

---

3) ADIOS MOTHERFUCKER (**BLUE MOTORCYCLE**) - (High Ball - 15 cl)
 1,5 cl Gin **(B-2)**
 1,5 cl Rum Bianco **(B-2)**
 1,5 cl Tequila **(B-2)**
 1,5 cl Blue Curacao **(B-2)**
 1,5 cl Vodka **(B-2)**
 2,5 cl Succo di Limone
 5 cl Gassosa (Sprite)

Versare tutti gli ingredienti (tranne la Gassosa) nel Mixing glass con ghiaccio.
 Mescolare e filtrare versando nel bicchiere con ghiaccio.
 Riempire il bicchiere con gassosa.
 Decorare a piacimento con fettina di limone.

---

4) **ADONIS** - (Coppetta Cocktail - 7 cl) - IBA 2017
4,5 cl Dry Sherry **(B-6)**
2,5 cl Vermouth Rosso   **(B-3 +)**
1 goccia di Orange Bitter

Si prepara nel Mixing glass.
  Mescolare e filtrare versando nel bicchiere freddo.
  Guarnire con Twist di Limone o Arancia.

5) **AFFINITY** - (Coppetta Cocktail - 6 cl) - Pre dinner
1 cl Vermouth Dry **(B-1 +)**
1 cl Vermouth Rosso **(B-1 +)**
4 cl Scotch Whisky **(B-5 +)**
2 gocce di Angostura

Si prepara nel Mixing glass con ghiaccio.
  Mescolare e filtrare versando nel bicchiere freddo.
  Guarnire con ciliegina rossa con gambo.

Vedi video: https://youtu.be/BgQ87rb7kuU

6) **AK-47** - (High Ball - 15 cl)
1 cl Brandy **(B-1 +)**
1 cl Vodka **(B-1 +)**
1 cl Rum chiaro **(B-1 +)**
1 cl Cointreau **(B-1 +)**
1 cl Bourbon Whiskey **(B-1 +)**
1 cl Whisky **(B-1 +)**
1 cl Gin **(B-1 +)**
1 cl Succo di lime
soda water

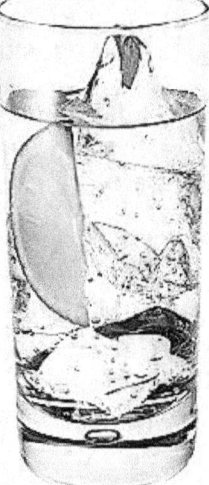

Versare gli ingredienti (senza la soda) nello Shaker con ghiaccio. Shake.
  Filtrare versando nel bicchiere freddo.
  Riempire il bicchiere con la soda.
  Guarnire con spicchio di limone.

Variante: Sprite o Acqua tonica al posto della Soda.

7) **ALASKA** - (Coppetta Cocktail - 7 cl)
5,25 cl Gin **(B-6 +)**
1,75 cl Chartreuse gialla **(B-3)**

Versare gli ingredienti nello Shaker con ghiaccio cristallino. Shake.
  Filtrare versando nel bicchiere freddo.

8) **ALEXANDER** - (Doppia Coppetta o Coppetta Sombrero - 9 cl) - Anytime - IBA: 2017

3 cl Cognac (o Brandy) **(B-4)**
3 cl Crema di Cacao (scura) **(B-4)**
3 cl Panna liquida fresca

Versare tutti gli ingredienti nello Shaker con ghiaccio. Shake.
Cospargere la superficie del bicchiere già freddo con cacao o noce moscata.
Filtrare versando nel bicchiere.

9) **ALEXANDER** - (Coppetta Cocktail - 6 cl) - After dinner - IBA: 2017

2 cl Cognac (o Brandy) **(B-3)**
2 cl Créme di Cacao (scura) **(B-3)**
2 cl Panna liquida fresca

 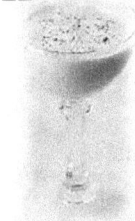

Versare tutti gli ingredienti nello Shaker con ghiaccio. Shake.
Filtrare versando nel bicchiere freddo. Aggiungere una spolverata di noce moscata.

10) **ALEXANDER** - (Doppia Coppetta o Coppa da Champagne - 6 cl) - IBA: 1922

2 cl Gin **(B-3)**
2 cl Crema di Cacao bianca **(B-3)**
2 cl Crema liquida fresca

Si prepara nello Shaker con ghiaccio cristallino, agitando fortemente.
Cospargere la superficie del bicchiere già freddo con noce moscata.
Filtrare versando nel bicchiere freddo.

11) **ALFONSO** - (Flùte - 10 cl) - Pre Dinner

3 cl Dubonnet **(B-4)**
7 cl Champagne
1 Zolletta Zucchero
2 Gocce di Angostura

Bagnare lo zucchero con l'Angostura e versare nel bicchiere freddo.
Versare il Dubonnet e lo Champagne delicatamente.
Mescolare e servire.

12) **AMARETTO SOUR** - (Old Fashioned - 9 cl + ghiaccio)

4,5 cl Amaretto **(B-6)**
3 cl Sweet and Sour mix
1,5 cl Succo di limone fresco
1 Pizzico di Zucchero

Versare tutti gli ingredienti nello Shaker con ghiaccio. Shake.
Filtrare versando in bicchiere ben freddo con ghiaccio.
Guarnire con fetta d'arancia o spicchio di limone e 1 amarena.

13) AMARETTO SOUR STRAVAGANTE - (Old Fashioned - 12 cl + ghiaccio)

4,5 cl di amaretto **(B-6)**
2,2 cl Whisky bourbon (gradi 60-65%) **(B-3 +)**
3 cl Succo di limone.
1 goccia di sciroppo di zucchero.
1,5 cl Albume sbattuto.

Versare tutti gli ingredienti nello Shaker con ghiaccio tritato. Shake.
Bagnare il bordo del bicchiere con succo di limone e intingilo nello zucchero.
Filtrare versando in bicchiere ben freddo con ghiaccio tritato.
Guarnire con 2 amarene ad uno stecchino o/e scorza di limone.

14) AMERICAN CUP - (circa 50 bicchieri Flùte)

Mettere in una Bowl da circa 10 litri (preferibilmente di vetro):
1 Bicchiere di sciroppo di ananas
2 Scorze intere di 2 arance
2 Scorze intere di 2 limoni
5-6 Ananas tagliati a fettine
1/2 Bottiglia di Chartreuse verde
1/2 Bottiglia di Curacao bianco
1 Bottiglia di Brandy
1 Bottiglia di Tokay

Lasciare in frigorifero per almeno 2-3 ore.
Al momento di servire aggiungere 3 bottiglie di Spumante secco o Champagne brut.
Inserire nel Bowl un apposito mestolino.

15) AMERICANO - (Old Fashioned - 6 cl + soda) - Pre Dinner - IBA: 2017

3 cl Campari **(B-4)**
3 cl Vermouth rosso **(B-4)**
1 Spruzzata di Soda water (o seltz)

Mescolare gli ingredienti direttamente nel bicchiere con ghiaccio.
Aggiungere una goccia di soda water.
Guarnire con mezza fetta d'arancia.

16) ANASTASIA - (Flùte - 15 cl)

2.5 cl Vodka **(B-3 +)**
2.5 cl Grand Marnier **(B-3 +)**
3 gocce Blu Curacao
1 Zolletta di Zucchero
10 cl Prosecco

Mettere nel bicchiere freddo la zolletta di zucchero imbevuta con alcune gocce di Blu Curcao.
Versarvi tutti gli ingredienti rimasti.
Guarnire con mezza fetta di arancia.

17) ANGEL FACE - (Coppetta Cocktail - 9 cl) - Anytime - IBA: 2017
3 cl Gin **(B-4)**
3 cl Apricot brandy **(B-4)**
3 cl Calvados **(B-4)**

Versare tutti gli ingredienti nello Shaker con ghiaccio. Shake.
Filtrare versando nel bicchiere ben freddo.

18) APOTHEKE - (Coppetta Cocktail - 6 cl) - After Dinner - IBA: 1987
3 cl Cognac **(B-4)**
1,5 cl Fernet Branca **(B-2)**
1,5 cl Crema di Menta Bianca o Verde **(B-2)**

Versare tutti gli ingredienti nel Mixing glass con ghiaccio.
Mescolare e filtrare nel bicchiere freddo.
Guarnire con scorza di limone.

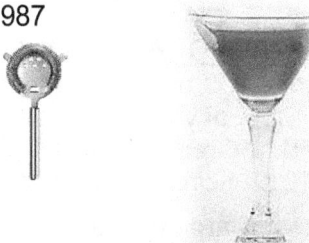

19) APPLE BRANDY - (High Ball - 24 cl) - Ricetta UK
4 cl Calvados **(B-5 +)**
10 cl Succo di Limone
10 cl Sciroppo di Lampone

Versare tutti gli ingredienti nello Shaker con ghiaccio. Shake.
Filtrare versando nel bicchiere freddo. (Con o senza ghiaccio).
Guarnire con una fettina di arancio o limone e/o 1 fettina di cetriolo.

20) APPLE BRANDY - (Coppetta Cocktail - 9 cl) - Federazione Italiana Barman (FIB)
3 cl Gin **(B-4)**
3 cl Cherry brandy **(B-4)**
3 cl Succo mele

Versare tutti gli ingredienti nello Shaker con ghiaccio. Shake.
Filtrare versando nel bicchiere freddo.
Decorare con ciliegina al maraschino.

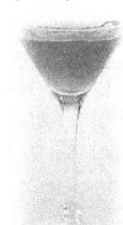

21) APPLE CRISP MARTINI - (Coppetta Cocktail - 5 cl)
2 cl Liquore alla mela verde **(B-3)**
3 cl Vodka **(B-4)**

Si prepara direttamente in bicchiere freddo. Mescolare.
Guarnire con mezza fetta di limone.

22) **APPLE MARTINI - LAS VEGAS** - (Coppetta Cocktail - 7 cl) - IBA: 2004

4 cl Vodka **(B-5 +)**
1.5 cl Liquore alla mela **(B-2)**
1.5 cl Cointreau **(B-2)**

Versare tutti gli ingredienti nello Shaker con ghiaccio. Shake.
Filtrare versando in bicchiere freddo. Guarnire con fettina di mela.

23) **AURORA** - (circa 10 bicchieri Copita)

Mettere in un Bowl o in una Caraffa da circa 2 a 3 litri (preferibilmente di vetro):

1 litro di vino bianco secco
40 cl Crema di banana
10 cl Sciroppo di granoturco

Mescolare i diversi ingredienti in un Bowl e mettere in frigorifero per almeno 2 ore.
Preparare un bordo di zucchero su ogni bicchiere.
Versare il Cocktail e aggiungere ghiaccio e una Ciliegina come decorazione.

24) **AVIATION** - (Coppetta Cocktail - 8 cl) - Anytime - IBA: 2017

4,5 cl Gin **(B-6)**
1,5 cl Maraschino **(B-2)**
1,5 cl Succo di Limone

Versare tutti gli ingredienti nello Shaker con ghiaccio. Shake.
Filtrare versando nel bicchiere ben freddo.
Guarnire con Twist di limone.

25) **AVIATION COCKTAIL** - (Coppetta Cocktail - 8 cl) - Ricetta originale del 1916

4,5 cl London Dry gin (Plymouth or Bombay Dry) **(B-6)**
1,5 cl Maraschino liqueur (Luxardo) **(B-2)**
1,5 cl Crème de violette (Rothman & Winter) **(B-2)**
,5 cl Succo di limone fresco

Versare tutti gli ingredienti nello Shaker con ghiaccio. Shake.
Filtrare versando nel bicchiere freddo.
Guarnire con 2 ciliegine infilzate o twist di limone.

26) BACARDI - (High Ball - 8 cl + ghiaccio) - Pre Dinner - IBA: 2017

4,5 cl Rum Bacardi bianco **(B-6)**
2 cl Succo di lime fresco
1 cl Sciroppo di Granatina

Versare tutti gli ingredienti nello Shaker con ghiaccio. Shake.
Filtrare versando nel bicchiere freddo con ghiaccio.
Guarnire con foglie di menta.

Variante:
Può essere servito anche senza ghiaccio nella Coppetta Cocktail.

---

27) BAHAMAS DAIQUIRI - (Coppetta Cocktail o Doppia Coppetta - 14 cl)

4,5 cl Myer's dark Jamaican rum **(B-6)**
2,2 cl Malibu **(B-3 +)**
1 cl Kahlua **(B-1 +)**
4,5 cl Spremuta di ananas
1,5 cl Spremuta di lime

Versare tutti gli ingredienti nello Shaker con ghiaccio. Shake.
Filtrare versando nel bicchiere freddo.

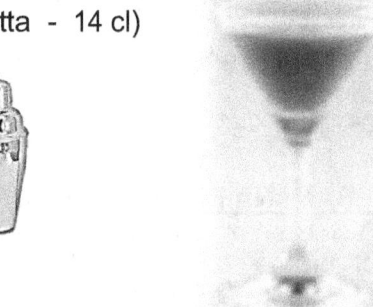

---

28) BAHAMA MAMA - (Hurricane - 17 cl + ghiaccio)

1,5 cl Rum chiaro cubano **(B-2)**
1,5 cl Rum ambrato **(B-2)**
1,5 cl Crema di Banana **(B-2)**
1,5 cl Malibù **(B-2)**
6 cl Succo d'Ananas
3 cl Succo d'Arancia
1,5 cl Granatina

Versare tutti gli ingredienti nello shaker con ghiaccio. Shake.
Filtrare versando nel bicchiere freddo con ghiaccio.
Decorare con spicchio d'Arancia, Ciliegina, Ombrellino di carta e Cannuccia.

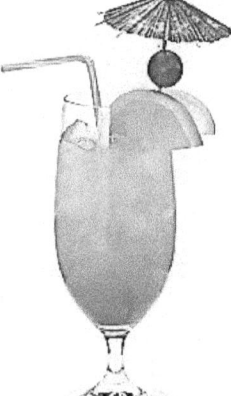

---

29) B & B - (Old Fashioned - 10 cl + ghiaccio) - After Dinner - IBA: 1987

5 cl Brandy **(B-6 +)**
5 cl Benedictine **(B-6 +)**

Si prepara direttamente nel bicchiere con ghiaccio.

30) BAMBOO - (Coppetta Cocktail - 6 cl) - Pre Dinner - IBA: 1961
   1,5 cl Sherry dry **(B-2)**
   4,5 cl vermouth Dry **(B-6)**
   2 Gocce di Orange Bitter

Versare tutti gli ingredienti nel Mixing glass con ghiaccio.
   Mescolare e filtrare versando nel bicchiere freddo. Guarnire con spicchi d'Arancia.

31) BANANA BLISS - (Old Fashioned - 8 cl + ghiaccio) - After Dinner - IBA: 1987
   4 cl Cognac **(B-5 +)**
   4 cl Crema di Banana **(B-5 +)**

Si prepara direttamente nel bicchiere con Ghiaccio.

32) BANANA FROZEN DAIQUIRI - (Doppia Coppetta - 9 cl) - IBA: 2017
   4.5 cl Rum bianco **(B-6)**
   2 cl Crème de banane **(B-3)**
   2 cl Succo di Limone o Lime
   Mezza Banana

Versare tutti gli ingredienti nel Frullatore con ghiaccio tritato.
   Lasciare frullare per alcuni secondi fino ad ottenere una crema densa e compatta.
   Versare nel bicchiere freddo.
   Servire con mezza banana e cannucce.

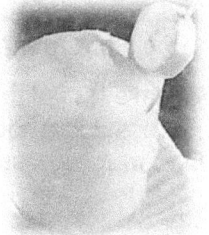

33) BANANA DAIQUIRI BLENDER - (Old Fashioned - 7 cl) - IBA: 2004
   4,5 cl Rum bianco **(B-6)**
   2 cl Succo di Limone o Lime
   0.5 cl Sciroppo di Zucchero
   Fetta di banana

Versare tutti gli ingredienti nel Frullatore con ghiaccio tritato.
   Lasciare frullare per alcuni secondi fino ad ottenere una crema densa e compatta.
   Versare nel bicchiere freddo.
   Guarnire con fettina di Banana e cannucce corte.

34) BARRACUDA - (Flûte - 12 cl + Prosecco) - Sparkling - IBA: 2017
4,5 cl Rum Oro **(B-6)**
1,5 cl Liquore Galliano **(B-2)**
6 cl Succo d'ananas
1 Goccia di succo di lime fresco
Prosecco (o Spumante)

Versare gli ingredienti (tranne il Prosecco) nello Shaker con ghiaccio. Shake.
Filtrare versando nel bicchiere freddo.
Riempire con Prosecco. Mescolare delicatamente.
Guarnire con ciliegina e fetta di Limone o Arancia o Lime.

BAY BREEZE (hawaiana) - Vedi: **SEA BREEZE**

35) B & B - (Old Fashion - 8 cl + ghiaccio) - After Dinner
4 cl Cognac (o Brandy)
4 cl Benedictine D.O.M.

Versare tutti gli ingredienti direttamente nel bicchiere con ghiaccio.
Guarnire con mezza fetta di Limone.

Variazione:
Può essere servito senza ghiaccio nel bicchiere: Ballon

36) BEACHCOMBER'S DAIQUIRI - (Doppia Coppetta - 11 cl + ghiaccio)
6 cl Bacardi Superior **(B-7)**
3 cl Cointreau (o Triple sec) **(B-4)**
2 cl Succo di Lime

Versare tutti gli ingredienti nello Shaker con ghiaccio tritato.
Shakerare fino a formare una mouse di ghiaccio.
Versare nel bicchiere freddo.
Decorare con fettina di Lime.

37) BEATRICE - (Coppetta Cocktail - 11 cl) - Pre dinner
2 cl Kirsch **(B-3)**
4,5 Vermouth dry **(B-6)**
4 cl Brandy alla ciliegia **(B-5 +)**

Versare gli ingredienti nello Shaker con ghiaccio. Shake.
Filtrare versando nel bicchiere freddo.
Guarnire con una Ciliegina.

38) BELLINI (ORIGINALE) - (Flûte - 15 cl) - Sparkling - IBA: 2017
  10 cl Prosecco
  5 cl Polpa di pesca bianca fresca

Versare la polpa di pesca a pezzettini nel Flûte freddo.
  Aggiungere il Prosecco.
  Mescolare delicatamente.

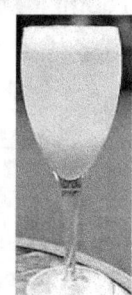

Vedi video: **https://youtu.be/nDYcaPekOHI**

Variazioni (Preparazione identica a sopra):
39) BELLINI ROYAL (con Champagne al posto del Prosecco).
40) PUCCINI (con spremuta di Mandarino al posto della Pesca).
41) ROSSINI (con purea di Fragole fresche al posto della Pesca).
42) TINTORETTO (con succo fresco di Melograno al posto della Pesca).
43) MIMOSA (con Champagne e spremuta d'Arancia fresca al posto della Pesca).
44) NAZIONALE (con succo di Lampone al posto della Pesca).

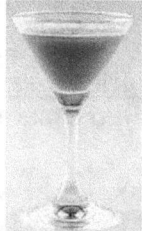

45) BENTLEY - (Coppetta Cocktail - 8 cl) - Pre dinner - IBA: 1961
  4 cl Dubonnet **(B-5 +)**
  4 cl Calvados **(B-5 +)**

Versare tutti gli ingredienti nello Shaker con ghiaccio. Shake.
  Filtrare versando nel bicchiere freddo.

46) BETWEEN THE SHEETS - (Coppetta Cocktail - 10 cl) - Anytime - IBA: 2017
  3 cl Rum bianco **(B-4)**
  3 cl Cognac **(B-4)**
  2 cl Triple Sec (o Cointreau) **(B-3)**
  2 cl Succo di limone fresco

Versare tutti gli ingredienti nello Shaker con ghiaccio. Shake.
  Filtrare versando nel bicchiere freddo.
  Guarnire con twist di limone.

47) BLACK RUSSIAN - (Old Fashioned - 7 cl + ghiaccio) - After Dinner - IBA: 2017
  5 cl Vodka **(B-6 +)**
  2 cl Liquore al caffè (Kahlua) **(B-3)**

Versare gli ingredienti direttamente nel bicchiere freddo con ghiaccio.
  Mescolare.

Variante:
48) WHITE RUSSIAN: Aggiungere Panna liquida in superficie.

49) **BLACK VELVET** - (Flûte - 10 cl + schiuma) - Any time
  5 cl Guinness Birra (fredda) **(B-6 +)**
  5 cl Champagne Brut

Versare direttamente nel bicchiere freddo e bagnato.
Versare prima la Birra e poi lo Champagne prendendo in mano il bicchieri e piegandolo.
Per evitare la troppa schiuma bisogna versare delicatamente.

50) **BLOCK AND FALL** - (Coppetta Cocktail - 9 cl) - IBA: 1961
  3 cl Cognac **(B-4)**
  3 cl Cointreau **(B-4)**
  1,5 cl Calvados **(B-2)**
  1,5 cl Pernod **(B-2)**

Versare tutti gli ingredienti nello Shaker con ghiaccio cristallino. Shake.
Filtrare versando nel bicchiere freddo.

51) **BLOODY BASIL** - (High Ball - 15 cl) - (Longdrink)
  4 cl Liquore al basilico **(B-5 +)**
  10 cl Succo di pomodoro
  1 cl Succo di limone
  2-3 Gocce di salsa Worcestershire
  1 Pizzico di Sale
  1 Pizzico di Pepe macinato

Versare tutti gli ingredienti nel bicchiere freddo.
Mescolare.
Guarnire con gambo di sedano e rondella di limone.

52) **BLOODY MARY** - (High Ball - 15 cl) - (Longdrink) - IBA: 2017
  4,5 cl Vodka **(B-6)**
  9 cl Succo di pomodoro
  1,5 cl Succo di limone
  2-3 Gocce di Worcestershire sauce
  1 Goccia di Tabasco
  1 Pizzico di Sale di sedano e Pepe macinato

Versare tutti gli ingredienti nel bicchiere freddo.
Mescolare.
Guarnire con gambo di Sedano, rondella di Limone e/o 2 olive in uno stuzzicadenti.

Vedi video: https://youtu.be/vV0HCisXdgo

53) **BLOODY SCREAM** - (High Ball)

6 cl Gin **(B-7 +)**
6 cl Succo di pomodoro
Succo di ½ Limone
5 Gocce di Worcestershire
5 Gocce di salsa piccante (o Tabasco)
1 Cucchiaio di vino rosso secco
1 punta di pepe nero macinato
1 pizzico di sale

Versare tutti gli ingredienti nello Shaker. Shake.
Filtrare versando nel bicchiere freddo con poco ghiaccio.
Guarnire co 1 gambetto di Sedano.

---

54) **BLUE LAGOON** - (High Ball - 9 cl + soda water) - IBA: 1987

1,5 cl Blue Curacao **(B-2)**
3,5 cl Vodka **(B-5)**
3,5 cl Succo di limone
Soda water

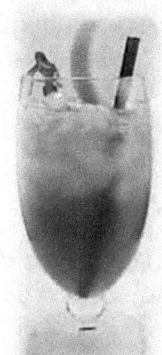

Versare tutti gli ingredienti nel bicchiere con ghiaccio.
Mescolare.
Guarnire con una fetta di Limone (optional) e cannuccia.

Vedi video: https://youtu.be/tWeW1OyhiEU

---

55) **BOBBY BURNS** - (Coppetta Cocktail - 7 cl) - IBA: 1961

4 cl Scotch Whisky **(B-5 +)**
2 cl Vermouth Rosso **(B-3)**
3 gocce di Benedictine D.O.M.
1 Scorza di limone

Versare tutti gli ingredienti nel Mixing glass con ghiaccio.
Mescolare e filtrare versando nel bicchiere freddo.
Spruzzarvi il succo di una buccia di Limone e passarlo sul bordo del bicchiere.
Guarnire con la stessa buccia di Limone.

Vedi video: https://youtu.be/1h-MGcmCj1M

---

56) **BOBBY BURNS** (Versione di Craddock - 1930) - (Coppetta Cocktail - 7 cl)

4 cl Dewar's 12 Year Old Scotch whisky **(B-5 +)**
2 cl Martini Rosso sweet vermouth **(B-3)**
0.75 cl Bénédictine D.O.M. **(B-2 +)**

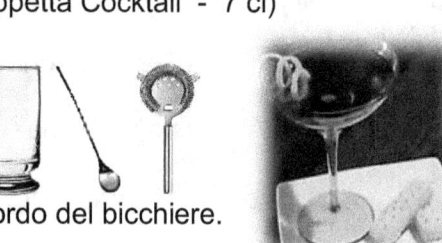

Versare tutti gli ingredienti nel Mixing glass con ghiaccio.
Mescolare e filtrare versando nel bicchiere freddo.
Spruzzarvi il succo di una buccia di Limone e passarlo sul bordo del bicchiere.
Guarnire con Twist di limone e biscottino servito a parte.

---

57) BOBBY BURNS (versione di Embury - 1953) - (Coppetta Cocktail - 7 cl)

4 cl Dewar's 12 Year Old Scotch whisky **(B-5 +)**
2 cl Martini Rosso sweet vermouth **(B-3)**
0.75 cl Drambuie **(B-1)**
2 gocce di Peychaud bitter

Versare tutti gli ingredienti nel Mixing glass con ghiaccio.
Mescolare e filtrare versando nel bicchiere freddo.
Decorare con Twist di limone.

58) BOMBAY - (Coppetta Cocktail - 9 cl) - Pre dinner - IBA: 1961

4 cl Brandy **(B-5 +)**
2 cl Vermouth Dry **(B-3)**
2 cl Vermouth Rosso **(B-3)**
1 Goccia di Pernod
3 Gocce di Curacao

Versare tutti gli ingredienti nello Shaker con ghiaccio. Shake.
Filtrare versando nel bicchiere freddo.
Decorare con una Ciliegina con gambo.

59) BOULEVARDIER - (Coppetta Cocktail - 9 cl)

3 cl Bourbon Whiskey **(B-4)**
3 cl Vermouth rosso **(B-4)**
3 cl Campari **(B-4)**

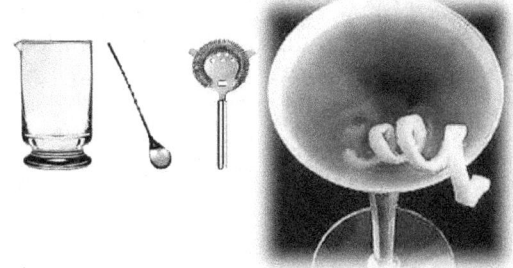

Versare gli ingredienti nel Mixing glass con ghiaccio.
Mescolare e filtrare versando nel bicchiere ben freddo.
Guarnire con Twist di limone.

60) BOURBON SKIN - (Bicchiere da Grog - 16 cl)

6 cl Maker's Mark Bourbon **(B-7 +)**
9 cl Acqua bollente
1 cl Sciroppo di zucchero

Versare direttamente tutti gli ingredienti nel bicchiere.
Mescolare delicatamente.

61) BOWL DI FRAGOLE (circa 50 bicchieri: Copita o Tumbler Medio)

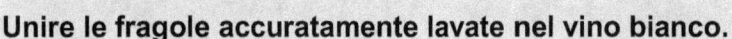

Mettere in una Bowl da circa 10 litri (preferibilmente di vetro):
1 Bottiglia di rum Giamaica
1 Bottiglia di marsala fine
Mezza Bottiglia di maraschino
2 litri di vino bianco amabile
4 kg di fragole fresche
Mezzo kg. di zucchero bianco

Unire le fragole accuratamente lavate nel vino bianco.
Lasciare macerare in frigorifero per 2-3 ore aggiungendovi fettine di limone e arancia.
Al momento di servire, far scegliere agli ospiti se desiderano aggiungere nel loro bicchiere:
  Spumante secco, Champagne brut o acqua minerale.

62) BRAMBLE - (Old Fashioned - 8 cl) - Anytime - IBA: 2017

4 cl Gin **(B-5 +)**
1,5 cl Succo di limone fresco
1 cl Sciroppo di zucchero
1,5 cl Blackberry liqueur (Liquore alle more nere) **(B-2)**

Versare i primi 3 ingredienti nel bicchiere freddo con ghiaccio tritato e mescolare.
Versare il Blackberry nella parte superiore della bevanda in modo circolare.
Guarnire con 1 fettina di Limone e 2 More.

63) BRANDY DAISY - (Coppetta Cocktail - 9 cl)

4,5 cl Cognac VSOP **(B-6)**
1,5 cl Liquore Chartreuse Gialla **(B-2)**
1,5 cl Spremuta di limone
1 Goccia di Angostura bitter
1,5 cl d'Acqua minerale fredda

Versare gli ingredienti nel Mixing glass con ghiaccio.
Mescolare e filtrare versando in bicchiere freddo.
Guarnire con Twist di limone.

64) BRANDY EGG NOGG - (Coppetta Cocktail o Tumbler Medio - 10 cl + uovo) - IBA: 2017

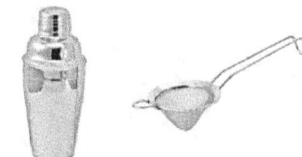 

4 cl Brandy **(B-5 +)**
5 cl Latte
1 cl Zucchero liquido
1 Tuorlo d'uovo

Versare tutti gli ingredienti nello Shaker con ghiaccio, Shake.
Filtrare con un colino versando nel bicchiere freddo.
Aromatizzare con una spolverata di Noce moscata o Cannella in superficie.
Guarnire con 2 bastoncini di Cannella e scaglie di Cioccolato finissime.

Variazione (Preparazione identica a sopra):

65) **BRANDY EGG NOGG - CHRISTMAS**

Essendo anche una bibita natalizia, il BRANDY EGG NOGG, dimezzandone le dosi, può essere servito pure nel bicchiere: Doppia Coppetta.

Bagnare con Brandy e zucchero il bordo del bicchiere.

---

66) **BRANDY FIX**   -   (Tumbler Medio - 10 cl + ghiaccio)

6 cl Cognac VSOP **(B-7 +)**
0,5 cl Liquore Chartreuse Gialla **(B)**
1,5 cl Succo di ananas fresco
1,5 cl Spremuta di limone
0,7 cl Sciroppo di zucchero

Versare tutti gli ingredienti nello Shaker con ghiaccio. Shake.
Filtrare versando nel bicchiere freddo colmo di ghiaccio.
Guarnire con scorze di Limone.

---

67) **BRANDY SMASH**   -   (Old Fashioned - 7 cl + ghiaccio)

6 cl Cognac VSOP **(B-7 +)**
0,7 cl Sciroppo di zucchero
7 Foglie di menta fresca

Pestare leggermente la menta nella base Shaker.
Aggiungere gli altri ingredienti e ghiaccio. Shakerare.
Filtrare versando nel bicchiere freddo colmo di ghiaccio.
Guarnire con ramoscello di Menta e 2 cannucce corte.

---

68) **BRONX**   -   (Coppetta Cocktail - 7 cl)   -   Pre dinner   -   IBA: 2004

3 cl Gin **(B-4)**
1.5 cl Vermouth Rosso **(B-2)**
1 cl Vermouth Dry **(B-1 +)**
1.5 cl Succo Arancia

Versare tutti gli ingredienti nello Shaker con ghiaccio, agitare bene,
Filtrare versando nel bicchiere.
Guarnire con mezza fetta d'Arancia.

---

69) **BROOKLYN**   -   (Coppetta Cocktail - 9 cl)   -   IBA: 1961

6 cl Whiskey Rye **B-7 +)**
3 cl Vermouth Rosso **(B-4)**
1 goccia Maraschino
1 goccia Amer Picon

Versare nel Mixing-glass con ghiaccio tutti gli ingredienti.
Mescolare e filtrare versando nel bicchiere freddo.
Guarnire con una ciliegina con gambo.

Variante: (Preparazione identica a sopra)

70) **BROOKLYN - RED HOOK** - (Coppetta Cocktail - 9 cl)
  6 cl Rye whiskey **(B-7 +)**
  1,5 cl Punt e Mes **(B-2)**
  1,5 cl Liquore Maraschino **(B-2)**

Variante: (Preparazione identica a sopra)

71) **BROOKLYN - OLD STYLE** - (Coppetta Cocktail - 11 cl)
  4,5 cl Whiskey Rye **(B-6)**
  4,5 cl Extra Dry Martini **(B-6)**
  1 cl Amer Picon **(B-1 +)**
  1 cl Maraschino **(B-1 +)**

72) **BUCK'S FIZZ (MIMOSA)** - (Flûte - 15 cl) - Sparkling - IBA: 2011
  7,5 cl Champagne
  7,5 cl Spremuta d'arancia fredda

Versare il succo d'arancia nel bicchiere freddo.
  Colmare delicatamente con champagne. Mescolare
  Guarnire con Twist o fetta d'Arancia (opzionale).
  Opzionale: Aggiungere una goccia di granatina
    se si vuole togliere l'acidità del succo e dello champagne.

Varianti (Preparazione identica a sopra):
73) **BUCK'S FIZZ** - Succo di fragole con la polp**a**, al posto del succo d'arancia.
74) **BUCK'S FIZZ** - Vino bianco frizzante, al posto dello Champagne.
75) **BUCK'S FIZZ** - Spumante, al posto dello Champagne.
76) **BUCK'S FIZZ** - Prosecco, al posto dello Champagne.

77) **BULLDOG** - (High Ball o Hurricane - 5 cl + ghiaccio + Red Bull)
  2, 5 cl Vodka bianca **(B-3 +)**
  2, 5 cl Vodka alla Fragola **(B-3 +)**
  1 Red Bull

Versare le Vodka nel bicchiere freddo con ghiaccio e mescolare bene.
  Riempire il bicchiere con Red Bull freddo.
  Decorare con uno spiedino di fragole e 2 cannucce.

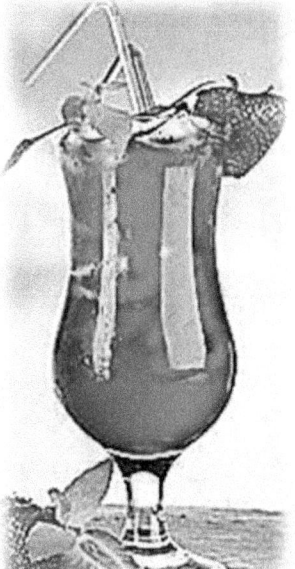

Variazione (Preparazione identica a sopra):

78) **BULLDOG ESOTICO** - (Copita)
  3 cl Gin **(B-4)**
  4,5 cl Cherry Brandy **(B-6)**
  Succo di mezzo Limone

Versare tutti gli ingredienti nello Shaker con ghiaccio, agitare bene.
  Filtrare versando nel bicchiere ben freddo con ghiaccio.
  Decorare con uno spiedino di fragole e 2 cannucce.

79) **BULL SHOT** - (High Ball - 10 cl) - Long Drink - IBA: 2004
  3 cl Vodka **(B-4)**
  6 cl Consomme di manzo
  1 cl Succo di limone
  2 Gocce Worchestershire Sauce,
  1 Goccia Tabasco.
  Sale.
  Pepe.

Versare tutti gli altri ingredienti nel bicchiere e mescolare.
  Aggiungere Worchestershire, Tabasco, Sale e Pepe e mescolare delicatamente.
  Guarnire con fetta di Limone, Sedano e cannuccia.
  (È possibile servilo sia freddo e sia caldo).

80) **B52 - FLAMBE'** - (Coppetta Cocktail o Shooter - 7 cl) - (After Dinner) - IBA: 2017
  2 cl Kahlua **(B-3)**
  2 cl Bailey's Irish Cream **(B-3)**
  2 cl Grand Marnier **(B-3)**

Versare tutti gli ingredienti direttamente nel bicchiere facendo scivolare sul dorso del cucchiaino.
  Prima il Kalhua, poi aggiungere lentamente il Bailey's in modo che galleggi sopra il Kalhua.
  Versare nello stesso modo il Grand Marnier.
  Il risultato sarà una bomba a tre strati, facilmente infiammabile.
  Flambare il Grand Marnier.
  Servire mentre la fiamma è ancora accesa (spegnerla dopo circa 10 secondi).
  Aggiungere poi, a fuoco spento, una cannuccia corta.

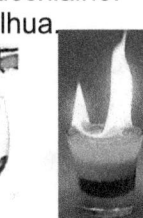

81) **B52** - (Coppetta Cocktail - 6 cl) - IBA: 2004
 2 cl Kahlua **(B-3)**
 2 cl Bailey's Irish Cream **(B-3)**
 2 cl Grand Marnier **(B-3)**

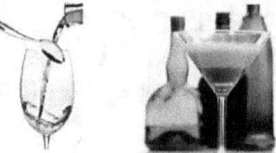

Versare tutti gli ingredienti delicatamente nel bicchiere facendoli scivolare sul dorso del cucchiaino.

---

82) **B-52 BOMBAY DOORS** - (Shooter - 8 cl)
 2 cl Gin (Bombay)
 2 cl Grand Marnier
 2 cl Irish Cream (Baileys)
 2 cl Liquore al caffè

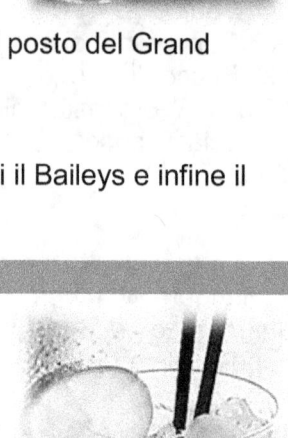

B-52 - **LA SERIE B-50** - (Shooter - 8 cl)
 La dose di ogni singolo liquore: 2 cl
Versare gli ingredienti facendoli scivolare sul dorso del cucchiaino.

83) **B-52 DESERT**: con Tequila al posto del Baileys.
84) **B-52 PARIS**: con Cointreau.
85) **B-53 SIBERIAN**: un B-52 con Vodka.
86) **B-54 ITALIAN**: un B-52 con Amaretto.
87) **B-55 FRANÇAISE**: un B-52 con Assenzio.
88) **B-57 TRIS**: un B-52 con Sambuca al posto del Baileys, e Triple Sec al posto del Grand Marnier.
89) **B-61 LADY**: un B-52 con Vaniglia e Crema di Cacao.
90) **B-1 DUTCH**: un B-52 con Vodka Ketel-One.
91) **B-69 INVERSO**: B-52 eseguito al contrario: prima il Grand Marnier, poi il Baileys e infine il Kalhua.

---

92) **CAIPIRINHA** - (Old Fashioned - 5 cl + ghiaccio) - IBA: 2017
 5 cl Cachaca **(B-6 +)**
 Mezzo Lime tagliato in 4 parti
 2 Cucchiaini di Zucchero bianco di canna

Pestare il Lime con zucchero direttamente nel bicchiere.
 Aggiungervi ghiaccio, Cachaca e mezze fette di Lime.
 Mescolare.
 Guarnire una rondella di lime sul bordo del bicchiere e 2 cannucce corte.

Facoltativo: Passare il succo del lime sull'orlo del bicchiere freddo, e cospargerlo di sale.

93) CAIPIRISSIMA - (Old Fashioned - 5 cl + ghiaccio)

5 cl Rum bianco cubano (Havana Club 3 anni) **(B-6 +)**
Mezzo Lime tagliato in 4 parti
6 Foglie di Menta
2 Cucchiaini di zucchero bianco di canna

Adagiare sul fondo del bicchiere i pezzi di Lime e lo Zucchero.
Pestarvi delicatamente con il pestello per far sprigionare l'essenza.
Aggiungervi la menta e premerla delicatamente con il pestello.
Aggiungervi il Rum e riempire il bicchiere di ghiaccio tritato.
Mescolare.
Guarnire con foglie di Menta, fetta di Lime 2 cannucce corte.

---

94) CAIPIROSKA ALLA FRAGOLA - (Old Fashioned - 5 cl + frullato + ghiaccio) - Ricetta
tradizionale
5 cl Vodka **(B-6 +)**
30 gr. Fragole frullate
10 gr. Zucchero di canna grezzo
Mezzo lime tagliato in 5 parti

Adagiare sul fondo del bicchiere i pezzi di Lime e lo Zucchero.
Pestate delicatamente il Lime fino alla spremitura completa del succo.
Riempire il bicchiere con ghiaccio tritato.
Aggiungere il frullato di Fragole e la Wodka.
Mescolare e servire.
Guarnire con una Fragola, fettina di Lime e 2 cannucce.

Nota: Questo cocktail può essere servito anche nei bicchieri: Coppetta Cocktail o Rock.

Vedi video: https://youtu.be/yXzsfT1E7j0

---

95) CALIFORNIA ICE TEA - (High Ball - 14 cl + ghiaccio) - Long drink

1.5 cl Vodka **(B-2)**
1.5 cl Rum **(B-2)**
1.5 cl Cointreau **(B-2)**
1.5 cl Gin **(B-2)**
1.5 cl Sciroppo di zucchero
3 cl Succo di limone
3 cl Succo d'arancia

Versare tutti gli ingredienti nel bicchiere con ghiaccio.
Completare con succo d'Arancia.
Mescolare.
Guarnire con fetta d'Arancia e cannuccia.

96) **CALIMOCHO (MACHO)** - (High Ball - 16 cl + ghiaccio)

8 cl Vino Rosso secco
8 cl Coca Cola

Versare tutti gli ingredienti direttamente nel bicchiere con ghiaccio.
Mescolare.
Guarnire con fetta di Limone e cannuccia.

Variante (Preparazione identica a sopra):
97) **CALIMOCHO (LADY)**: Con Vino Rosso dolce (lambrusco amabile)

98) **CANTA NAPOLI** - (Coppetta Cocktail - 11 cl)

4 cl Gin **(B-5 +)**
3 cl Galliano liquore **(B-4)**
3 cl Panna liquida fresca (poco zuccherata)
3 Gocce di Granatina

Versare i primi 3 ingredienti nello Shaker con ghiaccio, agitare bene.
Filtrare versando nel bicchiere freddo.
Aggiungere la Granatina.

99) **CAPE CODE** - (High Ball - 16 cl + ghiaccio) - Long Drink

6 cl Vodka **(B-7 +)**
10 cl Succo Cranberry (Mirtillo rosso)

Versare gli ingredienti nel bicchiere con ghiaccio e mescolare.
Guarnire con spicchio di Lime, Ribes e cannuccia.

100) **CARAIBI** - (Old Fashioned - 6 cl + ghiaccio) - After dinner

2 cl Rum scuro **(B-3)**
2 cl Apricot Brandy **(B-3)**
2 cl Cherry Brandy **(B-3)**
2 gocce Angostura
1 Zolletta di zucchero

Inserire nel fondo del bicchiere la zolletta di Zucchero e bagnarla con l'Angostura.
Versare i liquori nel bicchiere con ghiaccio e mescolare.
Guarnire con fetta d'Arancia e Ciliegina.

101) **CARDINAL** - (Coppetta Cocktail - 7 cl) - Pre dinner
4 cl Gin **(B-5 +)**
1 cl Vermouth dry **(B-1 +)**
2 cl Bitter **(B-3)**

Versare gli ingredienti nel Mixing glass con ghiaccio.
Mescolare e filtrare versando nel bicchiere freddo.
Guarnire con Twist di limone o ciliegina.

Vedi video: https://youtu.be/ZiuzG4Tq3ug

102) **CARDINAL (MARTINI** - (Coppetta Cocktail - 7 cl + ghiaccio) - Pre dinne
3 cl Gin **(B-4)**
2,25 cl Martini dry **(B-3 +)**
1,5 cl Campari **(B-2)**

Versare gli ingredienti nel Mixing glass con ghiaccio.
Mescolare e filtrare versando nel bicchiere freddo (con o senza ghiaccio).
Guarnire con Twist limone e ciuffetto di Ribes.

103) **CARUSO** - (Coppetta Cocktail - 6 cl) - IBA: 1961
2 cl Dry Gin **(B-3)**
2 cl Vermouth Dry **(B-3)**
2 cl Liquore di menta verde **(B-3)**

Versare gli ingredienti nello Shaker con ghiaccio. Shake.
Filtrare versando nel bicchiere ben freddo.

Vedi video: https://youtu.be/9-NTUDGDVyM

104) **CASINO** - (Coppetta Cocktail - 7 cl) - Anytime - IBA: 2011
4 cl Dry Gin (Old Tom) **(B-5 +)**
1 cl Maraschino **(B-1 +)**
1 cl Orange Bitters
1 cl Succo di limone fresco

Versare tutti gli ingredienti nello Shaker con ghiaccio. Shake.
Filtrare versando nel bicchiere freddo.
Guarnire con Twist di limone e/o una Ciliegina al maraschino con gambo.

CECCHINI COSMOPOLITAN (Vedi: **COSMOPOLITAN CECCHINI**)

<u>105)</u> **CHAMPAGNE COCKTAIL** - (Flûte - 10 cl) - Sparkling - IBA: 2017

9 cl Champagne freddo
1 cl Cognac **(B-1 +)**
2 Gocce di Angostura Bitter
1 Zolletta di zucchero bianco

Aggiungere l'Angostura sulla zolletta di zucchero e rilasciarlo nel bicchiere freddo.
 Aggiungere Cognac seguito da Champagne fresco versandolo delicatamente.
 Guarnire con ½ fetta d'Arancia e Ciliegina al Maraschino.

<u>106)</u> **CHAMPAGNE PICK-ME-UP** - (Flûte - 10 cl + Campagne) - IBA: 1987

5 cl Cognac **(B-6 +)**
1 cl Granatina
4 cl Succo di arancia
Champagne

Versare tutti gli ingredienti (tranne lo champagne) nello Shaker con ghiaccio. Shake.
 Filtrare versando nel bicchiere freddo e completare colmandolo con Champagne.

CHUPITO (SHOTTINO) INFORMAZIONI:

Il chupito (o "shottino") consiste in un bicchierino di superalcolico bevuto tutto d'un fiato.

La capacità in volume (comunque variabile) è approssimativamente da 3,5 cl. fino a 5 cl. e oltre.

Nella variante "Chupito rum e pera", è subito accompagnato da un altro bicchierino, delle stesse dimensioni, contenente succo di frutta (preferibilmente di albicocca o pera, in quanto più densi).

È opinione comune ma errata in Italia che per chupito s'intenda comunque "rum e pera", quando invece il termine indica un "bicchierino" di superalcolico.

La parola, spagnola, corrisponde in sostanza all'inglese: *shot* o agl'italiani: *bombetta, cicchetto, sparino o baby*. Lo scopo di bere il succo di frutta è quello di evitare il dopo-bruciore solitamente provocato dal superalcolico bevuto in precedenza.

BICCHIERI DA CHUPITO:

• **SHOT CLASSICO**: piccolo e pesante, è il miglior bicchiere da Chupito. Importante che il fondo non sia piatto, per far scorrere più velocemente il Rum (volume: da 2 cl a 3,5 cl).

• **SHOOTER**: per Chupito miscelati a più bassa gradazione alcolica. Servito generalmente con la miscelazione di succhi di frutta o pre mix. È più capiente del precedente, e la forma varia dalla tipologia di bicchiere (volume: da 3,5 cl a 5 cl e oltre).

• **DOUBLE SHOT**: ha capacità doppia, ma è scarsamente utilizzato nei locali italiani (volume: da 5 cl a 7 cl e oltre).

VARIANTI DA SAPERE:

• **CHUPITO RUM E PERA**: Il tipo di Chupito più diffuso in Italia è quello di Rum e Pera. Consiste nel bere un bicchierino di Rum bianco o Rum dorato (mai Rum invecchiato) seguito immediatamente da uno di succo di frutta di pera.

• **CHUPITO SOLO RUM**: In questo Chupito non è presente il succo di frutta. Si beve un bicchierino di Rum dorato (mai Rum bianco, troppo pungente).

Mentre il Rum e Pera è molto diffuso in Italia e nei paesi latini come la Spagna, in molti paesi caraibici è più diffuso il "solo Rum".

È diffusa l'abitudine di fare gare di Chupito di solo Rum, in cui ogni concorrente deve finire prima degli altri di bere un certo numero di bicchierini.

• **CHUPITO TRES RONES (3 RUM)**: In questo caso si bevono tre Chupito di fila.

Il primo contenente un Rum invecchiato, il secondo un Rum dorato, il terzo Rum bianco; la successione dei tre tipi di Rum crea un crescendo di sapori che vanno dal più pacato al più pungente, in modo da poter ogni volta sentire l'effetto dell'alcol.

107) CHUPITO (SHOT) - (Shot - 4 cl)
 3 cl Rum bianco **(B-4)**
 1 cl kahlua **(B-1 +)**
Versare direttamente nel bicchierino. Può essere anche flambato.

108) COCAINA LIQUIDA (SHOT) - (Shot - 5 cl)
 1,5 cl Vodka **(B-2)**
 1,5 cl Tequila **(B-2)**
 1,5 cl Curaçao Bleu **(B-2)**
Versare direttamente nel bicchierino.

109) BAZOOKA (SHOOTER) - (Shooter - 6 cl)
 1 cl Curaçao Bleu **(B-1 +)**
 2 cl Vodka **(B-3)**
 3 cl Crema al Whisky (Baileys) **(B-4)**
Versare direttamente nel bicchierino.

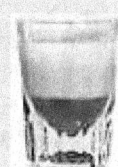

110) CERVELLO DI SCIMMIA (SHOOTER) - (Shooter - 5 cl)
 3 cl Vodka **(B-4)**
 1 cl Crema al Whisky (Baileys) **(B-1 +)**
 1 cl Sciroppo di granatina rossa
Versare direttamente nel bicchierino.

111) SANGUE DI CERVELLO (SHOOTER) - (Shooter - 5 cl)
 3 cl Liquore alla pesca **(B-4)**
 1 cl Crema al Whisky (Baileys) **(B-1 +)**
 1 cl Sciroppo di granatina rossa
Versare direttamente nel bicchierino.

112) KISS COOL (SHOOTER) - (Shooter - 6 cl)
 3 cl Vodka **(B-4)**
 2 cl Liquore alla menta **(B-3)**
 0,5 Curaçao Bleu **(B)**
Versare direttamente nel bicchierino.

113) KAJAK (SHOOTER) - (Shooter - 5 cl)
 1,5 cl Raspberry Absolut (Vodka al Lampone) **(B-2)**
 1,5 cl Vodka **(B-2)**
 1,5 cl Granatina
Versare direttamente nel bicchierino.

114) **PORNO STAR** (SHOOTER) - (Shooter - 6 cl)

3 cl Curaçao Bleu **(B-4)**
3 cl Sour Puss **(B-4)**
Versare direttamente nel bicchierino.

115) **SANTA CLAUS' SHOTGUN** (SHOTER) - (Shooter - 6 cl)

2 cl Jägermeister **(B-3)**
2 cl Irish cream (Baileys) **(B-3)**
2 cl Grand Marnier **(B-3)**

Versare direttamente nel bicchierino freddo.
 Versare prima Jägermeister,
 poi con l'aiuto di un cucchiaino con il dorso rivolto verso l'alto, versare delicatamente il Baileys, e
 l'ultimo strato con Grand Marnier.

116) **TRICOLORE** (SHOTER) - (Shooter - 6 cl)

2 cl Granatina rossa
2 cl Crema Cacao chiaro
2 cl Crema di menta verde

Versare nel bicchierino prima granatina rossa,
 poi con l'aiuto di un cucchiaino con il dorso rivolto verso l'alto,
 versare delicatamente il Crema Cacao chiaro, e l'ultimo strato con Crema di menta verde.

Vedi video: https://youtu.be/YXrNUR9tueA

117) **KALACHNIKOV** (SHOOTER MAX) - (Shooter Max - 11 cl)

10 cl Vodka **(B-12)**
0,5 Assenzio **(B)**
2 Gocce di Limone
1 punta di Zucchero
1 punta di Cannella
Versare direttamente nel bicchiere. Guarnire con ½ fetta di Limone sopra il bicchiere.

118) **CLARIDGE** - (Coppetta Cocktail - 7 cl) - IBA: 1961

2 cl Dry Gin **(B-3)**
2 cl Vermouth dry **(B-3)**
2 cl Apricot Brandy **(B-3)**
1 cl Cointreau **(B-1)**

Si prepara nel Mixing-glass con ghiaccio cristallino. Mescolare.
 Filtrare versando nel bicchiere freddo.

Vedi video: https://youtu.be/BiOZSq-2cXM

119) <u>CLOVER CLUB</u> - (Coppetta Cocktail - 8 cl) - Anytime - IBA: 2017

4,5 cl Gin **(B-6)**
1,5 cl Sciroppo di Lampone
1,5 cl Succo di Limone fresco
2 Gocce di bianco d'uovo

Versare tutti gli ingredienti nello Shaker con ghiaccio. Shake.
Filtrate versando nel bicchiere freddo. Guarnire con un Lampone.

120) <u>COGNAC SUMMIT</u> - (Ballon - 10 cl + ghiaccio)

4 cl Cognac
6 cl Succo di limone
La buccia di 1 lime tagliata a pezzi molto sottili
4 Fettine di zenzero

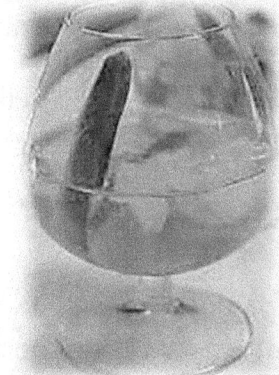

Mettere nel bicchiere la buccia del Lime e le fettine di Zenzero.
Versare 2 cl di Cognac.
Pestare leggermente.
Aggiungere 2 cubetti di ghiaccio
Versarvi il resto del Cognac e il succo di Limone.
Mescolare e servire.

121) <u>COLA DE MONO</u> - (Coppetta Cocktail - 10 cl)

6 cl Pisco **(B-7 +)**
3 cl Kahlua **(B-4)**
3 cl Caffè espresso caldo
1 Stecca di cannella schiacciata

Versare tutti gli ingredienti nello Shaker con ghiaccio. Shake.
Filtrare versando in bicchiere ben freddo.

122) <u>CONCA D'ORO</u> - (Coppetta Cocktail - 8 cl) - After dinner

5,25 cl Dry Gin **(B-6 +)**
0,75 cl Cherry Brandy **(B-1)**
0,75 cl Triple Sec (o Contreau) **(B-1)**
0,75 cl Maraschino **(B-1)**

Versare tutti gli ingredienti nel Mixing glass con ghiaccio. Mescolare.
Mescolare e filtrare versando nel bicchiere freddo.
Guarnire con Twist di arancia o Ciliegina con gambo.

123) **CORPSE REVIVER N° 1** - (Coppetta Cocktail - 12 cl)
6 cl Cognac **(B-7 +)**
3 cl Brandy alla Mela (Calvados) **(B-4)**
3 cl Vermouth bianco **(B-4)**

Versare tutti gli ingredienti nel Mixing glass con ghiaccio.
Mescolare e filtrare versando nel bicchiere freddo.

Variazione (Preparazione identica a sopra):

124) **CORPSE REVIVER N° 2** - (Coppetta Cocktail - 12 cl)
3 cl Gin **(B-4)**
3 cl Cointreau (curaçao o Triple sec) **(B-4)**
3 cl Lillet bianco (o Vermouth bianco) **(B-4)**
3 cl Succo di limone
1 Goccia d'Assenzio
Guarnire con buccia di limone.

125) **COSMOPOLITAN** - (Doppia Coppetta - 10 cl) - IBA: 2017
4 cl. Vodka al limone **(B-5 +)**
1.5 cl. Cointreau **(B-2)**
1.5 cl. Succo di lime
3 cl. Cranberry (succo di Mirtillo rosso)

Versare tutti gli ingredienti nello Shaker con ghiaccio. Shake.
Filtrare versando nel bicchiere freddo.
Guarnire fettina di Lime o Twist di limone.

Variazione (Preparazione identica a sopra):

126) **COSMOPOLITAN GIN** - Gin al posto della Vodka al limone.

Vedi video: https://youtu.be/MuztXrcQjNs

127) **COSMOPOLITAN CECCHINI** - (Doppia Coppetta - 9 cl)
5 cl. Vodka al Limone **(B-6 +)**
1 Spruzzata di Triple Sec
1 Spruzzata di Lime fresco
1 Spruzzata Cranberry (succo di Mirtillo rosso)

Versare tutti gli ingredienti nello Shaker con ghiaccio. Shake.
Filtrare versando nel bicchiere freddo.
Guarnire con spicchio di Lime o Twist di limone.

128) **COSMOPOLITAN PURPLE RAIN** - (Doppia Coppetta - 10 cl)
4 cl. Vodka al limone **(B-5 +)**
1.5 cl. Blue Curaçao **(B-2)**
1.5 cl. Succo di lime
3 cl. Cranberry (succo di mirtillo rosso)

Versare tutti gli ingredienti nello Shaker con ghiaccio. Shake.
Filtrare nel bicchiere freddo.
Guarnire con spicchio di Lime o Twist di limone.

Variazione (Preparazione identica a sopra):

129) **CONTREAUPOLITAN**: 5 cl di Cointreau al posto della Vodka al limone.

---

130) **COSTANZA** - (Bicchiere ISO 180)
½ centimetro di Zenzero fresco sbucciato e tagliato
1 cl Succo di Limone (o Lime)
1 cl Sciroppo di zucchero
5 cl Gin **(B-6 +)**
1 cl Campari **(B-1 +)**
2 cl Ginger beer freddo
1 cl Succo di Lamponi

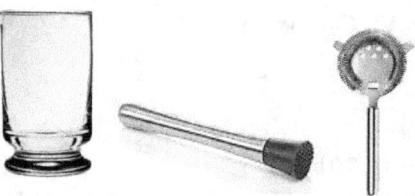 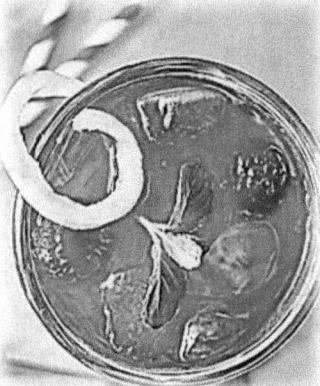

Versare nel Mixing glass lo zenzero e lo Sciroppo di Zucchero.
Pestare delicatamente.
Filtrare versando nel bicchiere freddo con ghiaccio.
Aggiungere nel bicchiere il Gin, il Campari, il Succo di Lamponi e la Ginger beer.
Decorare con lamponi (o ciliegina) buccia di limone, ciuffo di menta e 2 cannucce.

---

131) **CUBA LIBRE** (**STANDARD**) - (High Ball - 18 cl) - Long drink - IBA: 2017
5 cl Rum bianco **(B-6 +)**
12 cl Cola
1 cl Succo di lime fresco

Versare tutti gli ingredienti nel bicchiere freddo pieno di ghiaccio.
Guarnire con fettina di Lime.

Varianti (tutti sempre con 12 cl di Cola:

132) **CUBA LIBRE ANGOR**: Aggiungere: 2 gocce di Angostura.
133) **CUBA LIBRE CUBANO**: con 5 cl di rum ambrato (Añejo) e l'aggiunta della miscela di limone
e zucchero (sweet'n'sour).
134) **CUBANTA**: preparato sostituendo alla Cola la Fanta.
135) **CUBOTTO**: preparato sostituendo alla cola il chinotto.
136) **RUM & COLA**: chiamato anche *coca e rum*, prevede solo l'utilizzo di cola e rum, senza Lime.
137) **SANTO LIBRE**: preparato con Rum e Sprite (gassosa).

138) CUBA LIBRE PESTATO - (High Ball - 17 cl) - Long drink

5 cl Rum bianco **(B-6 +)**
12 cl Cola
Mezzo Lime tagliato i 4 parti
1 Cucchiaio di zucchero di canna

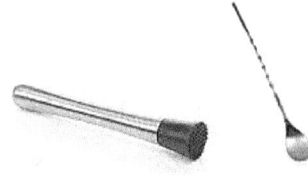

Adagiare sul fondo del bicchiere freddo, lo Zucchero e il Lime.
Pestarlo delicatamente per far sprigionare l'essenza.
Aggiungere Rum, Cola e ghiaccio. Mescolare e servire con una rondella di Lime.

139) CUCARACHA - (Old Fashioned - 9 cl) - After dinner
3 cl kahlua **(B-4)**
3 cl Tequila **(B-4)**
3 cl Coca Cola

Versare tutti gli ingredienti nel bicchiere con ghiaccio e mescolare.
Guarnire a piacimento.
Vedi video: https://youtu.be/jYC1bMKhluc

140) CUCUMBER MARTINI - (Coppetta Cocktail - 7 cl)
4 cl Vodka **(B-5 +)**
2,5 cl Succo di Limone
0,5 cl Sciroppo di zucchero
5 foglie di Menta fresca
3 Rondelle di Cetriolo sbucciato

Pestare il cetriolo direttamente dentro lo Shaker.
Aggiungere tutti gli altri ingredienti con ghiaccio. Shake.
Filtrare versando nel bicchiere freddo.

CUP AND BOWL
Vedi: **AMERICAN CUP.**
Vedi: **BOWL DI FRAGOLE.**
Vedi: **SANGRIA.**
Vedi: **AURORA.**
Vedi: **MARTINIQUE.**

141) **CZARINA** - (Coppetta da Cocktail - 7 cl) - IBA: 1961
4 cl Vodka 50° **(B-5 +)**
1,5 cl Vermouth Dry **(B-2)**
1,5 cl Apricot Brandy **(B-2)**
1 goccia di Angostura bitter

Si prepara nel Mixing glass con ghiaccio cristallino.
Mescolare e filtrare versando nel bicchiere freddo.

142) **DAIQUIRI** - (Doppia Coppetta - 9 cl) - Pre Dinner - IBA: 2017
4,5 cl Rum bianco (Bacardi) **(B-6)**
2,5 cl Succo di limone o lime
1,5 cl Sciroppo di zucchero di canna

Versare tutti gli ingredienti nello Shaker con ghiaccio. Shake.
Filtrare versando nel bicchiere freddo. Guarnire con una fettina di Lime.

Variante (Preparazione identica a sopra):

143) **DAIQUIRI FROZEN BANANA**
1,5 cl Liquore Crema di Banana al posto dello Sciroppo di zucchero di canna.
Decorare con mezza banana e 2 cannucce.

Vedi video: https://youtu.be/5msglFQuepc

144) **DARK 'N' STORMY** - (High Ball - 16 cl + ghiaccio) - Long drink - IBA: 2017
6 cl Rum Scuro **(B-7 +)**
10 cl Ginger Beer freddo

Nel bicchiere freddo e bagnato, pieno di ghiaccio.
Aggiungere il Rum e riempirlo di Ginger Beer.
Guarnire con fettina di lime.

145) **DERBY** - (Coppetta Cocktail - 6 cl) - Anytime - IBA: 2017
6 cl Gin **(B-7 +)**
2 Gocce di Peach Bitters (Amaro alla Pesca)
2 Foglie di menta fresca

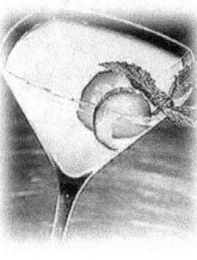

Versare tutti gli ingredienti nel Mixing glass con ghiaccio.
Mescolare e filtrare versando nel bicchiere freddo.
Guarnire con foglie di Menta fresca lasciati nel drink.

146) **DESERT COOLERS** - (High Ball - 13 cl + ghiaccio)

6 cl Tanqueray London Dry Gins **(B-7 +)**
2 cl Cherry Heering Liqueur **(B-3)**
4.5 cl di Spremuta d'Arancia **(B-6)**
Top Ginger Beer freddo (Fever Tree)

Versare nel bicchiere pieno di ghiaccio i primi 3 ingredienti e mescolare.
Colmare con Ginger Beer.

147) **DIKI-DIKI** - (Coppetta Cocktail - 9 cl) - IBA: 1961

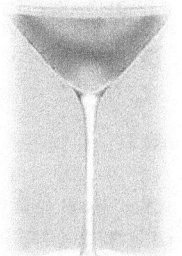

6 cl Calvados **(B-7 +)**
1,5 cl Punch svedese **(B-2)**
1,5 cl succo di pompelmo **(B-2)**

Versare nello Shaker con ghiaccio tutti gli ingredienti. Shake.
Filtrare versando nel bicchiere freddo.

148) **DIRTY MARTINI** - (Coppetta Cocktail - 8 cl) - Pre Dinner - IBA: 2017

6 cl Vodka **(B-7 +)**
1 cl Vermouth Dry **(B-1 +)**
1 cl Salamoia (succo uscito dalle olive) **(B-1 +)**

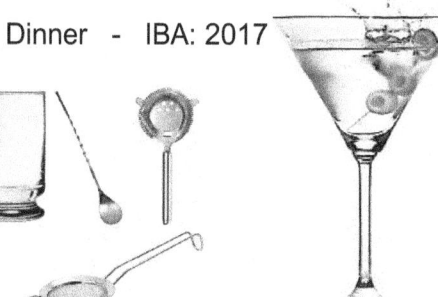

Versare tutti gli ingredienti nel Mixing glass con ghiaccio.
Mescolare bene ma lentamente.
Utilizzando un Colino per filtrare il drink nel bicchiere freddo.
Guarnire con 1 o 2 olive verdi.

149) **DOLCE VITA** - (Doppia Coppetta - 6 cl + Spumante)

3 cl Vodka **(B-4)**
4 Acini di uva bianca senza semi
1 cucchiaio di miele
1 Goccia di Orange Bitter
Top con Spumante (o Prosecco)

Schiacciare l'uva nello Shaker.
Aggiungervi la Vodka, il Miele, Orange bitter e ghiaccio. Shake.
Filtrare versando nel bicchiere freddo.
Colmare il bicchiere con Spumante.

<u>150)</u> **DON FACUNDO** - (Hurricane - 18 cl + ghiaccio) - Anytime
6 cl Rum bianco **(B-7 +)**
6 cl Cranberry succo **(B-7 +)**
2 cl Arancia succo **(B-3)**
2 cl Lime succo **(B-3)**
4 cl Purea di ananas **(B-5 +)**

Versare tutti gli ingredienti nel bicchiere colmo di ghiaccio. Mescolare.
Versarvi per ultimo la Purea di ananas che rimarrà sospesa in superficie.
Guarnire a piacimento: fetta d'Ananas, Ribes, Foglie di menta, ombrellino, cannucce, ecc.

<u>151)</u> **DRY MARTINI** - (Coppetta Cocktail - 7 cl) - Pre Dinner - IBA: 2017
6 cl Gin **(B-7 +)**
1 cl Dry Martini **(B-1 +)**
Succo di 1 fettina di scorza di limone

Versare il Gin e il Martini nel Mixing glass con ghiaccio.
Mescolare e filtrare versando nel bicchiere freddo.
Spremere leggermente nel bicchiere il succo di scorza di Limone.
Guarnire con 1 Oliva verde infilzato ad uno stecchino.

<u>152)</u> **DUCHESS** - (Coppetta Cocktail - 8 cl) - Pre dinner - IBA: 1961
4,5 cl Assenzio **(B-6)**
1,5 cl Vermouth Dry **(B-2)**
1,5 cl Vermouth Rosso **(B-2)**

Versare tutti gli ingredienti nel Mixing glass con ghiaccio. Mescolare.
Mescolare e filtrare versando nel bicchiere freddo.
Guarnire con Ciliegina con gambo.

Varante (Preparazione identica a sopra):

<u>153)</u> **STAR DUCHESS**: Con l'Anice al posto dell'Assenzio.

<u>154)</u> **EAST INDIA** - (Coppetta Cocktail - 7 cl) - After dinner - IBA: 1961
5 cl Brandy **(B-6 +)**
1 cl Cointreau **(B-1 +)**
1 cl Succo arancia

Versare tutti gli ingredienti nello Shaker con ghiaccio. Shake.
Filtrare versando nel bicchiere freddo.
Guarnire con Twist di arancia.

Vedi video: https://youtu.be/-OK1MaYiz-4

155) **EL DIABLO** - (High Ball - 7 cl + Ginger beer)

 4 cl Tequila reposado **(B-5 +)**
 1 cl Creme de cassis **(B-1 +)**
 2 cl Succo di lime
 Top Ginger beer fredda (birra al ginger)

Versare i primi 3 ingredienti nello Shaker con ghiaccio. Shake.
 Filtrare versando nel bicchiere freddo, bagnato e con ghiaccio.
 Colmare con Ginger beer.
 Guarnire con Spicchio di Lime.

156) **ELISABETTA** - (Bicchiere ISO 180) - Analcolico

 Succo di 1 Arancia
 1 Frutto della passione (Maracujà)
 1 fettina di zenzero fresco (1 centimetro)
 2 cl Latte di Mandorla
 2 gocce di essenza di Rose
 1 Spolverata di Noce moscata

Tagliare a metà il Frutto della passione e con il cucchiaio estrarne la polpa.
 Versare nel Mixing glass la polpa e tutti gli altri ingredienti e pestare leggermente.
 Filtrare versando nel bicchiere (ISO 180) freddo e con ghiaccio.
 Mescolare delicatamente.
 Guarnire con fetta d'Arancio e due cannucce colorate.

EL NIÑO - Vedi: **NINO**

157) **ESPRESSO MARTINI** - (Coppetta Cocktail - 13 cl) - After dinner - IBA: 2017
  5 cl Vodka **(B-6 +)**
  1 cl Kahlua **(B-1 +)**
  5 cl Sciroppo di zucchero
  1 Caffè Espresso corto (2 cl)

Versare tutti gli ingredienti nello Shaker con ghiaccio. Shake.
  Filtrare con un Colino versando nel bicchiere freddo.
  Guarnire con 3 chicchi di caffè.

Varianti (Preparazione identica a sopra):

158) **ESPRESSO MARTINI** (**Versione 1**)
  5 cl Absolut Vodka **(B-6 +)**
  5 cl Liquore al caffè (Kahlua) **(B-6 +)**
  3 cl Crema bianca di Cacao **(B-4)**

159) **ESPRESSO MARTINI** (**Versione 2**)
  5 cl Vodka **(B-6 +)**
  5 cl Liquore al caffè Kahlua **(B-6 +)**
  3 cl Crema irlandese Bailey **(B-4)**
  3 cl Caffè espresso

160) **ESPRESSO MARTINI** (**Versione 3**)
  5 cl Vodka alla vaniglia Stoli **(B-6 +)**
  5 cl Liquore al caffè (Kahlua) **(B-6 +)**
  3 cl Crema di Cacao **(B-4)**
  3 cl Caffè espresso

161) **FLAME OF LOVE MARTINI** - (Coppetta Cocktail - 7 cl) - Aperitivo
  6 cl Vodka **(B-7 +)**
  1 cl Tio Pepe fino sherry **(B-1 +)**
  3 Piccole twist d'Arancia

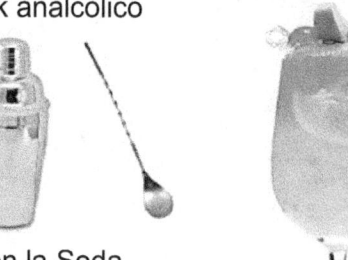

Versare tutti gli ingredienti nel Mixing glass con ghiaccio. Mescolare.
  Filtrare versando nel bicchiere freddo.
  Guarnire con fetta d'Arancia.

162) **FLORIDA** - (Hurricane - 20 cl + ghiaccio) - Long drink analcolico
  5,5 cl Succo di Pompelmo
  2,5 cl Succo d'Arancia
  2,5 cl Succo di Limone
  2,5 cl Sciroppo di Zucchero
  7 cl Soda Water

Versare tutti gli ingredienti nello Shaker. Shake.
  Versare senza filtrare nel bicchiere con ghiaccio riempendolo con la Soda.
  Mescolare.
  Guarnire a piacimento: Rametto di menta, fetta d'Arancia, cannucce, ecc.

163) FLORIDA (2) - (Hurricane - 16 cl + ghiaccio) - Long drink analcolico

10 cl Succo d'Arancia
3 cl Succo di Limone
3 cl Granatina

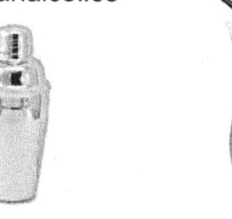

Versare tutti gli ingredienti nello Shaker. Shake.
Versare nel bicchiere freddo con ghiaccio senza filtrare.
Guarnire con Ciliegina, fetta d'Arancia, ciliegina e cannuccia.

---

164) FRENCH 75 - (Flûte - 11 cl) - Sparkling - IBA: 2017

3 cl Gin **(B-4)**
1,5 cl Succo di limone fresco
2 Gocce di sciroppo di zucchero
6 cl Champagne demi-sec

Versare tutti gli ingredienti (tranne lo Champagne) nello Shaker. Shake.
Filtrare versando nel bicchiere freddo.
Colmare con Champagne.
Mescolare delicatamente.

Variante: Se si serve Champagne brut, va servito in una Coppa da Champagne.

---

165) FRENCH CONNECTION - (Old Fashioned - 7 cl + ghiaccio) - After dinner - IBA: 2017

3.5 cl Cognac **(B-5)**
3.5 cl Amaretto **(B-5)**

Versare tutti gli ingredienti nel bicchiere freddo con ghiaccio.
Mescolare.

---

166) FRENCH MARTINI - (Coppetta Cocktail - 8 cl) - Pre Dinner - IBA: 2017

4,5 cl Vodka **(B-6)**
1,5 cl Liquore di lampone **(B-2)**
1,5 cl Succo di ananas fresco

Versare gli ingredienti nello Shaker con ghiaccio. Shake.
Filtrare versando nel bicchiere ghiacciato.
Spremere leggermente nel bicchiere il succo di scorza di Limone.
Guarnire con 1 blocchetto di ghiaccio e Twist di limone.

167) **FUEGO MANANA** - (Coppetta Cocktail - 9 cl)
4 cl Tequila (reposado) **(B-5 +)**
1 cl Apple schnapps (liquore alle mele) **(B-1 +)**
2 cl Purea di Mela
1 cl Succo di Lime
1 cl Sciroppo di zucchero
1 Striscia di peperoncino rosso

Inserire il peperoncino e la Tequila nello Shaker. Schiacciare con il pestello.
Aggiungere il ghiaccio e gli altri ingredienti. Mescolare.
Filtrare versando nel bicchiere ben freddo.
Guarnire a piacimento con: peperoncino, fettina di mela, di fragola, ecc.

168) **GARIBALDI** - (High Ball - 10 cl + ghiaccio) - IBA: 1987
3 cl Campari Bitter **(B-4)**
7 cl Succo d'Arancia

Versare gli ingredienti direttamente nel bicchiere freddo con ghiaccio.
Guarnire con mezza fetta di arancia.

169) **GIBSON** - (Coppetta Cocktail - 7 cl) - Pre dinner - IBA: 2004
6 cl Gin **(B-7 +)**
1 cl Vermouth Dry **(B-1 +)**

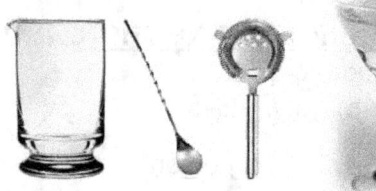

Versare gli ingredienti nel Mixing glass con ghiaccio.
Mescolare e filtrare versando nel bicchiere freddo.
Guarnire con Cipolline agrodolci infilzate ad un stecchino.

170) **GILMET** - (Coppetta Cocktail - 7 cl) - Pre dinner
5 cl Gin (o Vodka) **(B-6 +)**
2 cl Cordial lime (o succo di limone fresco) **(B-3)**

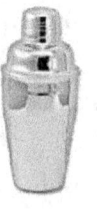

Versare gli ingredienti nello Shaker con ghiaccio. Shake.
Filtrare versando nel bicchiere freddo.
Guarnire con Twist limone.

Nota: Solo su richiesta: On the Rocks – servito nel bicchiere: Old Fashioned.

171) **GIN AND FRENCH** - (Coppetta Cocktail - 8 cl) - Pre dinner
5 cl Gin **(B-6 +)**
3 cl Vermouth Dry **(B-4)**

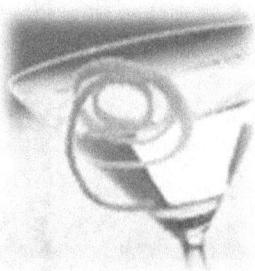

Si prepara direttamente nel bicchiere freddo.
Tutti gli ingredienti devono essere ben freddi.
Guarnire con twist limone.

172) **GIN AND IT** - (Coppetta Cocktail - 10 cl) - IBA: 1987
7 cl Gin **(B-8 +)**
3 cl Vermouth rosso **(B-4)**

Versare gli ingredienti direttamente nel bicchiere freddo.
  Mescolare.
  Guarnire con 1 Ciliegina con gambo.

173) **GIN FIZZ** - (High Ball - 17 cl) - Long drink - IBA: 2017
  4,5 cl Gin **(B-6)**
  3 cl Succo di Limone fresco
  1 cl Sciroppo di zucchero
  8 cl Soda Water

Versare gli ingredienti nello Shaker con ghiaccio (tranne la Soda). Shake.
  Filtrare versando nel bicchiere freddo senza ghiaccio.
  Completare aggiungendovi la soda.
  Guarnire con fettina di limone e cannuccia.

174) **GIN FIZZ - RAMOS** - (High Ball - 17 cl + Uovo e Soda water) - Long drink - IBA: 2017
  4,5 cl Gin **(B-6)**
  1,5 cl Succo di limone fresco
  1,5 cl Succo di lime fresco
  3 cl Sciroppo di zucchero
  6 cl Panna liquida
  1 Bianco d'uovo
  3 Gocce di acqua di fiori d'arancio
  2 Gocce di estratto di vaniglia
  Soda water

Versare gli ingredienti (eccetto la soda) nel Mixing glass.
  Mescolare senza ghiaccio per 2 minuti.
  Aggiungere ghiaccio e mescolare per 1 minuto.
  Filtrare versando nel bicchiere freddo ma senza ghiaccio.
  Aggiungere la Soda sino all'orlo.
  Servire con rondella di limone e 2 cannucce.

175) **GIN SALAD DRY MARTINI** - (Coppetta Cocktail - 8 cl + ghiaccio)
6 cl Tanqueray London Dry Gin **(B-7 +)**
1,5 cl Martini Extra Dry **(B-2)**
1 Goccia Orange bitters (optional)

Versare tutti gli ingredienti nel bicchiere freddo con poco ghiaccio.
Guarnizione obbligatoria:
spiedino con 3 olive disossate e 2 mini cipolline cocktail nel seguente ordine:
oliva-cipollina-oliva-cipollina-oliva.

Varianti: (Preparazione identica a sopra):

176) **GIN SALAD DRY MARTINI STRONG**: Con 7,5 cl Tanqueray London Dry Gin **(B-9)**
177) **GIN SALAD DRY MARTINI SOFT**: Con 1,5 cl Martini bianco.

---

178) **GIN TONIC** - (High Ball - 14 cl + ghiaccio)
4 cl Gin (Hendrick's Gin)
10 cl di Acqua tonica
1 Spicchio di limone

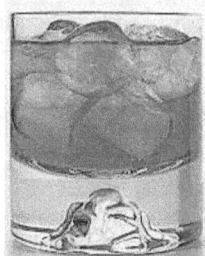

Versare il Gin e l'Acqua tonica nel bicchiere freddo con ghiaccio.
Spremervi dentro uno spicchio di limone.
(Opzionale: 2 fette di cetriolo o 2 gocce di Angostura)
Guarnire con una fetta di limone e 2 cannucce.

---

179) **GOD FATHER** - (Old Fashioned - 7 cl + ghiaccio) - IBA: 2017
3,5 cl Scotch Whisky **(B-6)**
3,5 cl Amaretto **(B-3 +)**

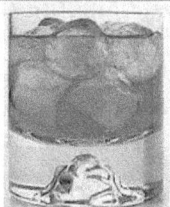

Versare tutti gli ingredienti nel bicchiere con ghiaccio.

Vedi video: **https://youtu.be/1LLgzxwFqdw**

---

180) **GOD MOTHER** - (Old Fashioned - 7 cl + ghiaccio) - IBA: 2017
3,5 cl Wodka **(B-6)**
3,5 cl Amaretto **(B-3 +)**

Versare tutti gli ingredienti nel bicchiere con ghiaccio.

---

181) **GOLDEN CADILLAC** - (Coppetta Cocktail - 6 cl) - After dinner - IBA: 2004
2 cl Galliano liquore **(B-3)**
2 cl Créme de cacao (bianca) **(B-3)**
2 cl Panna liquida

Versare tutti gli ingredienti nello Shaker con ghiaccio. Shake.
Filtrare versando nel bicchiere freddo.

182) GOLDEN DREAM - (Coppetta Cocktail - 7 cl) - After dinner - IBA: 2017
  2 cl Galliano liquore **(B-3)**
  2 cl Triple Sec **(B-3)**
  2 cl Succo d'Arancia fresco
  1 cl Panna fresca liquida

Versare gli ingredienti nello Shaker con ghiaccio. Shake.
  Filtrare versando nel bicchiere ghiacciato.

 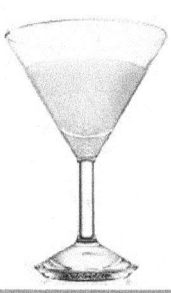

183) GOLDEN DREAM - (Coppetta Cocktail - 7 cl) - After dinner - IBA: 2004
  2 cl Galliano **(B-3)**
  2 cl Cointreau **(B-3)**
  2 cl Succo d'Arancia fresco
  1 cl Panna fresca liquida

Versare gli ingredienti nello Shaker con ghiaccio.
  Filtrare versando nel bicchiere ghiacciato.

 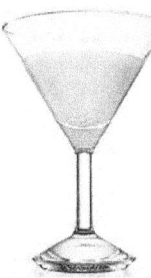

184) GOLDEN MARTINI - (Coppetta Cocktail - 7 cl) - Pre dinner
  5 cl Vodka **(B-6 +)**
  2 cl Southernes (Liquore USA) **(B-3)**

Versare tutti gli ingredienti nel Mixing glass con ghiaccio.
  Mescolare e filtrare versando nel bicchiere freddo.
  Guarnire con polvere di oro alimentare.

185) GOLDEN VELVET - (Calice grande - 10 cl)
  5 cl Birra Chiara fredda
  5 cl Champagne Brut (o Demi sec)

Versare tutti gli ingredienti nel bicchiere freddo e bagnato.

186) GRAND SLAM - ORIGINALE - (Coppetta Cocktail - 12 cl) - IBA: 1961
  6 cl Punch svedese (Liquore) **(B-7 +)**
  3 cl Vermouth Rosso **(B-4)**
  3 cl Vermouth Dry **(B-4)**

Versare tutti gli ingredienti nello Shaker, con ghiaccio cristallino. Shake.
  Filtrare versando nel bicchiere ghiacciato.
  Guarnire a piacimento.

187) **GRAND SLAM COCKTAIL** - (Coppetta Cocktail - 7 cl) - By Stacy McGuigan

2 cl Apricot flavored brandy **(B-3)**
1,5 cl Brandy **(B-2)**
1,5 cl Gin **(B-2)**
1,5 cl Succo di Lime fresco **(B-2)**

Versare tutti gli ingredienti nello Shaker, con ghiaccio cristallino. Shake.
Filtrare versando nel bicchiere ghiacciato.
Guarnire con scorza di limone.

---

188) **GRAPPER** - (Coppetta Cocktail - 8 cl) - After Dinner

5 cl Grappa bianca **(B-6 +)**
3 cl Midori (liquore al melone) **(B-4)**

Versare gli ingredienti nello Shaker con ghiaccio. Shake.
Filtrare versando nel bicchiere ghiacciato.
Guarnire con Twist di limone.

Vedi video: https://youtu.be/sagk3e9cS38

---

189) **GRASSHOPPER** - (Coppetta Cocktail - 9 cl) - After dinner - IBA: 2017

3 cl Crema di menta (verde) **(B-3)**
3 cl Crema di cacao (bianco) **(B-3)**
3 cl Panna fresca liquida

Versare tutti gli ingredienti nello Shaker riempito di ghiaccio. Shake.
Filtrare versando nel bicchiere ghiacciato.

Varianti: (Preparazione identica a sopra):

Un'altra versione prevede che tutti i contenuti siano di 2 cl **(B-4)**

---

190) **HALLOWEEN** - (per 12 persone circa: Copita o Tumbler Medio)

30 Mirtilli freschi
30 Lychee sciroppati
20 cl Sciroppo Lychee
1 litro e mezzo di Succo di Mirtilli (circa 6 tazze da tè)
Succo di circa 8 lime freschi
1 Soda water
35 cl Gin

Incastra un Mirtillo nella cavità di ogni Lychee.
Metterli in congelatore per circa 1 ora e toglierli ½ ora prima di essere serviti.
Versare tutti gli ingredienti in una Bowl da circa 5 litri (preferibilmente di vetro).

191) **HARVEY WALLBANGER** - (High Ball - 15 cl + ghiaccio) - IBA: 2017

4,5 cl Vodka **(B-6)**
1,5 cl Galliano Liquore **(B-2)**
9 cl Succo d'Arancia fresco

Versare la Vodka e il Succo d'arancia nel bicchiere freddo riempito di ghiaccio.
Mescolare.
Aggiungere il Galliano in superficie.
Guarnire con ½ fetta d'Arancia, Ciliegina al Maraschino e 2 cannucce.

192) **HEIDI** - (Copita - 9 cl + ghiaccio)

5 cl Spumante rosé (o Champagne rosé)
0,5 cl Gin **(B)**
1 cl Succo di Cranberry (succo di mirtillo)
2 cl Succo di Mela
2 gocce di Assenzio
1 Rametto di Maggiorana

Versare nel bicchiere freddo con poco ghiaccio l'assenzio e fallo scorrere su tutta la superficie interna.
Aggiungere gli altri ingredienti e per ultimo lo Spumante.
Guarnire con la Maggiorana e fettine di frutta fresca a piacimento.

193) **HEMINGWAY – DESERT MARTINI** - (Coppetta Cocktail - 8 cl) - Pre dinner

6 cl Gin **(B-7 +)**
0,0 cl Vermouth Dry (Martini)

Versare tutti gli ingredienti nel Mixing glass con ghiaccio.
Mescolare e filtrare versando nel bicchiere ghiacciato.
Guarnire con Twist limone o oliva.
Mettere di fianco al drink la bottiglia fredda di Vermouth Dry, il cliente lo versa a piacimento.

194) **HEMINGWAY SPECIAL** - (Doppia Coppetta - 13 cl) - Anytime - IBA: 2017

6 cl Rum chiaro **(B-7 +)**
1,5 cl Maraschino **(B-2)**
4 cl Succo di Pompelmo
1,5 cl Succo di Lime fresco

Versare tutti gli ingredienti nella Shaker con ghiaccio tritato. Shake.
Filtrare versando nel bicchiere freddo.
Inserire nel bicchiere una Ciliegina con gambo.

195) **HONEYSUCKLE DAIQUIR** - (Coppetta Cocktail - 10 cl)

4 cl Bacardi Superior rum **(B-5 +)**
2 cl Spremuta di Limone
2 cl Spremuta d'Arancia
4 Cucchiaini di miele

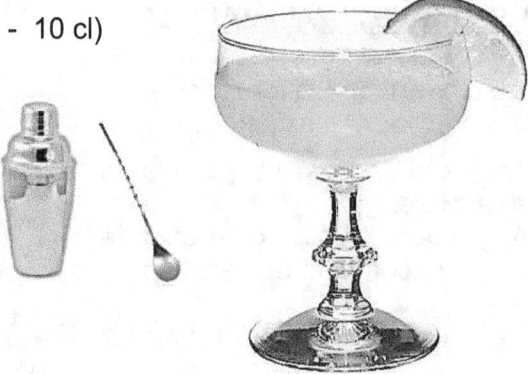

Inserire il miele e il rum nello Shaker.
Mescolare fino a che il miele si è sciolto.
Aggiungere gli altri ingredienti con il ghiaccio. Shaker.
Filtrare versando nel bicchiere freddo.
Guarnire con fettina di limone.

---

196) **HORSE'S NECK** - (High Ball - 16 cl + ghiaccio) - Long drink - IBA: 2017

4 cl Cognac **(B-5 +)**
12 cl Ginger Ale
2 Gocce di Angostura bitter (opzionale)

Versare il Cognac e Ginger Ale direttamente nel bicchiere con ghiaccio.
Mescolare delicatamente.
Inserire nel bicchiere una lunga scorza di un Limone a spirale.
Se richiesto: aggiungere 2 gocce di Angostura bitter.

---

197) **HULA HULA** - (Coppetta Cocktail - 11 cl)

4 cl ml Tanqueray London Dry Gin **(B-5 +)**
3 cl ml Cointreau o triple sec **(B-4)**
4 cl ml Spremuta succo d'Arancia

Versare tutti gli ingredienti nella Shaker con ghiaccio. Shake.
Filtrare versando nel bicchiere freddo.
Guarnire a piacimento.

---

198) **HURRICANE (ricetta originale)** - (Hurricane - 24 cl + ghiaccio)

12 cl Myer's Planter's Punch rum
6 cl Sciroppo di Maracuja
6 cl Spremuta di Limone

 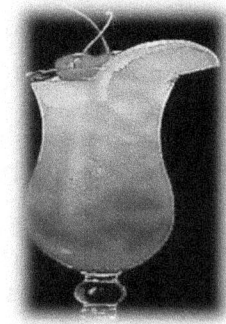

Versare tutti gli ingredienti nella Shaker con ghiaccio. Shake.
Filtrare versando nel bicchiere freddo con ghiaccio.
Guarnire a piacimento.

199) **INCOME TAX COCKTAIL** - (Coppetta Cocktail - 9 cl)

5 cl Tanqueray London Dry Gin **(B-6 +)**
1 cl Martini Extra Dry **(B-1 +)**
1 cl Martini Rosso **(B-1 +)**
2 cl Spremuta d'Arancia
2 gocce di Angostura

Versare tutti gli ingredienti nella Shaker con ghiaccio. Shake.
Filtrare versando nel bicchiere freddo.
Guarnire a piacimento.

---

200) **INVISIBLE** - (Tumbler Medio - 8 cl + ghiaccio)

2 cl Triple Sec
2 cl Vodka
2 cl Rum bianco
2 cl Gin

Versare gli ingredienti nel bicchiere freddo con ghiaccio. Mescolare.
Guarnire con mezza fetta di lime

---

201) **IRISH COFFEE** - (Calice Irish Coffe - 17 cl) - Bevanda calda - IBA: 2017

4 cl Whiskey irlandese (Jameson o Bushmills) **(B-5 +)**
9 cl Caffè caldo (espresso)
3 cl Panna fresca liquida (leggermente montata)
1 Cucchiaino di Zucchero di canna

Scaldare il Whiskey nel bicchiere riscaldato.
Aggiungere nel bicchiere il caffè e un cucchiaino di zucchero.
Mescolare delicatamente.
Versare la Crema di latte in superficie (facendola scivolare lungo il dorso di un cucchiaino).

Varianti (Preparazione identica a sopra):

202) **CAFFÈ ITALIANO**: Con Sambuca.
203) **CAFÈ PARISIENNE (o FRENCH COFFEE)**: con Cognac.
204) **CAFÈ SUISSE**: Con Kirsch
205) **UNISEX**: Con 2 cl Amaretto e 3 cl Vodka in Doppia coppetta.
206) **SPANISH COFFEE**: Con Kahlua, 1 goccia di Triple sec e Panna montata.

207) JAPANESE SLIPPER - (Coppetta Cocktail - 9 cl + ghiaccio) - IBA: 2004
3 cl. Midori (liquore al melone) **(B-4)**
3 cl. Cointreau **(B-4)**
3 cl. Succo Limone

Versare tutti gli ingredienti nello Shaker con ghiaccio. Shake.
Filtrare versando nel bicchiere freddo con ghiaccio.
Guarnire con palline di melone.

Vedi video: https://youtu.be/IFHJN9or3H8

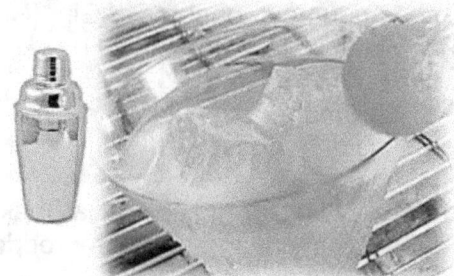

208) JOHN COLLINS - (High Ball - 15 cl + ghiaccio) - Long drink - IBA: 2017
4,5 cl Gin **(B-6)**
3 cl Succo di Limone fresco
1,5 cl Sciroppo di Zucchero
6 cl Soda water (o Seltz)

Versare gli ingredienti nel bicchiere freddo con ghiaccio.
Riempire con Soda e mescolare.
Aggiungere 2 gocce di Angostura alla fine.
Guarnire con fetta di Limone e ciliegina al Maraschino).

Variante: Usare "Old Tom Gin" per il **TOM COLLINS – UK**

COLLINS:
Le varianti differiscono solo dalla base (GIN) utilizzata

209) **Brandy Collins** — con Brandy al posto del Gin.
210) **Jack Collins** — con Apple Jack al posto del Gin.
211) **Michael Collins** — con Irish Whisky al posto del Gin.
212) **Ron o Pedro Collins** — con Rum al posto del Gin.
213) **Sandy Collins o Jock Collins** — con Scotch Whisky al posto del Gin.
214) **Tom Collins USA** — con Rye Whiskey o Bourbon al posto del Gin.
215) **Vodka Collins o Comrade Collins** — con Vodka al posto del Gin.
216) **José Collins** — con Tequila al posto del Gin.
217) **Phil Collins** — con Tequila, Irish Whisky, Vodka, Rum e Birra al posto del Gin e Soda water.

218) KAMIKAZE - (Coppetta Cocktail - 9 cl) - Anytime - IBA: 2017
3 cl Vodka **(B-4)**
3 cl Triple sec **(B-4)**
3 cl Succo di Lime fresco

Versare tutti gli ingredienti nello Shaker con ghiaccio. Shake.
Filtrate versando nel bicchiere ben freddo.
Guarnire con fetta di Lime.

Nota: Può essere servito anche con ghiaccio (On The Rocks) nel bicchiere: Old Fashioned.

Variante (Preparazione identica a sopra):
219) **KAMIKAZE SOCO**: 4,5 cl Vodka - 1,5 cl Southern Comfort - 2,5 cl Succo di Lime.

220) KAMIKAZE - (Ricetta originale del 1985) - (Coppetta Cocktail - 10 cl) - Anytime

4 cl. Vodka Cranberry **(B-5 +)**
1.5 cl. Triple Sec **(B-2)**
3 cl. Cranberry (succo di Mirtillo rosso) **(B-4)**
1.5 cl. Succo di Lime

Versare tutti gli ingredienti nello Shaker con ghiaccio. Shake.
Filtrare versando nel bicchiere ben freddo.
Guarnire con buccia di Limone o Arancia.

221) KAMIKAZE - (Ricetta originale del 1970) - (Coppetta Cocktail - 8 cl)

4 cl. Vodka al limone **(B-5 +)**
3 cl. Cranberry (Succo di Mirtillo rosso) **(B-4)**
1 Goccia di Rose's lime

Versare tutti gli ingredienti nello Shaker con ghiaccio. Shake.
Filtrare versando nel bicchiere freddo.
Guarnire con buccia di Limone o Arancia.

222) KAMIKAZE - (Ricetta americana) - (Doppia Coppetta - 9 cl)

4,5 cl Vodka **(B-6)**
1,5 cl Cointreau **(B-2)**
3 cl Succo di Lime

Versare tutti gli ingredienti nello Shaker con ghiaccio. Shake.
Filtrare versando nel bicchiere freddo.
Guarnire con Twist di Limone o Arancia.

223) KAMIKAZE - (On the Rocks) - (High Ball - 12 cl + ghiaccio)

4,5 cl Vodka **(B-6)**
1,5 cl Triple Sec **(B-2)**
6 cl Sweet ans Sour **(B-7 +)**

Versare tutti gli ingredienti nello Shaker con ghiaccio. Shake.
Filtrare versando nel bicchiere freddo con ghiaccio.
Guarnire con fettina di Limone o Lime

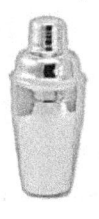

224) KING ALFONSO - (Old Fashioned - 4 cl + ghiaccio + panna) - IBA: 1987
4 cl Liquore al caffè **(B-5 +)**
Panna montata

Versare il liquore nel bicchiere riempito di ghiaccio e mescolare delicatamente.
Coprirlo con panna montata.
Guarnire con una spolverata di Caffè macinato

---

225) KNICKERBOCKER MARTINI - (Coppetta Cocktail - 7 cl) - Pre dinner
4 cl Gin **(B-5 +)**
1 cl Martini Dry **(B-1 +)**
1 cl Martini Rosso **(B-1 +)**
1 Spruzzo di Dry Orange Bitter

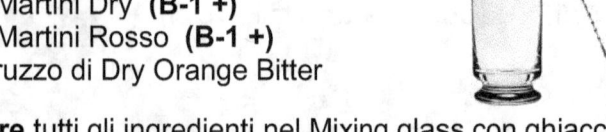

Versare tutti gli ingredienti nel Mixing glass con ghiaccio.
Mescolare e filtrare versando nel bicchiere ghiacciato.

---

226) KIR - (Flute - 10 cl) - Pre Dinner - IBA: 2017

1 cl Crème de Cassis **(B-1 +)**
9 cl Vino Bianco secco

Versare la Crème de Cassis nel bicchiere freddo.
Riempirlo con Vino bianco fresco.

Varianti (Preparazione identica a sopra):

creme de cassis   white wine   kir

227) KIR ON THE SKYY: Con Vodka e spruzzata di Lime, al posto del Vino.
228) KIR PETILLANT: Con Spumante sec, al posto del Vino.
229) KIR NORMAND: Con Sidro di Normandia, al posto del Vino.
230) KIR BRETON: Con Sidro Bretone, al posto del Vino.
231) CIDRE ROYAL: Con Sidro e Calvados, al posto del Vino e Crème de Cassis.

---

232) KIR ROYAL - (Flûte - 10 cl) - Pre Dinner - IBA: 2004
1 cl Crème de Cassis **(B-1 +)**
9 cl Champagne sec

Versare la Crème de Cassis nel bicchiere freddo.
Riempire con Champagne fresco e mescolare

Vedi video: https://youtu.be/ljn3RWuvrBY

233) **KIR IMPERIAL** - (Flûte - 11 cl) - Pre Dinner - IBA:1961
2 cl Crème de framboise **(B-3)**
9 cl Champagne sec

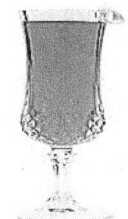

Versare nel bicchiere freddo la Crème de framboise.
Riempire con Champagne fresco.

234) **LADYBOY COCKTAIL** - (Old Fashioned - 8 cl + ghiaccio) - IBA: 2017
3,75 cl Baileys Irish Cream **(B-5)**
3,75 cl Brandy **(B-5)**

Versare nel bicchiere freddo con ghiaccio, il Baileys e lo Brandy.
Mescolare.
Aggiungere una stecca sottile di Cannella e una spolverata di Noce moscata.

235) **LADY DIANA** - (Hurricane - 12 cl + ghiaccio)
5 cl Champagne Brut (o Demi Sec) freddo
1 cl Succo di Framboise
4 cl Succo di Frutti di bosco (Lamponi e Ribes rossi)
1 cucchiaino Succo di lime
2 Gocce di Essenza di vaniglia

Versare gli ingredienti (senza lo Champagne) nel bicchiere freddo.
Mescolare delicatamente.
Riempire il bicchiere versando lo Champagne.
Decorare con frutti di bosco freschi e 2 cannucce colorate.

236) **LAST WORD** - (Doppia Coppetta - 8 cl)
2 cl Gin
2 cl Maraschino
2 cl Chartreuse verde
2 cl Succo di lime fresco

Versare tutti gli ingredienti nello Shaker con ghiaccio. Shake.
Filtrare versando nel bicchiere freddo.
Decorare con uno spicchio di Lime o Limone.

237) **LEMON DROP MARTINI** - (Coppetta Cocktail - 6 cl) - Anytime - IBA: 2017

2,5 cl Vodka al limone **(B-3 +)**
2 cl Triple Sec **(B-3)**
1,5 cl Succo di Limone fresco

Fare raffreddare per alcuni minuti il bicchiere nel freezer.
Prenderlo e farne una crosticina di zucchero bianco sul bordo.
Versare tutti gli ingredienti nello Shaker con ghiaccio. Shake.
Filtrare versando nel bicchiere ghiacciato.
Guarnire con una fettina di Limone.

Varianti (Preparazione identica a sopra):

238) **LEMON DROPPED MARTINI**

4,5 cl Vodka bianca **(B-6)**
1,5 cl Cointreau **(B-2)**
3 cl Succo di Limone
1,5 cl Sciroppo di Zucchero

239) **LEMON NO MORE MARTINI**

1,5 cl Triple Sec **(B-2)**
4,5 cl Succo di Limone
1,5 cl Sciroppo di Zucchero

240) **LONG ISLAND ICED TEA (Old version)** - (High Ball - 14 cl + ghiaccio) - IBA: 2004

1,5 cl Tequila **(B-2)**
1,5 cl Vodka **(B-2)**
1.5 cl Rum bianco **(B-2)**
1,5 cl Cointreau **(B-2)**
1.5 cl Gin **(B-2)**
2,5 cl Succo di Limone
3 cl Zucchero liquido
1 Spruzzata di Cola

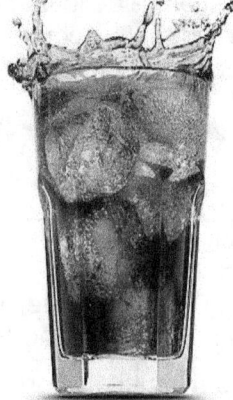

Versare, all'infuori della Cola, tutti gli ingredienti Shaker con ghiaccio. Shake.
Filtrare versando nel bicchiere freddo con ghiaccio.
Riempire il bicchiere con Cola.
Guarnire con mezza fetta d'Arancia e 2 cannucce.

241) LONG ISLAND ICED TEA - (High Ball - 14 cl + ghiaccio) - Long drink - IBA: 2017

1,5 cl Tequila **(B-2)**
1,5 cl Vodka **(B-2)**
1.5 cl Rum chiaro **(B-2)**
1,5 cl Triple sec **(B-2)**
1.5 cl Gin **(B-2)**
2,5 cl Succo di Limone fresco
3,0 cl Sciroppo di Zucchero
1 Spruzzata di Cola

Versare, all'infuori della Cola, tutti gli ingredienti nel bicchiere freddo con ghiaccio.
Mescolare delicatamente.
Guarnire con spirale o rondella di limone e 2 cannucce.

<u>Varianti</u> (Preparazione identica a sopra):

242) **BEVERLY HILLS ICE TEA**: Cambiare la Cola con lo Spumante (secco o demi-dec).

243) **ITALIAN ICE TEA**: Cambiare il Triple Sec con l'Amaretto Disaronno.

244) **JAPAN ICE TEA**: Cambiare la Cola con la Lemonsoda e il Triple Sec con il Midori.

245) **LONG BEACH ICE TEA**: Cambiare la Cola con il succo di Cranberry (Mirtillo).

246) **MEXICAN ICE TEA**: Cambiare il Triple Sec con la Tequila e la Cola con la Tonica.

247) **MIAMI ICE TEA**: Cambiare la Cola con la Sprite (Gassosa) e il Triple Sec con il Blue Curaçao.

248) **PEACH ICE TEA**: Cambiare il Triple Sec con il Peach Tree (Pesca).

249) LOVE POTION N. 9 - (Old Fashioned - 10 cl + ghiaccio)

4 cl. Vodka **(B-5 +)**
3 cl. Midori **(B-4)**
3 cl Spremuta di Pompelmo

Versare tutti gli ingredienti nello Shaker con ghiaccio. Shake.
Filtrare versando nel bicchiere freddo con ghiaccio.
Guarnire con fettina di Limone e foglie di Menta.

250) MAI-TAI - (High Ball - 10 cl + ghiaccio) - Long drink - IBA: 2017

4 cl Rum chiaro **(B-5 +)**
2 cl Rum scuro **(B-3)**
1.5 cl Orange Curaçao **(B-2)**
1,5 cl Sciroppo di Orzata (di mandorle)
1 cl Succo di Lime fresco

Versare tutti gli ingredienti nello Shaker con ghiaccio. Shake.
Filtrare versando nel bicchiere freddo con ghiaccio.
Guarnire con spicchio di Ananas, foglie di Menta e scorza di Lime.
Servire con 2 cannucce.

251) **MAI-TAI COCKTAIL** - (Hurricane - 11 cl + ghiaccio) - Long drink - IBA: 2004

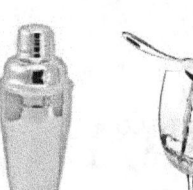

3 cl Rum bianco **(B-4)**
3 cl Rum scuro **(B-4)**
1.5 cl Orange Curaçao **(B-2)**
1,5 cl Sciroppo di Orzata
0.5 cl Sciroppo di Granatina
1 cl Succo di Lime fresco

Versare tutti gli ingredienti, eccetto il Rum scuro, nello Shaker con ghiaccio. Shake.
Filtrare versando nel bicchiere freddo con ghiaccio.
Completare versando il Rum scuro facendolo scivolare in superficie sul dorso del cucchiaino.
Guarnire con fetta Ananas, foglie di Menta e 2 Ciliegine.
Decorare con ombrellino di carta e 2 cannucce.

252) **MAI TAI (Trader Vic version)** - (Tumbler Medio - 12 cl + ghiaccio)

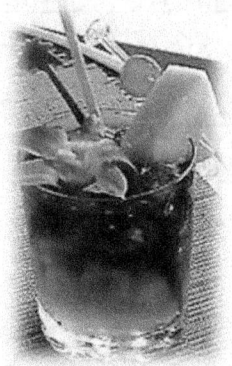

6 cl Bacardi 8 Year Old Rum **(B-7 +)**
1,5 cl Orange Curaçao **(B-2)**
2 cl Succo di Lime fresco
0,8 cl Sciroppo di Orzata
0,8 cl Sciroppo di Zucchero

Versare tutti gli ingredienti nel bicchiere con ghiaccio tritato.
Guarnire con Fetta ananas, foglie di Menta, scorza di Lime e 2 cannucce.

253) **MAI TAI (Paradiso)** - (Tumbler Medio - 12 cl + ghiaccio)

6 cl Rum giamaicano
1,5 cl Orange Curaçao
3 cl Succo di Pompelmo
0,75 Succo di lime fresco

Versare tutti gli ingredienti nello Shaker con ghiaccio. Shake.
Filtrare versando nel bicchiere freddo con ghiaccio.
Guarnire con rametti di menta, mezza fetta di Ananas, 2 cannucce e ombrellino di carta.

254) **MAMMA COSTANZA** - (High Ball) - Analcolico

4 cl Siroppo di lamponi
4 cl Succo do Cranberry (Succo di mirtilli)
1 cl Sciroppo di orzata
1 cl Sciroppo di zucchero
Grattugiata di zenzero fresco (½ centimetro)
Soda water

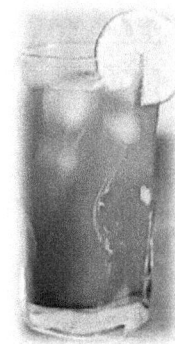

Versare tutti gli ingredienti (senza la Soda) nel bicchiere freddo con poco ghiaccio.
Riempire il bicchiere con Soda e mescolare.
Guarnire con fetta d'Arancia e 2 cannucce colorate.

---

255) **MANHATTAN** - (Coppetta Cocktail - 7 cl) - Pre Dinner - IBA: 2017

5 cl Rye Whiskey (o Canadian Whiskey) **(B-6 +)**
2 cl Vermouth rosso **(B-3)**
1 Goccia di Angostura

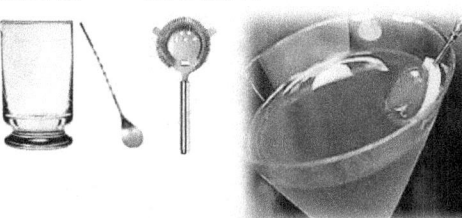

Versare tutti gli ingredienti nel Mixing glass con ghiaccio.
Mescolare e filtrare versando nel bicchiere ghiacciato.
Guarnire con 1 ciliegina al Maraschino.

---

256) **MANHATTAN DRY** - (Coppetta Cocktail - 7 cl) - Pre dinner - IBA: 1987

5 cl Rye o Canadian whiskey **(B-6 +)**
2 cl Vermouth Dry **(B-3)**
1 Goccia di Angostura Bitter

Versare tutti gli ingredienti nel Mixing glass con ghiaccio.
Mescolare e filtrare versando nel bicchiere freddo.
Guarnire con Twist di limone.

---

257) **MANHATTAN MEDIUM** - (Coppetta Cocktail - 7 cl) - Pre dinner - IBA: 1987

5 cl Rye o Canadian Whiskey **(B-6 +)**
1 cl Vermouth Rosso **(B-1 +)**
1 cl Vermouth Dry **(B-1 +)**

Versare tutti gli ingredienti nel Mixing glass con ghiaccio.
Mescolare e filtrare versando nel bicchiere freddo.
Guarnire con Ciliegine al maraschino.

258) MARACUJA COCKTAIL - (High Ball - 13 cl + Soda water + ghiaccio)

4 cl Rum bianco **(B-5 +)**
3 cl Succo di lime fresco
6 cl Succo di Maracuja (Frutto della Passione)
Foglie di menta fresca
2 cucchiai di zucchero di canna
Soda water

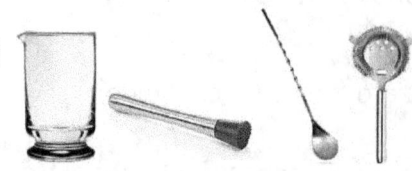 

Pestare nel Mixing glass le foglie di Menta aggiungendovi il succo di lime e zucchero.
Versarvi il Rum, ghiaccio tritato e soda quanto basta.
Mescolare e filtrare versando nel bicchiere freddo contenete ghiaccio tritato.
Mescolare e decorare con foglie di Menta.

Nota:

Se si usa la maracuja fresca: Tagliarla a metà ed estrarne la polpa con l'aiuto di un cucchiaino.

---

259) MARGARITA - (Coppetta Sombrero - 7 cl) - All Day - IBA: 2017

3.5 cl Tequila **(B-5)**
2 cl Cointreau (o Triple sec) **(B-3)**
1.5 cl Succo di Lime o Limone

Versare tutti gli ingredienti nello Shaker con ghiaccio. Shake.
Cospargere con sale il bordo del bicchiere già freddo.
Filtrare e versare nel bicchiere.
Guarnire con buccia di Lime.

Varianti (Preparazione identica a sopra):

260) TOMMY'S MARGARITA

4.5 cl Tequila **(B-6)**
1.5 cl Succo di lime fresco
2 cucchiaini di nettare di Agave.

261) **Con Succo di banana**, al posto del succo di Limone o Lime.

262) **Con Succo di lime con mirtillo**, al posto del succo di Limone.

263) **Con Succo di fragola con succo di limone**, al posto del succo di Lime.

264) **Con Succo di pesca con succo di limone**, al posto del succo di Lime.

---

265) MARIA - (Doppia Coppetta - 7 cl) - Anytime - IBA: 1961

3 cl Dry Gin **(B-4)**
3 cl Rosolio di Rosa **(B-4)**
1,5 cl Granatina
Succo di mezzo limone

Versare tutti gli ingredienti nello Shaker con ghiaccio. Shake.
Filtrare versando nel bicchiere freddo.
Guarnire con scorza di limone.

---

266) **MARMALADE COCKTAIL** - (Coppetta Cocktail - 12 cl)
 6 cl Tanqueray London Dry Gin **(B-7 +)**
 1,5 cl Succo di Limone
 4 Cucchiaini di marmellata d'Arancia

Versare tutti gli ingredienti nella Shaker. Shake.
 Filtrare versando nel bicchiere freddo.
 Guarnire con scorza di limone.

267) **MARMERICANO (ORANGE)** - (Old Fashioned - 8 cl + Soda water + ghiaccio)
 3 cl Bitter Campari **(B-4)**
 3 cl Vermouth rosso **(B-4)**
 2 Cucchiaini di Marmellata d'Arancia
 1 Spruzzata di Soda water

Versare tutti gli ingredienti (tranne la soda) nello Shaker con ghiaccio. Shake.
 Filtrare versando nel bicchiere freddo con ghiaccio.
 Riempire con soda water.
 Guarnire con mezza fetta di Arancia e Twist di limone.

268) **MARMERICANO (PEACH)** - (Old Fashioned - 8 cl + Soda water + ghiaccio)
 3 cl Bitter Campari **(B-4)**
 3 cl Vermouth rosso **(B-4)**
 2 Cucchiaini di Marmellata di Pesche
 1 Spruzzata di Soda water

Versare tutti gli ingredienti (tranne la soda) nello Shaker con ghiaccio. Shake.
 Filtrare versando nel bicchiere freddo con ghiaccio.
 Riempire con soda water.
 Guarnire con mezza fetta di Pesca e Twist di limone.

269) **MARTINEZ COCKTAIL** - (Coppetta Cocktail - 7 cl) - Pre dinner
 5 cl Gin (Old Tom) **(B-6 +)**
 2 cl Martini Dry **(B-3)**
 2 Gocce di Orange Bitter
 2 Gocce di Triple Sec

Versare tutti gli ingredienti nel Mixing glass con ghiaccio.
 Mescolare e filtrare versando nel bicchiere freddo.
 Guarnire con Twist di limone.

270) **Variazione**: Martini Rosso al posto del Martini Dry

271) **MARTINI COCKTAIL (GIN)** - (Coppetta Cocktail - 7 cl) - Pre dinner - IBA: 2011

6 cl Gin **(B-7 +)**
1 cl Vermouth Dry **(B-1 +)**

Versare tutti gli ingredienti nel Mixing glass con ghiaccio.
Mescolare e filtrare versando nel bicchiere freddo.
Guarnire con Twist di limone o Oliva.

Vedi video: https://youtu.be/NKqAbgT_YgM

272) **MARTINI COCKTAIL (SWEET)** - (Coppetta Cocktail - 8 cl) - Pre dinner

5.5 cl Gin **(B-7)**
1 cl Vermouth Rosso **(B-1 +)**
1 cl Vermouth Dry **(B-1 +)**

Versare tutti gli ingredienti nel Mixing glass con ghiaccio.
Mescolare e filtrare versando nel bicchiere freddo.
Guarnire con Ciliegina al maraschino.

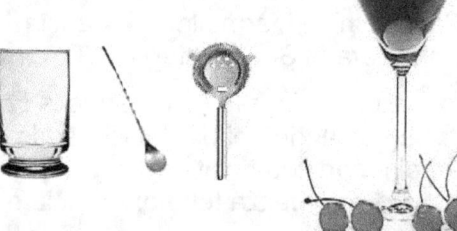

273) **MARTINI COCKTAIL (PERFECT)** - (Coppetta Cocktail - 7 cl) - Pre dinner

5.5 cl Gin **(B-7)**
1.5 cl Vermouth Rosso **(B-2)**

Versare tutti gli ingredienti nel Mixing glass con ghiaccio.
Mescolare e filtrare versando nel bicchiere freddo.
Guarnire con Twist di limone o Ciliegina al maraschino.

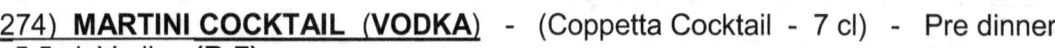

274) **MARTINI COCKTAIL (VODKA)** - (Coppetta Cocktail - 7 cl) - Pre dinner

5.5 cl Vodka **(B-7)**
1.5 cl Vermouth Dry **(B-2)**

Versare tutti gli ingredienti nel Mixing glass con ghiaccio.
Mescolare e filtrare versando nel bicchiere freddo.
Guarnire con Olive o Twist di limone.

275) **MARTINIQUE**   (10 bicchieri circa - Copita)

Mettere in un Bowl o in una Caraffa da circa 3 litri (preferibilmente di vetro):
750 cl di Succo di Ananas
350 cl di Rum bianco
2 cucchiai di Zucchero semolato
1 litro di Acqua minerale gassata
Arance
Chiodi di Garofano

Versare nel contenitore: il succo d'Ananas, il Rum e lo Zucchero.
Mescolare delicatamente.
Riporre tutto in frigorifero per almeno 2 ore.
In ogni bicchiere mettere 1 cubetto di ghiaccio e una fetta di arancia nella quale sono stati
   precedentemente inseriti dei Chiodi di Garofano.
Riempire i bicchiere con il drink e completare il tutto aggiungendo l'acqua minerale gassata.

276) **MARY PICKFORD** - (Doppia Coppetta - 14 cl) - Anytime - IBA: 2017
6 cl Rum chiaro **(B-7 +)**
1 cl Maraschino **(B-1 +)**
6 cl Succo di Ananas fresco
1 cl Sciroppo di Granatina

Versare tutti gli ingredienti nello Shaker con ghiaccio. Shake.
Filtrate versando nel bicchiere freddo.
Guarnire a piacimento con Ciliegine con gambo e Twist di limone.

277) **MAURIZIO** - (High Ball - 19 cl + ghiaccio)
15 cl Prosecco
2 cl Sciroppo di Melissa (o Sciroppo di Sambuco)
2 foglie di Menta
1 Goccia di Limone (o Lime)
Spruzzata di Soda water

Versare nel bicchiere freddo con ghiaccio gli ingredienti e colmare con Soda water.
Mescolare delicatamente.
Guarnire con fettina di limone e ramoscello di menta.

278) **MEXICAN TEA** - (Bicchierino da Grog - 8 cl + Thè)
6 cl Tequila (Reposado) **(B-7 +)**
1,5 cl Sciroppo di Zucchero
English Breakfast Thè caldo (in filtro)

Versare tutti gli ingredienti nel bicchiere riscaldato.
Riempire il bicchiere con acqua ben calda e mescolare delicatamente.

279) **MICHELADA** - (Calice da Birra - 35 cl)
1,5 cl Spremuta di Lime
1 goccia di Tabasco
1 Top Budweiser fredda (Birra americana)
2 cucchiaini di Worcestershire sauce

Cospergere con sale scuro il bordo del bicchiere già freddo e bagnato.
Spremere il Lime nel bicchiere.
Aggiungere la salsa Worcestershire e Tabasco.
Versare la Birra e servire.

280) **MIKADO** - (Coppetta Cocktail - 6 cl) - IBA: 1961
4 cl Brandy **(B-5 +)**
2 Gocce di Angostura
2 Gocce di Crème de Noyau
2 Gocce di Orzata
2 Gocce di Curacao

Versare tutti gli ingredienti nello Shaker con ghiaccio. Shake.
Filtrare versando nel bicchiere freddo.

281) **MIMOSA** - (Flûte - 15 cl) - Sparkling - IBA: 2017
7,5 cl Champagne Brut
7,5 cl Spremuta d'Arancia fredda

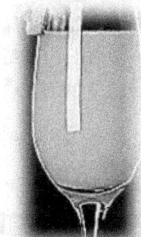

Versare il succo d'Arancia e lo Champagne nel bicchiere freddo.
Mescolare delicatamente.
Guarnire con Twist d'Arancia (opzionale).

282) **MIMOSA (BUCK'S FIZZ)** - (Flûte - 18 cl) - Sparkling - IBA: 2017
7,5 cl Spremuta d'Arancia fredda
3 cl Triple sec **(B-4)**
7,5 cl Champagne Brut

Versare il succo d'arancia e il Triple sec nel bicchiere freddo,
Riempirlo delicatamente con Champagne.
Mescolare delicatamente.
Guarnire con Twist o fetta d'Arancia (opzionale).

Varianti:

283) **Prosecco**, al posto della Champagne.
284) **Spumante Brut**, al posto della Champagne.

285) MINT JULEP (Freddo) - (High Ball - 8 cl + acqua + ghiaccio) - Long drink - IBA: 2017

6 cl Bourbon Whisky **(B-7 +)**
4 Foglie di Menta
1 Cucchiaino di Zucchero in polvere
2 Cucchiaini di Acqua fredda naturale

Mettere nel bicchiere freddo la Menta, lo Zucchero e l'Acqua.
  Pestare delicatamente con il pestello.
  Riempire il bicchiere con ghiaccio tritato.
  Aggiungere Bourbon e mescolate fino a che il bicchiere non si brini.
  Guarnire con ramoscelli di Menta.

Varianti (Preparazione identica a sopra):

286) MINT JULEP (Caldo): Con un infuso di menta già pronto, al posto delle foglie fresche (Preparazione dell'infuso: mettere delle foglioline di menta in acqua bollente e poco zuccherata per 2 settimane).

287) MINT JULEP (Freddo - Sciroppato o Giulebbo): Con lo sciroppo di Menta già pronto, al posto delle foglie di Menta fresche.

288) KREMLIN COLONEL: Con Vodka al posto del Bourbon Whisky.

---

289) MOJITO - (Rock - 7 cl + Soda water + ghiaccio) - Long drink - IBA: 2017

4 cl Rum bianco cubano (Havana Club 3 anni) **(B-5 +)**
½ Lime tagliato a 4 pezzi (o 3 cl Succo di Lime fresco)
6 Foglie di Menta
2 Cucchiaini di Zucchero bianco di canna
Soda water

Adagiare sul fondo del bicchiere il Lime e lo zucchero.
  Pestare delicatamente con il pestello per far sprigionare l'essenza.
  Aggiungere la menta e pestarla delicatamente.
  Aggiungere il Rum e la Soda.
  Riempire il bicchiere di ghiaccio tritato o a cubetti.
  Mescolare.
  Guarnire con foglie di menta e 2 cannucce.

Varianti (Preparazione identica a sopra):

290) MOJITO CRIOLLO: Con aggiunta finale di 3 gocce di Angostura.

291) MOJITO SBAGLIATO O PESTATO: Il Lime (mezzo) va aggiunto solo a pezzi e non a succo liquido.

292) VIRGIN MOJITO (Analcolico): Il Rum va sostituito dalla Gassosa (Sprite) o dal Ginger-ale.

293) MOJITO BAXEICHITO: Le foglie di Menta vanno sostituite da foglie di Basilico.

294) MOJITO MOJITALY: Il Rum va sostituito dalla Branca Menta, e il succo di Lime dal succo di Mapo (Il Mapo è un agrume ibrido tra il mandarino e il pompelmo).

295) **MOJITO ANALCOLICO** - (Rock)

3 cl Succo di Lime
6 foglie di Menta
2 cucchiaini di zucchero bianco di canna
Soda water
Tè verde liquido (o Matcha)
3 Gocce di Essenza di Bergamotto

Adagiare sul fondo del bicchiere il Lime e lo zucchero.
Pestare delicatamente con il pestello per far sprigionare l'essenza.
Aggiungere la menta e pestarla delicatamente.
Aggiungere ghiaccio tritato e a cubetti.
Aggiungere il Tè, l'Essenza di bergamotto e la Soda fino a riempire il bicchiere.
Mescolare delicatamente.
Guarnire con foglie di menta e 2 cannucce colorate.

---

296) **MONKEY GLAND** - (Coppetta Cocktail - 8 cl) - Anytime - IBA: 2017

5 cl Gin **(B-6 +)**
3 cl Succo d'Arancia fresco
2 Gocce di Assenzio
2 Gocce di Granatina

Versare tutti gli ingredienti nello Shaker con ghiaccio. Shake.
Filtrare versando nel bicchiere freddo.
Guarnire con Twist di limone.

---

297) **MONTGOMERY MARTINI** - (Coppetta Cocktail - 10 cl) - Pre dinner

6 cl Gin **(B-7 +)**
3,8 cl Vermouth Dry **(B-5)**
1 Goccia di Angostura

Versare tutti gli ingredienti nel Mixing glass con ghiaccio.
Mescolare e filtrare versando nel bicchiere freddo.
Guarnire con Twist limone o Oliva, a discrezione del Barman e del cliente

---

298) MOSCOW MULE - (Boccali di rame o Hurricane - 17 cl) - Long drink - IBA: 2017

4,5 cl Vodka **(B-6)**
12 cl Ginger beer freddo
0,5 cl Succo di Lime fresco

Versare la Vodka, il succo di Lime e ghiaccio spezzato nello Shaker.
Shake.
Filtrare versando nel bicchiere freddo e bagnato.
Aggiungere il Ginger beer fino all'orlo.
Guarnire con 1 fettina di Lime e 2 cannucce.

299) MOSQUITO - (Tumbler Medio - 11 cl + ghiaccio)

6 cl Pisco **(B-7 +)**
3 cl Succo di Lime fresco
2 cl Sciroppo di Zucchero
6 Foglie di Menta fresca

Versare tutti gli ingredienti nello Shaker con ghiaccio. Shake.
Filtrare versando nel bicchiere freddo con ghiaccio.
Mescolare.
Guarnire co foglie di menta e scorze di Lime.

300) MOSTRO DELLA PALUDE - (Coppetta Cocktail)

6,5 cl Gin **(B-8 +)**
1,5 cl Succo di Lime fresco
1,5 cl Sciroppo di zucchero
1 Cucchiaino di Marmellata di Lime (o Limone)

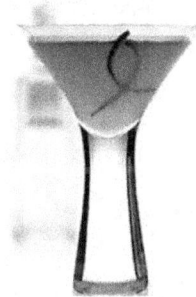

Versare tutti gli ingredienti nello Shaker con ghiaccio. Shake.
Guarnire con Twist di Lime o Limone.

301) NECROMANTE - (Coppetta Cocktail)

2, 5 cl Gin (Plymouth) **(B-3 +)**
2,5 cl Cointreau **(B-3 +)**
2,5 cl Lillet Blanc **(B-3 +)**
2,5 cl Succo di limone fresco
Assenzio (liquore)

Bagnare l'interno del bicchiere freddo con Assenzio.
Versare tutti gli ingredienti nello Shaker. Shake.
Filtrare versando nel bicchiere e servire.

302) **NEGRONI** - (Old Fashioned - 9 cl + ghiaccio) - Pre Dinner - IBA: 2(

3 cl Gin **(B-4)**
3 cl Campari **(B-4)**
3 cl Vermouth rosso (Martini) **(B-4)**

Versare tutti gli ingredienti direttamente nel bicchiere con ghiaccio.
Mescolare.
Guarnire con mezza fetta d'Arancia.

303) **NEGRONI SBAGLIATO** - (Old Fashion - 9 cl + ghiaccio)

3 cl Campari **(B-4)**
3 cl Vermouth Martini rosso **(B-4)**
3 cl Spumante secco o Prosecco

Versare tutti gli ingredienti direttamente nel bicchiere con ghiaccio.
Mescolare.
Guarnire con mezza fetta d'arancia.

304) **NEW YORK SOUR** - (High Ball - 10 cl + ghiaccio)

6 cl Whisky
Succo di ½ Limone
2 cl Sciroppo di zucchero
Vino Rosso secco

Versare tutti gli ingredienti (meno il vino) nel Mixing glass con ghiaccio.
Mescolare e filtrare versando nel bicchiere freddo con ghiaccio tritato.
Riempire il bicchiere di vino.
Guarnire con 1/2 fettina di limone e una ciliegina al Maraschino.

305) **NINO** - (High Ball - 11 cl + ghiaccio)

5 cl Rum bianco **(B-4)**
3 cl Spremuta di Arancia
1 cl Spremuta di Lime
1 cl Orzata
2 Spruzzate di Bacardi 8y

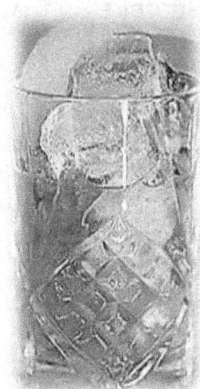

Versare tutti gli ingredienti nel bicchiere freddo e con ghiaccio tritato.
Mescolare.
Spruzzo finale di Bacardi 8y. Guarnire con scorza di Lime o Limone.

306) **OLD FASHIONED** - (Old Fashion - 6 cl + ghiaccio) - Pre Dinner - IBA: 2017

4,5 cl Bourbon o Rye whisky **(B-6)**
2 Gocce di Angostura Bitter
1 Zolletta di Zucchero
1 Spruzzata d'Acqua naturale

Mettere la zolletta di zucchero all'interno del bicchiere freddo.
Aggiungervi l'Angostura e 1 Spruzzata d'acqua naturale.
Pestare col Pestello fino a che lo zucchero sia dissolto nell'acqua.
Riempire il bicchiere con cubetti di ghiaccio e aggiungere il Whisky.
Mescolare.
Guarnire con fetta d'Arancia e 2 ciliegine.

---

307) **OLD PALE** - (Coppetta Cocktail - 9 cl) - IBA: 1961

3 cl Rye Whiskey **(B-4)**
3 cl Vermouth Dry **(B-4)**
3 cl Bitter Campari **(B-4)**

Versare gli ingredienti nel Mixing-glass con ghiaccio cristallino. Mescolare.
Filtrare versando nel bicchiere.
Guarnire con twist d'Arancia e Ciliegina con gambo.

Vedi video: https://youtu.be/xJa_ktjZ1QY

---

308) **ORANGE BLOSSOM** - (Doppia Coppetta - 7 cl) - IBA: 1961

3,5 cl Dry Gin **(B-2)**
3,5 cl Succo d'Arancia

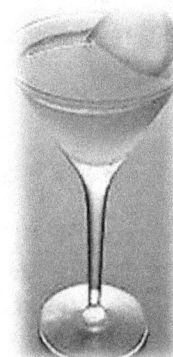

Versare gli ingredienti nello Shaker con ghiaccio cristallino. Shake.
Filtrare versando nel bicchiere freddo.
Guarnire con fettina d'Arancia.

Variante:

309) **ORANGE BLOSSOM MARTINI** - Aggiungere 1,5 cl di Martini Bianco **(B-2)**

Vedi video: https://youtu.be/6wqnMFV2uaY

---

310) **ORGASM** - (Old Fashioned - 8 cl + ghiaccio) - IBA: 2004

3 cl Cointreau **(B-4)**
3 cl Bailey's Irish Cream **(B-4)**
2 cl Grand Marnier **(B-3)**

Versare tutti gli ingredienti direttamente nel bicchiere con ghiaccio.
Guarnire con Ciliegina al maraschino.

311) **ORIENTAL** - (Coppetta Cocktail - 10 cl) - Pre dinner - IBA: 1961

3.5 cl Rye Whiskey **(B-5)**
2 cl Vermouth Rosso **(B-3)**
2 cl Curacao bianco **(B-3)**
2 Cucchiaini di Succo Limone

Versare tutti gli ingredienti nello Shaker con ghiaccio. Shake.
Filtrare versando nel bicchiere freddo.

---

312) **OYSTER MARTINI** - (Coppetta Cocktail - 8 cl) - Pre dinner

6 cl Gin **(B-7 +)**
1,5 cl Vermouth Dry **(B-2)**

Versare gli ingredienti nel Mixing glass con ghiaccio. Mescolare.
Filtrare versando nel bicchiere freddo.
Guarnire con un'Ostrica fresca e una fettina di Pancarrè imburrata.

---

313) **PANAMA** - (Coppetta Cocktail - 6 cl) - After dinner

2 cl Brandy **(B-3)**
2 cl Crema di Cacao Bianca **(B-3)**
2 cl Panna liquida fresca

Versare gli ingredienti nello Shaker con ghiaccio. Shake.
Filtrare versando nel bicchiere freddo.

---

314) **PAPA' VINCENZO** - (Old Fashioned)

3 cl Vodka **(B-4)**
1 cl Blended Scotch whisky **(B-1 +)**
1 cl Williamine (liquore alla pera) **(B-1 +)**
0,5 cl Liquore Galliano **(B)**
½ centimetro di peperoncino piccante

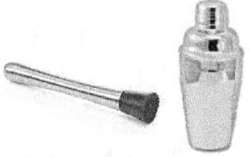

Tritare o schiacciare il peperoncino e versarlo nello Shaker.
Versare nello Shaker con ghiaccio tutti gli ingredienti. Shake.
Filtrare versando nel bicchiere freddo con poco ghiaccio.
Guarnire con ½ fetta d'Arancia e decorare con piccoli peperoncini rossi.

315) **PARADISE** - (Coppetta Cocktail - 7 cl) - Anytime - IBA: 2017

3,5 cl Gin **(B-5)**
2 cl Apricot Brandy **(B-3)**
1,5 cl Succo d'arancia

Versare tutti gli ingredienti nello Shaker con ghiaccio. Shake.
Filtrare versando nel bicchiere freddo.
Guarnire a piacimento.

---

316) **PARISIAN** - (Doppia Coppetta - 9 cl) - IBA: 1961

3 cl Dry Gin **(B-4)**
3 cl Vermouth Dry **(B-4)**
3 cl Crème de Cassis **(B-4)**

Versare tutti gli ingredienti nel Mixing glass. Mescolare.
Filtrare versando nel bicchiere freddo.

---

317) **PARSON'S SPECIAL** - (High Ball - 10 cl + Uovo + Soda water) - Analcolico

8 cl Succo d'Arancia
2 cl Granatina
1 Tuorlo d'Uovo
2 cl Soda Water

Versare i primi 3 ingredienti nello Shaker con ghiaccio. Shakerare con vigore.
Versare (senza filtrare) nel bicchiere freddo.
Aggiungervi Soda water.
Guarnire con Ciliegina, fetta d'Arancia e 2 cannucce.

---

318) **PENICILLINA** - (Old Faschioned - 11 cl + ghiaccio)

2 Cucchiaini di Miele
3 cl Lagavulin 16 y o malt **(B-4)**
3 cl Blended Scotch whisky **(B-4)**
1 cl Domaine de Canton ginger liqueur **(B-1 +)**
2 cl Succo di Limone

Inserire il miele con il cucchiaini, insieme al Whisky, dentro lo Shaker.
Aggiungere il ghiaccio e gli altri ingredienti.
Shakerare energicamente.
Filtrare versando nel bicchiere freddo con ghiaccio.
Guarnire con fetta di limone o scorza di ginger allo sciroppo.

319) PIÑA COLADA - (Hurricane - 15 cl) - Long drink - IBA: 2017
3 cl Rum chiara **(B-4)**
9 cl Succo d'Ananas
3 cl Latte di Cocco

Versare tutti gli ingredienti con ghiaccio nel Mixing Glass. Mescolare.
Filtrare versando nel bicchiere freddo.
Guarnire con uno spicchio di Ananas, Ciliegina e 2 cannucce.

Variazione (Preparazione identica a sopra):

320) CHI CHI: Usare la Vodka al posto del Rum.

321) PIÑA COLADA PORTO RICO: Aggiungere nel Mixing glass 2 o 3 spicchi di Ananas sbucciata.

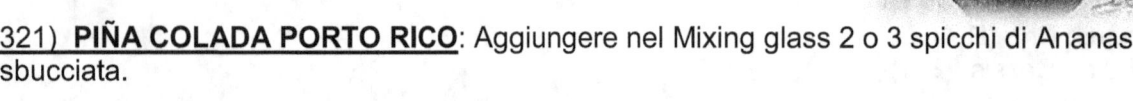

322) PINK MARTINI - (Coppetta Cocktail - 6 cl) - Pre dinner

6 cl Gin **(B-7 +)**
2 gocce di Angostura Bitter

Versare gli ingredienti nel Mixing glass con ghiaccio. Mescolare.
Filtrare versando nel bicchiere freddo.
Guarnire con Twist limone.

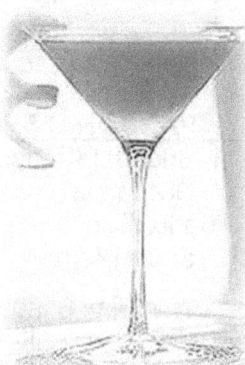

Vedi video: https://youtu.be/duqU5qazEfE

323) PINO - (Hurricane - 12 cl + ghiaccio)
8 cl Spumante (Metodi Classico)
1 cl Benedictine **(B-1 +)**
1 cl Gin **(B-1 +)**
1 Goccia Angostura
1 fettina di Lime

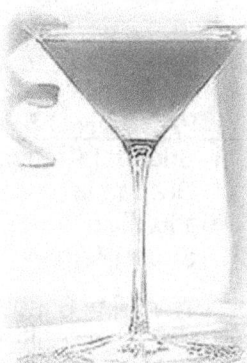

Versare nel bicchiere freddo con poco ghiaccio tutti gli ingredienti (senza lo Spumante).
Mescolare delicatamente.
Riempire il bicchiere con lo Spumante.
Decorare con un ciuffo di menta.

324) **PISCO SOUR** - (Flûte - 9 cl + Uovo) - Anytime - IBA: 2017
4,5 cl Pisco **(B-6)**
3 cl Succo di Limone fresco
2 cl Sciroppo di Zucchero
1 Albume d'uovo crudo (preferibile un piccolo uovo (come di quaglia)
2 Gocce d'Angostura bitter

Versare i primi 4 ingredienti nello Shaker con ghiaccio (meglio il Frullatore). Shake.
Filtrare versando con il Colino nel bicchiere freddo.
Aggiungere l'Angostura sulla parte superiore del bicchiere.

325) **PISCO PERUVIANO** - (Coppa Champagne - 6 cl + Uovo + ghiaccio) - Anytime
4,5 cl Pisco **(B-6)**
Succo di mezzo Limone fresco
1/2 Cucchiaio di Zucchero bianco
1 Albume d'Uovo crudo
4 gocce d'Angostura bitter

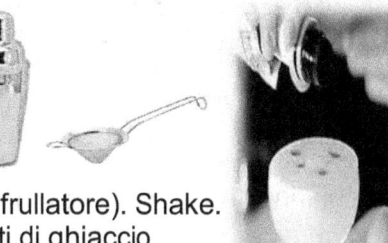

Versare i primi 4 ingredienti nello Shaker con ghiaccio (meglio il frullatore). Shake.
Filtrare versando con il Colino nel bicchiere freddo, con 2 cubetti di ghiaccio.
Aggiungere l'Angostura sulla parte superiore del bicchiere.

326) **PISCO CILENO** - (Copita - 6 cl) - Anytime
4,5 cl Pisco **(B-6)**
Succo di mezzo Limone fresco
1/2 Cucchiaio di Zucchero

Cospergere con zucchero il bordo del bicchiere già freddo.
Versare gli ingredienti nello Shaker con ghiaccio. Shake.
Filtrare versando nel bicchiere freddo.
Aggiungervi 2 cubetti di ghiaccio.

327) **PLANTER'S PUNCH** - (Hurricane - 16 cl + ghiaccio) - Long drink - IBA: 2017
4,5 cl Rum scuro **(B-6)**
3,5 cl Succo d'Arancia fresco
3,5 cl Succo d'Ananas fresco
2 cl Succo di Limone fresco
1 cl Sciroppo di Granatina
1 cl Sciroppo di Zucchero di canna
3-4 Gocce Angostura Bitter

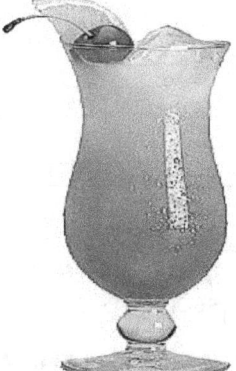

Versare gli ingredienti, tranne l'Angostura, nello con ghiaccio. Shake.
Filtrare versando nel bicchiere freddo pieno di ghiaccio.
Aggiungere l'Angostura "in superficie".
Guarnire con spicchio di Ananas e Ciliegina con gambo.

328) PLANTER'S PUNCH - (Hurricane - 8 cl + ghiaccio) - Long drink - IBA: 1987

1 cl Orange Curacao **(B-1 +)**
1 cl Maraschino **(B-1 +)**
1,5 cl Succo Limone
1,5 cl Succo d'Ananas
3 cl Rum Bianco **(B-4)**

Versare tutti gli ingredienti (tranne il Rum) direttamente nel bicchiere colmo di ghiaccio.
Versare il Rum nel bicchiere facendolo scivolare sul dorso del cucchiaino.
Guarnire con fetta di Ananas, 2 Ciliegine e cannuccia.

---

329) PORNSTAR MARTINI - (Coppa Champagne - 10 cl)

6 cl Vodka alla vaniglia **(B-7 +)**
1,5 Liquore al frutto della passione **(B-2)**
1,5 cl Succo di lime
1 cl Sciroppo di vaniglia
1 Frutto della passione
1 Bicchierino shot (3 cl) di Spumante

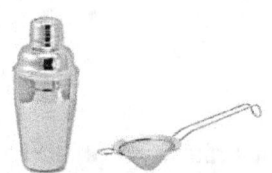 

Prima si taglia il frutto della passione a metà (se ne conserva una rondella)
e lo si priva dei semi, se ne scava la polpa e la si pone nello Shaker.
Versare il resto degli ingredienti (tranne lo Spumante) nello Shaker riempito di ghiaccio.
Filtrare con il colino versandolo nel bicchiere freddo senza ghiaccio.
Poggiare la rondella del frutto della passione sopra il drink.
Servire di fianco al bicchierino Shot di Spumante.

---

330) PORTO FLIP - (Coppetta Cocktail - 6 cl + Uovo) - After Dinner - IBA: 2017

1,5 cl Brandy **(B-2)**
4,5 cl Porto rosso **(B-6)**
1 cl Tuorlo d'uovo
1 Pizzico di noce moscata in polvere

 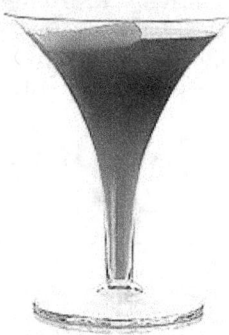

Versare tutti gli ingredienti nello Shaker con ghiaccio. Shake.
Filtrare versando nel bicchiere freddo.
Cospargere con noce moscata fresca.
Guarnire con scorza d'arancia.

---

331) PRINCETON - (Coppetta Cocktail - 7 cl) - IBA: 1961

4,5 cl Dry Gin **(B-6)**
2,5 cl Porto Rosso **(B-3 +)**
2 gocce di Orange Bitter
1 scorza di limone

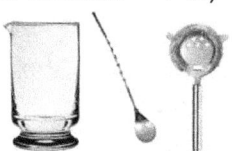 

Versare gli ingredienti nel Mixing-glass. Mescolare.
Filtrare versando nel bicchiere freddo.
Strizzare la scorza di Limone in superfice.

PURPLE RAIN COSMOPOLITAN - Vedi: **COSMOPOLITAN PURPLE RAIN**

332) **PUSSY FOOT** - (Hurricane - 20 cl + Uovo) - Long drink analcolico - IBA: 1987

6,6 cl Succo Arancia
6,6 cl Succo Limone
6,6 cl Succo Lime
2 gocce di Granatina
1 Tuorlo d'uovo

Versare tutti gli ingredienti nello shaker con ghiaccio. Shake.
Filtrare versando nel bicchiere freddo.
Guarnire con mezza fetta d'Arancia, Ciliegina al maraschino e cannuccia.

333) **RAINBOW** - (Coppetta Cocktail - 16 cl)

10 cl Sciroppo di fragola
2 cl Succo d'arancia
2 cl Vodka **(B-3)**
1,5 cl Blu Curaçao **(B-2)**

Versare nel bicchiere freddo lo Sciroppo.
Poi, versare rispettivamente ad uno ad uno gli altri ingredienti facendoli scivolare lentamente sul
dorso del cucchiaino.
Guarnire con mezza fetta d'Arancia.

334) **RHEINGOLD** - (Coppetta Cocktail - 7 cl)

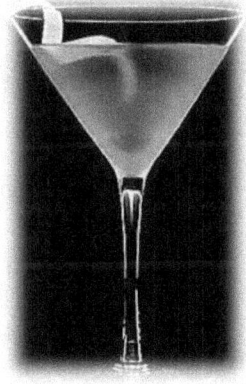

4 cl Gin **(B-5 +)**
2 cl Cointreau **(B-3)**
1 cl Campari **(B-1 +)**

Versare gli ingredienti nel Mixing glass con ghiaccio. Mescolare.
Filtrare versando nel bicchiere freddo.
Guarnire con Twist di limone.

Vedi video: https://youtu.be/whF5vFtbE6c

335) **RICKEY (Gin)** - (High Ball - 19 cl + ghiaccio) - Long drink

6 cl Gin **(B-7 +)**
3 cl Succo Lime fresco
10 cl Soda water

Versare gli ingredienti nel bicchiere con ghiaccio. Mescolare.
Guarnire con spicchio di Lime.

336) ROB ROY - (Coppetta Cocktail - 7 cl) - Pre dinner - IBA: 2004

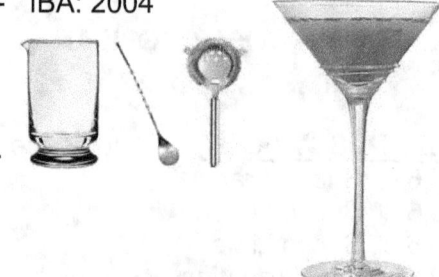

  4.5 cl Scotch Whisky **(B-6)**
  2.5 cl Vermouth Rosso **(B-3 +)**
  1 goccia di Angostura Bitter

Versare gli ingredienti nel Mixing glass con ghiaccio. Mescolare.
  Filtrare versando nel bicchiere freddo.
  Guarnire con Ciliegina al maraschino.

ROMOS FIZZ - Vedi: **GIN FIZZ – RAMOS**

---

337) ROSE - (Coppetta Cocktail - 6 cl) - Pre dinner - IBA: 2017

  2 cl Kirsch **(B-3)**
  4 cl Vermouth Dry **(B-5 +)**
  3 Gocce di sciroppo alla fragola

Versare gli ingredienti nello Shaker con ghiaccio. Shake.
  Filtrare versando nel bicchiere ben freddo.
  Guarnire con una Ciliegina con gambo.

---

338) ROSETTA - (Bicchiere ISO 180 - 7 cl)

  1 cl Ron Bacardi **(B-1 +)**
  1 cl Cointreau **(B-1+)**
  1 cl Liquore Galliano **(B-1+)**
  3 Gocce di liquore alle Rose
  3 cl Champagne demy sec (o Spumante dolce)

Versare i primi 4 ingredienti nel bicchiere freddo.
  Riempire il bicchiere di Champagne.
  Mescolare delicatamente e servire.

---

339) ROSY - (Bicchiere ISO 180)

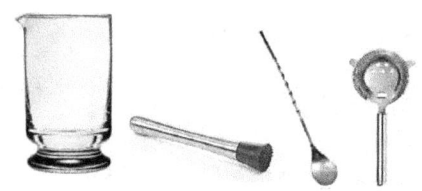 

  ½ cm di zenzero fresco sbucciato
  1 Buccia di ½ Limone
  1 cl Crema alla Menta **(B-1 +)**
  2 cl Vodka **(B-3)**
  2 cl Succo Cranberry (Succo di Mirtilli)
  5 cl Spumante dry (o Prosecco)
  3 Gocce d'Acqua di Rose

Versare nel Mixing glass lo Zenzero, la buccia di Limone e la crema di Menta.
  Schiacciare.
  Aggiungere la Vodka e il Succo di Mirtilli.
  Filtrare versando nel bicchiere freddo.
  Versarvi lo Spumante ed infine l'Acqua di Rose.
  Guarnire con ciliegina con gambo e ramoscello di menta.

340) **RUSSIAN SPRING PUNCH** - (High Ball - 7 cl + ghiaccio) - Sparkling - IBA: 2017

2,5 cl Vodka **(B-3 +)**
1,5 cl Crème de Cassis **(B-2)**
2,5 cl Succo di Limone fresco
1 cl Sciroppo di Zucchero
Vino frizzante (Secco o abboccato, a scelta del cliente)

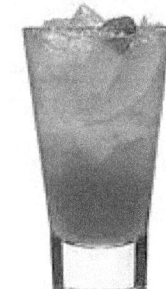

Versare i primi 4 ingredienti nello Shaker. Shake.
Filtrare versando il vino nel bicchiere freddo con poco ghiaccio.
Guarnire con una fettina di Limone e More.

341) **RUSTY NAIL** - (Old Fashioned - 7 cl + ghiaccio) - After Dinner - IBA: 2011

4,5 cl Scotch Whisky **(B-6)**
2,5 cl Drambuie **(B-3 +)**

Versare gli ingredienti nel bicchiere con ghiaccio.
Mescolare.
Guarnire con Twist di limone.

Nota: Il RUSTY NAIL servito senza ghiaccio è anche detto: **STRAIGHT UP NAIL**.

342) **SAFFRON MARTINI** - (Coppetta Cocktail - 8 cl) - Pre dinner

6 cl Gin **(B-7 +)**
1,5 cl Vermouth Dry **(B-2)**
7 Pistilli di Zafferano

Versare gli ingredienti nel Mixing glass con ghiaccio. Mescolare.
Mettere nel Colino i Pistilli di zafferano.
Versare gli ingredienti nel bicchiere freddo facendo passare la "colata" attraverso il Colino
contenente i pistilli di zafferano.
Guarnire con 5 Pistilli di Zafferano.

343) **SALTY DOG** - (High Ball - 14 cl) - Sparkling - IBA: 2004

4 cl Vodka **(B-5 +)**
10 cl Succo pompelmo (meglio se rosso)

Cospargere di sale il bordo del bicchiere freddo.
Versare gli ingredienti nello Shaker con ghiaccio. Shake.
Filtrare versando nel bicchiere.
Con ghiaccio tritato solo a richiesta del cliente.

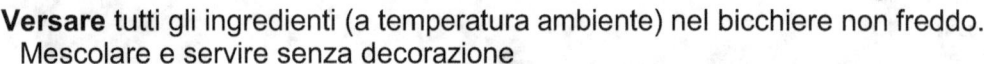

344) SANGUE DEL DIAVOLO - (Calice tipo: Boston)
  3 cl Cointreau **(B-4)**
  4 cl Gin **(B-5 +)**
  2 cl Vodka rossa **(B-3)**

Versare tutti gli ingredienti (a temperatura ambiente) nel bicchiere non freddo.
  Mescolare e servire senza decorazione

345) SANGRIA (circa 30 bicchieri Copita o Hurricane)

Mettere in un Bowl da circa 10 litri (preferibilmente di vetro):
3 bottiglie di vino rosso (Lambrusco amabile va anche bene)
1,50 cl. di Brandy
1,50 cl. di Anice stellato
2 litri di Gassosa.
1 litro di succo d'Arancia rossa
4 cucchiai di Zucchero di canna
10 chiodi di Garofano
2 cucchiai di sciroppo di Canna
1 Pizzico di Cannella in polvere
1 Pizzico di Noce moscata
150 gr di ciliegie senza nocciolo, sotto spirito
4 Mele
4 Arance
1 Limone
1 Ananas
Altri frutti di stagioni (Mele, Pere, Pesche, Uva bianca e/o nera, albicocche)

Versare nel Bowl il vino, il Brandy, l'Anice, il succo d'Arancia e la Gassosa.
Sbucciare 2 mele e tagliarle in 10 spicchi, infilare in ogni spicchio 1 chiodo di Garofano e metterli nel Bowl.
Aggiungere la Cannella, lo sciroppo di Canna, lo Zucchero e la Noce moscata.
Mescolare delicatamente.
Riporre la Bowl in frigo per almeno 2 ore.
Sbucciare tutta la frutta e tagliarla a cubetti.
Aggiungere le ciliegie e la frutta tagliata.
Mescolare delicatamente.
Immergere nel Bowl alcune scorze d'arancia e di limone tagliate a spirale.

346) **SAN MARCO** - (Old Fashioned - 6 cl + ghiaccio)
2 cl Cherry brandy **(B-3)**
2 cl Gin **(B-3)**
2 cl Vermouth dry **(B-3)**

Versare gli ingredienti nello Shaker. Shake.
Versare, senza filtrare, nel bicchiere freddo con ghiaccio.
Guarnire con scorza di limone e/o cannuccia.

Vedi video: https://youtu.be/t-AURDJ_LtU

347) **SATAN'S WHISKERS** - (Doppia Coppetta)
4,5 cl Gin **(B-6)**
3 cl Vermouth rosé **(B-4)**
3 cl Succo d'Arancia fresco
1 cucchiaino Liquore all'Arancia (o Cointreau)
1 Goccio Bitter all'Arancia

Versare gli ingredienti nello Shaker. Shake.
Filtrare versando nel bicchiere freddo.
Guarnire con Twist d'arancia e 1 Lychee aperto.

348) **SAZERAC** - (Old Fashioned - 6 cl + ghiaccio) - After Dinner - IBA: 2017

5 cl Cognac **(B-6 +)**
1 cl Assenzio (o Liquore Herbsaint) **(B-1 +)**
1 Zolletta di zucchero
2 Gocce di Peychaud Bitter

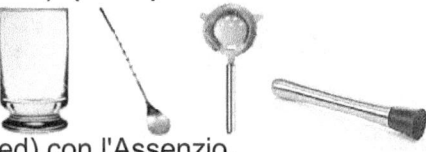

Bagnare il bicchiere (Old Fashioned) con l'Assenzio.
Aggiungervi ghiaccio tritato e metterlo da parte.
Versare nel Mixing Glass la zolletta di zucchero imbevuta di Bitter
(batterla con il Pestello).
Versarvi il Cognac e ghiaccio.
Eliminare dal bicchiere (Old Fashioned) il ghiaccio e l'assenzio in eccesso.
Versarvi il drink aggiungendovi blocchetti di ghiaccio o ghiaccio tritato.
Guarnire con una scorza di Limone.

Variante (Preparazione identica a sopra):

349) **SAZERAC – USA**: Pernod al posto dell'Assenzio.

350) **SCREWDRIVER** - (High Ball - 15 cl + ghiaccio) - Long drink - IBA: 2017
  5 cl Vodka **(B-6 +)**
  10 cl Succo d'Arancia

Versare gli ingredienti direttamente nel bicchiere freddo con ghiaccio.
  Mescolare.
  Inserire nel bicchiere una Ciliegina con gambo.
  Guarnire con mezza fetta d'Arancia e 2 cannucce.

351) **SEA BREEZE** - (High Ball o Hurricane - 19 cl + ghiaccio) - Long drink - IBA: 2017
  4 cl Vodka **(B-5 +)**
  12 cl Succo di Mirtilli rosso
  3 cl Succo di Pompelmo

Versare gli ingredienti nel bicchiere riempito di ghiaccio.
  Mescolare.
  Guarnire con 1 fettina di Lime e/o 2 cannucce e ombrellino di carta.

Variante (Preparazione identica a sopra):

352) **BAY BREEZE (Hawaiana)**: Con succo di Ananas al posto del succo di Pompelmo.

353) **SEX ON THE BEACH** - (Hurricane - 14 cl + ghiaccio) - Long drink - IBA: 2017

  4 cl Vodka **(B-5 +)**
  2 cl Peach likeur (Liquore alla pesca) **(B-3)**
  4 cl Succo di Cranberry (Mirtillo rosso)
  4 cl Succo d'Arancia

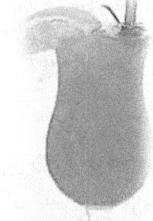

Versare gli ingredienti nel bicchiere con ghiaccio.
  Mescolare.
  Guarnire con fetta d'Arancia o altro a piacere e 2 cannucce.

354) **SEX ON THE BEACH (Classico)** - (Hurricane o Doppia Coppetta - 18 cl)
  4 cl Vodka **(B-5 +)**
  2 cl Vodka alla pesca **(B-3)**
  4 cl Succo di mirtillo rosso
  4 cl Succo di Arancia
  4 cl Succo di Ananas (facoltativo)

Versare gli ingredienti nello Skaker con ghiaccio. Shake.
  Versare nel bicchiere freddo.
  Decorare con una Ciliegina o con una fettina di Ananas e 2 cannucce.

355) SEX ON THE BEACH (Royal) - (Doppia Coppetta o Hurricane - 16 cl + ghiaccio)

4 cl Vodka
3 cl Chambord (liquore francese dolce e caramellato)
3 cl Midori Melon
3 cl Succo di mirtillo rosso
3 cl Succo di Ananas

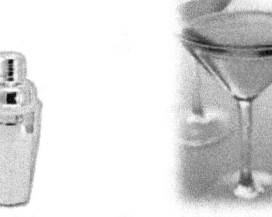

Versare gli ingredienti nello Skaker con ghiaccio. Shake.
Versare nel bicchiere freddo con ghiaccio.
Decorare l'Hurricane con una Ciliegina o con una fettina di Ananas e 2 cannucce.

---

356) SHIRLEY TEMPLE - (Hurricane - 20 cl + ghiaccio) - Long drink analcolico - IBA: 1987

2 cl Granatina
18 cl Ginger Ale

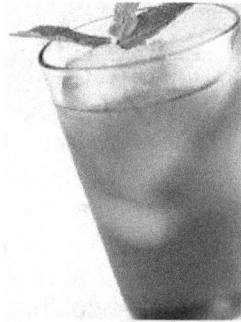

Versare gli ingredienti nel bicchiere con ghiaccio.
Mescolare.
Guarnire con Ciliegina al Maraschino con gambo e 2 cannucce.

Vedi video: https://youtu.be/mwdMOLSdHY0

SHOT - Vedi: **CHUPITO**

---

357) SIDECAR - (Doppia Coppetta - 9 cl) - Anytime - IBA: 2017

5 cl Cognac **(B-6 +)**
2 cl Triple Sec **(B-3)**
2 cl Succo di Limone fresco

Versare gli ingredienti nello Shaker con ghiaccio. Shake.
Filtrare versando nel bicchiere freddo.
Guarnire con Twist di limone.

---

358) SIDE-CAR - Hôtel Ritz di Parigi (1945) - (Flûte - 9 cl) - IBA: 1987

5 cl Cognac **(B-6 +)**
2 cl Cointreau **(B-3)**
2 cl Succo di Limone

Cospargere con zucchero il bordo del bicchiere freddo.
Versare gli ingredienti nello Shaker con ghiaccio. Shake.
Filtrare versando nel bicchiere.
Guarnire con Twist di limone.

359) **SINGAPORE SLING** - (High Ball - 21 cl) - Long drink - IBA: 2017

3 cl Gin **(B-4)**
1,5 cl Cherry Brandy (liquore alle ciliegie) **(B-2)**
0,75 cl Cointreau **(B-1)**
0,75 cl DOM Bénédictine **(B-1)**
12 cl Succo d'Ananas
1,5 cl Succo di Lime fresco
1 cl Granatina
1 goccia Angostura bitter

Versare gli ingredienti nello Shaker con ghiaccio. Shake.
Filtrare versando nel bicchiere freddo.
Guarnire con fettina di Ananas, Ciliegina e 2 cannucce.

---

360) **SINGAPORE SLING** (**Classico**) - (High Ball - 21 cl + ghiaccio) - Long drink

3 cl Gin **(B-4)**
1,5 cl Heering Cherry Liqueur **(B-2)**
0,75 cl Triple sec **(B-1)**
0,75 cl DOM Benedictine **(B-1)**
1 cl Granatina
12 cl Succo d'Ananas
1,5 cl Succo di Lime fresco
1 goccia Angostura

Versare gli ingredienti nello Shaker con ghiaccio. Shake.
Filtrare versando nel bicchiere freddo con ghiaccio.
Guarnire con fettina di Ananas, Ciliegina e 2 cannucce.

---

361) **SKIWASSER** - (High Ball - 20 cl + ghiaccio) - Long drink analcolico

3 cl Succo limone
3 cl Sciroppo lampone
14 cl Soda water

Versare nel bicchiere con ghiaccio. Mescolare
Guarnire con fetta di Limone e Ciliegina al Maraschino.

---

362) **SMOKING MARTINI** - (Coppetta Cocktail - 8 cl) - Pre dinner

6 cl Gin **(B-7 +)**
1,5 cl Vermouth Dry **(B-2)**
2 gocce di Scotch Whisky

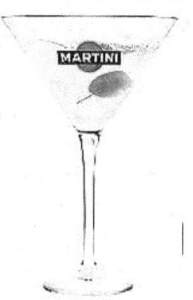

Versare gli ingredienti nel Mixing glass con ghiaccio.
Mescolare.
Filtrare versando nel bicchiere freddo.

SNIFTERINI - Vedi: 188) **HEMINGWAY – DESERT MARTINI**

363) <u>SNOWBALL</u> - (High Ball o Hurricane - 15 cl + ghiaccio) - Long drink - IBA: 1987

4 cl Advocaat **(B-5 +)**
1 cl Cordial lime **(B-1 +)**
10 cl Lemonsoda o Tonica

Versare gli ingredienti nel bicchiere con ghiaccio. Mescolare.
Guarnire a scelta o con ½ fetta d'Arancia e 2 ciliegine.

364) <u>SOCO MANHATTAN</u> - (Coppetta Cocktail - 7 cl)

5 cl Southern Comfort **(B-6 +)**
2 cl Vermouth Rosso **(B-3)**
1 Goccia Angostura Bitter

Versare gli ingredienti nel Mixing glass con ghiaccio. Mescolare.
Filtrare versando nel bicchiere freddo.
Guarnire con Ciliegina al maraschino.

365) <u>SPRITZER</u> - (High Ball - 14 cl + ghiaccio) - Anytime/Pre dinner - IBA: 1987

10 cl Vino bianco secco
3,5 cl Soda water

Versare gli ingredienti nel bicchiere con ghiaccio. Mescolare.
Guarnire con fettine di Limone all'interno del bicchiere.

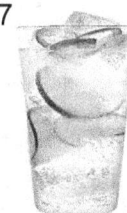

366) <u>SPRITZ BLU</u> - (High Ball - 16 cl + ghiaccio)

7 cl Vino bianco abboccato
7 cl Soda water
2 cl Blu Curacao **(B-3)**

Versare gli ingredienti nel bicchiere freddo con ghiaccio. Mescolare.
Guarnire con 1 fetta d'Arancia e 2 cannucce.

367) <u>SPRITZ CYNAR</u> - (High Ball - 15 cl + ghiaccio)

6 cl Vino bianco secco (o abboccato frizzante)
3 cl Cynar **(B-4)**
6 cl Ginger ale

Versare gli ingredienti nel bicchiere freddo con ghiaccio. Mescolare.
Guarnire con 1 fetta di lime e 2 cannucce corte.

368) **SPRITZ SAFFRON (Zafferano)** - (High Ball o Hurricane - 12 cl + ghiaccio)
9 cl Prosecco
1,5 cl Sciroppo di Zafferano
1 Spruzzata di Soda water o Seltz

Versare gli ingredienti nel bicchiere con ghiaccio. Mescolare.
Guarnire con Twist di Limone, rametto di Rosmarino e fettina di Zenzero.

Preparazione dello sciroppo di zafferano:
Portare ad ebollizione 1 litro di sciroppo di zucchero di canna con 20 pistilli di zafferano.

369) **SPRITZ VENEZIANO** - (Old Fashioned - 11 cl + ghiaccio) - Sparkling - IBA: 2017
6 cl Prosecco
4 cl Aperol **(B-5 +)**
1 Spruzzata di Soda water (o Seltz).

Versare i primi 2 ingredienti nel bicchiere con ghiaccio.
Spruzzare con soda water o seltz.
Mescolare.
Guarnire con mezza fetta d'Arancia.

Varianti (Preparazione identica a sopra):

370) **SPRITZ NAZIONALE**
3 cl Prosecco
3 cl Campari **(B-4)**
3 cl Acqua frizzante o seltz.

371) **SPRITZ GONDOLA**
Vino bianco o Prosecco
3 cl Select **(B-4)**
3 cl Acqua frizzante o seltz.

372) **SPRITZ TRIVENETO**
3 cl Vino bianco secco
3 cl Bitter alcolico rosso **(B-4)**
3 cl Acqua frizzante.

373) **SPRITZ ITALIANO**
3 cl Vino bianco abboccato
3 cl Bitter alcolico rosso **(B-4)**
3 cl Acqua frizzante.

374) **SPRITZ LOMBARDO**
3 cl Prosecco
3 cl Bitter analcolico rosso
3 cl Acqua frizzante.

375) **STINGER** - (Coppetta Cocktail - 7 cl) - After dinner - IBA: 2017
  5 cl Brandy **(B-6 +)**
  2 cl Crema di Menta bianca **(B-3)**

Versare gli ingredienti nel Mixing glass con ghiaccio.
  Mescolare e filtrare versando nel bicchiere freddo.

Modifica: On The Rocks (con ghiaccio) nel bicchiere: Old Fashioned.

Vedi video: https://youtu.be/6Q9-5nsja04

STRAIGHT UP NAIL   Vedi: **RUSTY NAIL**

---

376) **TEQUILA SLAMMER** - (Flûte o High Ball - 8 cl) - Pre dinner
  4 cl Tequila **(B-5 +)**
  4 cl Champagne

Versare gli ingredienti nel bicchiere freddo.
  Mescolare.

Vedi video: https://youtu.be/yiRFBsSjj68

---

377) **TEQUILA SUNRISE** - (High Ball - 15 cl + ghiaccio) - Long drink - IBA: 2017
  4,5 cl Tequila **(B-6)**
  9 cl Succo d'Arancia
  1.5 cl Sciroppo di Granatina

Versare la Tequila e succo d'Arancia nel bicchiere con ghiaccio. Mescolare.
  Aggiungere la Granatina per creare effetti cromatici sunrise (alba).
  Non mescolare.
  Guarnire con fetta d'Arancia, Ciliegina con gambo e 2 cannucce.

Vedi video: https://youtu.be/QHCJiEwDoL0

---

378) **TEQUILA SUNRISE** - (Old Fashioned - 13 cl + ghiaccio) - Long drink - IBA: 1961
  4,5 cl Tequila **(B-6)**
  2,5 Liquore Galliano **(B-3 +)**
  2,5 Liquore alla Banana **(B-3 +)**
  1,5 Granatina
  1,5 Succo di Limone

Versare gli ingredienti nel bicchiere con ghiaccio tritato. Mescolare.
  Guarnire con fettina di limone, 2 ciliegine e 2 cannucce corte.

379) **TEQUINI** - (Coppetta Cocktail - 7 cl) - IBA: 1987
 5.5 cl Tequila **(B-7)**
 1.5 cl Vermouth Dry **(B-2)**

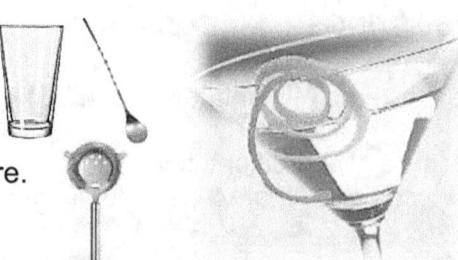

Versare gli ingredienti nel Mixing glass con ghiaccio. Mescolare.
 Filtrare versando nel bicchiere freddo.
 Guarnire con Twist di limone o oliva.

380) **THE JOURNALIST** - (Coppetta Cocktail - 9 cl)
 5 cl Gin **(B-6 +)**
 1 Goccia Martini Dry
 1 Goccia Martini Rosso
 2 Gocce succo Limone
 2 Gocce Triple Sec
 2 Gocce Angostura

Versare gli ingredienti nello Shaker con ghiaccio. Shake.
 Filtrare versando nel bicchiere freddo.
 Guarnire con Twist di limone.

TINTORETTO - Vedi: **BELLINI**

TOM COLLINS - Vedi: **JOHN COLLINS**

381) **TOMATO DAIQUIRI** - (Coppetta Cocktail - 9 cl)
 4 cl Rum bianco **(B-5 +)**
 3 cl Passata di Pomodoro fresco (a crudo)
 0.5 cl Sciroppo di zucchero
 1 cl Succo di Lime

Versare gli ingredienti nello Shaker con ghiaccio. Shake.
 Filtrare versando nel bicchiere freddo.

382) **TOM & JERRY** - (Bicchierino da Grog - 6 cl + Uova)
 1 Albume
 1 Tuorlo
 2 cucchiaio di Zucchero a velo
 3 cl Bacardi (8 Year Old Rum) **(B-4)**
 3 cl Courvoisier **(B-4)**

Sbattere il tuorlo e l'albume separatamente, quindi unirli con lo zucchero.
 Mescolarvi Cognac e Rum.
 Riscaldare il bicchiere con acqua calda.
 Versarvi gli ingredienti.
 Mescolare e servire.

383) TOMMY'S MARGARITA - (Coppetta Sombrero - 7 cl) - Anytime - IBA: 2017
4,5 cl Tequila **(B-6)**
1,5 cl Succo di mezzo Lime spremuto
2 Cucchiaini di nettare Agave

Cospargere con sale il bordo del bicchiere freddo (opzionale).
Versare gli ingredienti nello Shaker con ghiaccio. Shake.
Filtrare versando nel bicchiere freddo.
Guarnire con fetta di Lime.

Varianti: (Preparazione identica a sopra):

384) FROZEN MARGARITA: Con ghiaccio nel bicchiere High Ball.

385) TOMMY'S MARGARITA POPOLARE
4,5 cl Tequila **(B-6)**
1,5 cl Liquore all'Arancia **(B-2)**
2 Cucchiaini di succo di Lime o Limone.

386) TOMMY'S MARGARITA - STANDARD IBA
4,5 cl Tequila **(B-6)**
1,5 cl Triple sec **(B-2)**
1,5 cl Succo di Lime o Limone.

Varianti alla frutta:
387) TOMMY'S MARGARITA BLUEBERRY - 4,5 cl Tequila **(B-6)**. 2,5 cl Succo Lime e Mirtillo.
388) TOMMY'S MARGARITA STRAWBERRY - 4,5 cl Tequila **(B-6)**. 2,5 cl Succo di Fragola e Limone.
389) TOMMY'S MARGARITA PEACH - 4,5 cl Tequila. **(B-6)**. 2,5 cl Succo di Pesca e Limone.
390) TOMMY'S MARGARITA BANANA - 4,5 cl Tequila. **(B-6)**. 2,5 cl Succo di Banana.

---

391) TUXEDO - (Coppetta Cocktail - 8 cl) - Anytime - IBA: 2017
3 cl Gin (Old Tom) **(B-4)**
3 cl Vermouth Dry **(B-4)**
½ cucchiaino di Maraschino
¼ cucchiaino di Assenzio
3 Gocce di Orange Bitters

Versare gli ingredienti nello Shaker con ghiaccio. Shake.
Filtrare versando nel bicchiere freddo.
Spremere una scorza di Limone sopra il bicchiere.
Inserire una Ciliegina nel bicchiere
Guarnire con Twist di limone.

392) VAMPIRO - (High Ball - 18 cl + ghiaccio) - Long drink - IBA: 2017
5 cl Tequila (silver) **(B-6 +)**
7 cl Succo di Pomodoro
3 cl Succo d'Arancia fresco
1 cl Succo di Lime fresco
1 Cucchiaino di Miele chiaro
2 Gocce di salsa Worchestershire
1 Punta di Sale.
1 Mezza fettina di Cipolla dolce tritata finemente
2 Strisce di Peperoncino fresco, rosso fresco

Versare tutti gli ingredienti nello Shaker con ghiaccio. Shake.
Filtrare versando nel bicchiere con ghiaccio.
Guarnire con fettina di Lime e strisce di Peperoncino (verde e/o rosso)

393) VEDOVA NERA - (Doppia Coppetta)
4 cl Vodka **(B-5 +)**
3 cl Succo d'Uva nera
4 Fettine di Zenzero fresco tagliate finemente
1 cucchiaio di Zucchero di canna marrone
5 more fresche (o 3 cl di succo di more)

Versare nel Mixing glass lo Zenzero, le More e lo Zucchero.
Schiacciare.
Aggiungere Vodka e succo d'Uva. Mescolare.
Bagnare e fare una crosticina di zucchero marrone il bordo del bicchiere.
Filtrare versando nel bicchiere freddo.
Guarnire con 2 more fresche.

394) VELVET HAMMER - (Doppia Coppetta - 13 cl) - IBA: 1987
6 cl Liquore al Caffè (Tia Maria) **(B-7 +)**
6 cl Cointreau **(B-7 +)**
1 Cucchiaio di Panna liquida fresca

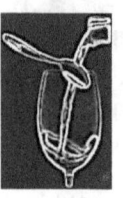

Versare i primi 2 ingredienti nel bicchiere freddo.
Versare la Panna nel bicchiere facendola scivolare sul dorso del cucchiaino.

395) **VESPER (MARTINI)** - (Coppetta Cocktail o Coppa Champagne - 9 cl) - IBA: 2017

6 cl Gin (Gordon) **(B-7 +)**
1,5 cl Vodka **(B-2)**
0.75 cl Lillet Blonde **(B-1)**

Versare gli ingredienti nello Shaker con ghiaccio. Shake.
«Shaken, not stirred» - in italiano: «Agitato, non mescolato»
Filtrate versando nel bicchiere ben freddo.
Guarnire con un sottile Twist di Limone.

396) **VIENTO DE FRESA** - (Old Fashioned - 14 cl + ghiaccio)

5 cl Rum scuro **(B-6 +)**
5 cl Spremuta d'Arancia
1,5 cl Succo di Lime
2 cl Purea di Fragola

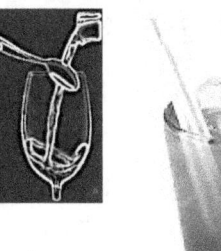

Versare i primi 3 ingredienti nel bicchiere freddo con ghiaccio tritato.
Versare la purea di Fragola facendola scivolare sul dorso del cucchiaino.
Guarnire con 1 fragola e 2 cannucce corte.

397) **VIEUX CARRÉ** - (Old Fashioned - 11 cl + ghiaccio)

3 cl Rye whisky **(B-4)**
3 cl Cognac **(B-4)**
3 cl Vermouth dolce **(B-4)**
1/2 Cucchiaino Benedictine
4 Gocce Peychaud Bitter
2 Gocce Angostura

Versare tutti gli ingredienti in un Mixing glass con ghiaccio. Mescolare.
Filtrare versando nel bicchiere freddo con ghiaccio.
Guarnire con Ciliegina con gambo e scorza d'Arancia.

398) **VIRGIN AMERICANO** - (Old Fashioned - 6 cl + Soda water + ghiaccio) - Analcolico

3 cl succo cranberry **(B-4)**
3 cl Bitter Analcolico **(B-4)**
Soda Water

Versare nel bicchiere freddo con ghiaccio.
Si completa con Soda.
Immergere nel bicchiere 1 fettina d'Arancia e 1 di limone o Twist di Limone.

399) **VIRGIN COLADA** - (Hurricane - 20 cl) - analcolico
4 cl Latte di Cocco
16 cl Succo d'Ananas

Versare gli ingredienti nel Frullatore con ghiaccio per circa 15 / 20 secondi.
Versare nel bicchiere freddo.
Servire con ¼ di fetta d'Ananas e 2 Ciliegine al Maraschino.

400) **VODKA MARTINI** - (Coppetta Cocktail - 7 cl) - Pre Dinner - IBA: 2011
6 cl Vodka **(B-7 +)**
0.75 cl Martini Dry **(B-1)**

Versare gli ingredienti nello Shaker con ghiaccio. Shake delicatamente.
«Shaken, not stirred» - in italiano: «Agitato, non mescolato»
Filtrate versando nel bicchiere freddo.
Guarnire aggiungendo sopra il drink un sottile Twist di Limone.
Oppure: Polvere d'oro o d'argento ad uso alimentare.

401) **VODKA RICKEY** - (High Ball - 9 cl + Soda water + ghiaccio)
6 cl Vodka **(B-7 +)**
½ Lime spremuto
1,5 cl Zucchero di Canna liquido
Soda Water

Versare gli ingredienti (tranne la soda) nel Frullatore con ghiaccio.
Versare nel bicchiere freddo con ghiaccio.
Riempirlo con Soda fino all'orlo.
Guarnire con fettina di Lime.

402) **WASABI MARTINI** - (Coppetta Cocktail - 9 cl)
6 cl Vodka **(B-7 +)**
1 Cucchiaino di pasta Wasabi (Ravanello giapponese)
0.20 cl Spremuta di Limone
1.5 cl Sciroppo di zucchero

Versare la Vodka direttamente nel bicchiere freddo.
Aggiungervi la pasta Wasabi e mescolare fino a farla sciogliere.
Aggiungere gli altri ingredienti e mescolare.

403) **WHISKEY SOUR** - (Coppetta Cocktail alle donne e Old Fashioned agli uomini) - IBA: 2017

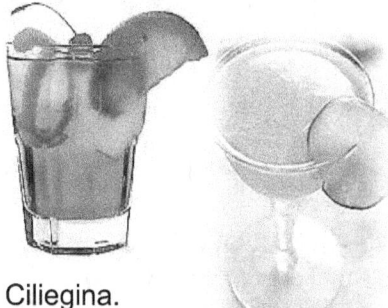

4,5 cl Bourbon Whiskey **(B-6)**
3 cl Succo di Limone fresco
1,5 cl Sciroppo di Zucchero
2 Gocce di bianco d'Uovo (opzionale).

Versare gli ingredienti nello Shaker con ghiaccio. Shake.
Filtrate versando nel bicchiere freddo. Guarnire con scorza limone.

Nota: Se servito 'On the rocks', guarnire con mezza fetta d'Arancia e Ciliegina.

---

404) **WHITE LADY** - (Doppia Coppetta - 9 cl) - Anytime - IBA: 2017
4 cl Gin **(B-5 +)**
3 cl Triple Sec **(B-4)**
2 cl Succo di Limone fresco

Versare tutti gli ingredienti nello Shaker con ghiaccio. Shake.
Filtrare versando nel bicchiere freddo.
Guarnire con una rondella di Limone.

---

405) **WHITE LADY** - (Coppetta Cocktail - 9 cl) - Anytime - IBA: 1961
3 cl Cointreau **(B-4)**
4 cl Gin **(B-5 +)**
2 cl Succo di Limone fresco

Versare gli ingredienti nello Shaker con ghiaccio cristallino. Shake.
Filtrare versando nel bicchiere freddo.
Guarnire con Twist di limone all'interno del bicchiere.

Vedi video: https://youtu.be/5itJDfaBr5M

---

406) **WHITE RUSSIAN** - (Old Fashioned - 7 cl + Panna + ghiaccio) - After dinner - IBA: 2011
5 cl Vodka **(B-6 +)**
2 cl Liquore al caffè (Kahlua) **(B-3)**
Panna liquida leggermente montata

Versare gli ingredienti direttamente nel bicchiere freddo con ghiaccio.
Versare la panna in superficie facendola scivolare sul dorso del cucchiaino.
Aggiungere un pizzico di caffè macinato.

407) **WHITE SPIDER** - (Old Fashioned - 7 cl + ghiaccio) - After dinner
3.5 cl Vodka **(B-5)**
3.5 cl Crema di Menta bianca **(B-5)**

Versare tutti gli ingredienti nel bicchiere freddo con ghiaccio e mescolare.

408) **YELLOW BIRD** - (Coppetta Cocktail - 8 cl) - Anytime - IBA: 2018
3 cl Rum chiaro **(B-4)**
1,5 cl Galliano liquore **(B-2)**
1,5 cl Triple sec **(B-2)**
1,5 cl Succo di lime

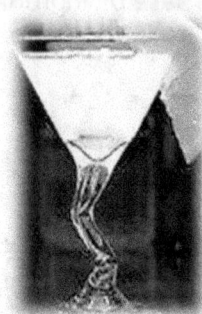

Versare gli ingredienti nello Shaker con ghiaccio. Shake.
Filtrare versando nel bicchiere freddo.
Guarnire con mezza fetta di Limone.

409) **ZAZA** - (Coppetta Cocktail - 8 cl) - Pre dinner - IBA: 1961
4 cl Dubonnet **(B-5 +)**
4 cl Gin **(B-5 +)**
2 gocce di Angostura

Versare gli ingredienti nello Shaker con ghiaccio, Shake.
Filtrare versando nel bicchiere ben freddo.
Immergervi una fetta d'Arancia.

410) **ZOMBIE** - (High Ball - 18 cl + ghiaccio)
4,5 cl Jamaica Rum (Mezan)
4,5 cl Don Q Gold Puertorican Rum
3 cl 151 Rum
2,25 cl Succo di Lime fresco
1,5 cl Falernum liquore
1 cl Succo di Pompelmo bianco
0,5 cl Sciroppo di Cannella (1 cucchiaino)
0,5 cl Granatina (1 cucchiaino)
1 Goccia di Pernod
1 Goccia di Bitter Aromatico

Versare tutti gli ingredienti (tranne la menta) in un Frullatore per 5 sec.
Versare nel bicchiere freddo con ghiaccio.
Guarnire con foglie di menta fresca.

LE COSE CHE I BARMAN E LE BARLADY VORREBBERO DIRE AI LORO CLIENTI

Ogni volta che esci la sera per bere un buon cocktail, inevitabilmente incappi nel barman di turno pronto a servirti le sue miscele magiche.

Il più delle volte vieni accolto da sorrisi e battute divertenti, ma ci sono dei giorni in cui la tua sola presenza sembra infastidire terribilmente il non più tanto amichevole barman di quartiere.

Il barman, così come qualsiasi altro professionista nel proprio settore, per quanto possa sembrare "figo" e al di sopra di ogni problema è pur sempre un essere umano, e ci sono alcune cose in grado di mandarlo su tutte le furie che faresti meglio ad evitare, a meno che tu quella sera non debba fare l'autista sobrio della comitiva e restare all'asciutto di alcolici.

Vediamo le 10 cose più importanti che NON devi assolutamente fare con un barman o una barlady, pena la più analcolica delle punizioni – se ti va bene…

1) Non chiamarlo "coso", "amico", "fratello", "Frank", o ancora peggio "aoh"

E' il modo peggiore di iniziare il rapporto con chi dovrebbe darti da bere – ma probabilmente farà in modo di farti pentire di essere venuto prima al mondo e poi nel suo bar.

Sono abbastanza certo che se qualcuno prova a chiamarti facendo un verso scimmiesco, tu eviti di girarti per non rispondergli male.

Bene, per il barman vale lo stesso.

2) Non prendere il bicchiere dal banco prima che abbia effettivamente terminato la preparazione del tuo cocktail

Nel mondo della miscelazione esiste una Legge non scritta che dice: "Finché il cocktail è in preparazione, devi rimanere nella zona di lavoro del barman".

Appena terminato, il cocktail va servito al cliente poggiandolo direttamente sul suo lato del bancone – preferibilmente sull'apposito napkin/tovagliolo o sul vassoio destinato al suo tavolo.

Un qualsiasi barman perde il conto delle troppe volte in cui il cliente si porta via il bicchiere in raffreddamento con soli acqua e ghiaccio all'interno, esclamando poi non di rado cose tipo: "Buono, anche se è un po' particolare per i miei gusti!"

3) Non chiedergli di mettere (più) alcol nel tuo cocktail mentre lo sta ancora preparando

Prima di lamentarti col tuo amichevole barman di quartiere perché non ci ha messo (abbastanza) alcol, aspetta che abbia almeno finito di preparare il tuo drink.

Partendo dal presupposto che tu non sia un Mixologist di fama mondiale e che non abbia idea di come dovrebbe essere effettivamente realizzato quel drink – se non per sentito dire o perché lo hai visto fare da qualcuno su Instagram – ha senso mantenere il beneficio del dubbio almeno fino al momento dell'assaggio.

Il barman lavora con parsimonia e non ama gli sprechi, ma il suo lavoro è accontentarti, non rubare i tuoi soldi.

4) Non lamentarti se il drink è troppo leggero o se c'è troppo ghiaccio

Tornando al punto precedente, frasi come "Me lo fai più pesante?", "Me lo carichi?" e roba del genere, ormai non sono più accettabili in un cocktail bar che si possa definire come tale.
Forse la cosa ti dispiacerà un po', ma i tempi in cui l'alcol veniva versato ad occhio, o ancora peggio a piacimento del barman, sono finiti.

Nell'era moderna i barman non sono più dei ragazzotti improvvisati al bancone, ma dei professionisti addestrati a preparare cocktail secondo delle regole standard e con una precisione estrema.
Allo stesso modo, come insegnano le migliori scuole barman, ogni cocktail ha una sua ricetta che va rispettata sia per questioni di gusto, sia per questioni strettamente economiche.

Se il cocktail lo vuoi "carico", devi essere disposto a pagarlo anche il doppio del prezzo di listino – ammesso che il barman acconsenta a servirtelo facendo finta che così non faccia schifo.

Della ricetta fa parte anche il ghiaccio, per cui se chiedi un long drink aspettati che ti venga dato stracolmo di cubetti nel tuo stesso interesse: un drink pieno di ghiaccio solo a metà, infatti, si annacquerà molto più velocemente di uno completamente pieno per ragioni che solo la fisica può spiegare, ma di cui ti puoi fidare ciecamente.
Nessuno vuole fregarti: né il barman, né la fisica!

5) Non prendertela con lui/lei se c'è la fila

Quando vai nei locali spesso e volentieri non sei l'unica persona che si mette in fila per ordinare da bere.
Al contrario, il più delle volte sei costretto ad aspettare un'infinità di tempo per chiedere un misero bicchierino che ti scolerai in pochi istanti, rendendo ancora più disarmante e insopportabile la lunga attesa.

E' proprio in queste situazioni che la gente tende a prendersela con il barman, anche se sta preparando 10 drink alla volta, tenendo le comande appiccicate col sudore alla fronte per non perdersele, e se al posto delle scarpe da ginnastica ha messo le ali.
Quel povero disgraziato si sta facendo un mazzo tanto per servire da bere il prima possibile a te e a tutte le persone che hanno avuto la stessa brillante idea di andare nel locale più affollato del centro di sabato sera, e inveirgli addosso non lo aiuterà di certo a farlo correre ancora più velocemente.
Al massimo, quando sarà il tuo turno, farà finta di non averti visto prolungando di ogni minuto che gli sarà possibile la tua agonia.

Piuttosto che arrabbiarti inutilmente col barman, se proprio non riesci a metterti l'animo in pace mentre fai la fila, prenditela con il proprietario del locale che per risparmiare non gli ha messo abbastanza colleghi ad aiutarlo!

6) Va bene "provarci" con lui/lei, ma non essere molesto/molesta

Molti si chiedono se il mito del barman che "rimorchia" un casino è vero.
Ebbene, confessiamolo: si è vero!

Puoi essere tutt'altro che un bellone o una fotomodella, ma quando ti vesti di nero e sali su quella pedana dietro al bancone, volteggiando bottiglie con sicurezza e preparando magistralmente elisir di pura bontà, chiunque diventa appetibile.

Non dico irresistibile, ma posso affermare con una certa oggettività che fare il barman ti trasforma in una versione molto più affascinante di te stesso agli occhi della clientela.

Clientela che di suo, spesso si sente in diritto – giustamente – di fare apprezzamenti e avanzare proposte poco decenti al proprio beniamino notturno che fa da re o da regina al bar.

Diciamoci la verità, per il barman masculo-medio "quantità" è un sinonimo di "felicità", senza alcuna distinzione, per cui più ragazze gli mettono le mani addosso e gli lasciano il numero di telefono mentre lavora e più lui sarà contento.

Per le barlady femminucce, al contrario, il processo non funziona esattamente alla stessa maniera ed è fondamentale rispettare certi limiti: non attraversare mai né i confini verbali dell'educazione, né quelli fisici che conducono all'altro lato del bar con qualsiasi parte del tuo corpo, o potresti fare davvero una brutta fine – forse il tuo stesso cocktail versato addosso, bottigliate in testa e buttafuori che ti usano per pulire il pavimento (in ordine di gravità del tuo gesto).

7) Non fare scenate di gelosia

Se frequenti un barman o una barlady dovresti sapere una cosa molto importante: il loro vero lavoro non è servire da bere, ma essere carini con le persone.

In gergo tecnico si chiama "fidelizzare il cliente" e serve ad instaurare un rapporto, il più duraturo possibile nel tempo, con i maschietti e le femminucce che danno da mangiare con i loro soldini sia al barman che a tutto il resto dello staff di un locale.

Quindi, se frequenti un barman, è inutile scatenarti come una iena perché fa sorrisi e occhi dolci ad una cliente, visto che al 90% sarà per fidelizzarla e magari anche per guadagnarsi una lauta mancia.

Nel 10% dei casi, invece, dovresti preoccuparti sul serio per non entrare troppo nella sua privacy.

8) Non uscire con un barman o una barlady se non hai soldi da buttare

Sarà un caso, ma tutti i barman e le barlady, quando non lavorano e vanno per locali bevono e spendono come se non ci fosse un domani!

Molti giovani barman, durante i primi anni della loro carriera serale o notturna possono essere ottimi compagni di bevute, ma durante la loro lunga carriera assisteranno a degli sperperi privi di ogni logica o limite umani.

Quindi, se frequenti o hai intenzione di frequentare un barman o una barlady, preparati ad avere una lunga serie di scuse per startene a casa, o a dover triplicare il tuo budget per le uscite serali.

In ciò non vi è nessuna distinzione tra uomini barman e donne barlady, non fa alcuna differenza.

9) MAI chiedere drink gratis al barman

MAI, MAI e poi MAI chiedere un drink gratis a un barman o ad una barlady.

Insistere non ti servirà a nulla, a meno che tu non abbia qualcosa da offrire in cambio e lui/lei sia effettivamente interessato/a, oltre ad avere una bassa morale nel regalare i soldi del locale che gli/le paga lo stipendio.

10) Lasciagli la mancia

Ultima, ma non ultima per importanza, questa è una "cosa da evitare al contrario", nel senso che non lasciare la mancia è peccato!

Negli Stati Uniti, tanto per fare un esempio, la mancia è poco meno che obbligatoria, nel senso che se non la lasci ti prendono a calci e ti intimano di non tornare più in quel locale o ristorante, ma nel resto del mondo purtroppo non funziona esattamente così.

La vera ricchezza (economica) del lavoro del barman sta proprio nelle mance, un riconoscimento della qualità del suo servizio, per cui se ti ritieni un cliente soddisfatto fai uno sforzo e lascia qualcosa in più rispetto al conto!

Se tutti i clienti ragionassero così, il barman a fine serata sarebbe molto più contento (e ricco) e sarà incoraggiato a fare il suo lavoro ancora meglio di prima.

Lo so, il barman può sembrare un animale strano, può essere coriaceo ma non è privo di sensibilità.
E' vero che lui/lei è lì per chiacchierare con te, per servirti e farti passare una bella serata, ma di clienti come te ne vede a centinaia ogni sera, per cui non ti offendere se per una volta non assomiglia al tuo migliore amico!
Trattalo con rispetto e seguendo le regole che ti ho appena elencato, e vedrai che entrambe le vostre vite da bevitore e abbeveratore insieme saranno ancora più armoniose.
Ilias Contreas - www.diventarebarman.it/10-cose-evitare-barman/

GLOSSARIO DEL BARMAN

Terminologia tecnica in lingua inglese e francese

A

AC: abbreviazione per "appellazione controllata", usata per i vini francesi la cui origine é sottoposta a controllo.

ACQUAVITE: Nome generico di bevande ad alta gradazione alcolica ottenute per distillazione dal vino (cognac, brandy), da vinacce (grappa), da frutti o bacche di piante (calvados, kirsch), da cereali (whisky, vodka, gin), dalla melassa di canna da zucchero (rum).

AALBORG: Acquavite prodotta a Copenaghen.

ADVOCAAT: liquore all'uovo olandese.

AGAVE: Pianta della famiglia delle Amarillidacee, foglie carnose, fiori gialli in pannocchia, cresce nelle zone desertiche dell'America centrale. In Messico usata per produrre la Tequila, il Mescal e il Pulque.

AIGUEBELLE: Liquore francese a base di erbe aromatiche prodotto nell'omonima abbazia

AKARA: Acquavite ottenuta dalla distillazione del siero del latte di giumenta, prodotta in Turkestan

ALAMBICCO: Apparecchio di varie forme e dimensioni, utilizzato per la distillazione di bevande fermentate

ALCHERMES: Liquore dolce ottenuto dalla macerazione alcolica di erbe aromatiche (cannella, noce moscata); il colore rosso è dovuto dall'aggiunta del corpo essiccato di un insetto chiamato in arabo Kermes

ALCOOL ETILICO: Prodotto dall'azione dei lieviti sullo zucchero durante la fermentazione è possibile aumentare il tenore alcolico mediante distillazione

ALPESTRE: Liquore italiano noto per il gusto secco

AMARETTO: Liquore dolce aromatizzato con noccioli di albicocche.

AMARO FELSINA: Digestivo prodotto in Italia per infusione in alcool di erbe medicinali stomatiche.

AMER PICON: Amaro francese alla genziana.

AMERICAN BAR: tipologia di bar dove è prevista unicamente la preparazione di cocktail e drink in genere.

ANGOSTURA: Essenza tonica originaria di Trinidad, a base di rum ed essenze della corteccia dell'albero Cusparia, usato in piccole quantità di gocce.

ANISETTE: Liquore francese aromatizzato all' anice dal gusto secco.

APERITIVO: Bevanda alcolica o analcolica che si consuma prima dei pasti, facilitando la digestione sollecitando i succhi gastrici.

APEROL: Aperitivo italiano dal gusto amabile, aromatizzato con arancia, china, genziana e rabarbaro.

APPLE BRANDY: E' un distillato prodotto dal cuore dei germogli delle palme da cocco, di origine Filippina.

APPLE JACK: E' un'acquavite prodotta in US e Canada, ottenuta dalla distillazione del sidro di mele. Si presenta come un liquido incolore o leggermente giallo con gradazione alcolica di 40-50. Si presta principalmente alla preparazione di cocktail piuttosto che al consumo come liquore.

APRICOT: Liquore dolce e molto profumato prodotto con acquavite di vino e distillato di albicocca.

ARAKI: Liquore estratto dai datteri.

ARMAGNAC: Denominazione riservata alle acquaviti di vino prodotte con alambicchi "Armagnacais" nel sud ovest della Francia (regione denominata Gers) ed invecchiate in fusti di quercia nera per periodi di almeno un anno.

AROMATIZZANTE: L'aromatizzante migliora il colore e la piacevolezza del cocktail influenzandone l'aspetto visivo e il gusto. Solitamente a questo scopo vengono utilizzati soft drink come cola, tonica, sciroppi, frutta.

ARQUEBUSE: Liquore francese secco dal profumo intenso di erbe alpine.

ASALI: Fermentato alcolico a base di miele prodotto in Africa orientale.

ASHANTI GOLD: Liquore danese a base di acquavite e cioccolato.

ASSENZIO: Erba aromatica usata come ingrediente principale nella produzione del vermouth.

AURUM: Liquore italiano dolce, dal colore dorato, al gusto di arancia amara.

B

BABY: Indica una piccola quantità di alcol. Di solito si riferisce allo scotch whisky.

BACARDI: Rum chiaro di origine cubana invecchiato 1 anno dal gusto leggero ed equilibrato.

BACARDI LIMON: Rum chiaro mixato con essenze di cedro e lime.

BAILEYS: Crema liquore irlandese a base di Irish whiskey, panna, cioccolato e altre sostanze.

BANG: Liquore prodotto in India, per infusione in acqua di foglie di canapa indiana.

BAR MANAGER: Colui che ha la massima esperienza in fatto di gestione di locali; non lavora dietro al banco ma all'interno di un ufficio provvede a bilanciare costi e ricavi del locale.

BAR MATS: Tappetino da bar utilizzato nell'area di miscelazione.

BAR ORGANIZER: Scatola che raccoglie i complementi per il completamento del cocktail (cannucce, stirrer, tovagliolini, stecchini). Molto usato nei locali di tendenza dove i bartender si esibiscono con le tecniche flair e fanno più cocktail contemporaneamente.

BAR SPOON: Cucchiaio dalla grandezza di quello da the, ma con un manico lungo, alla cui estremità c'è un piccolo cerchietto, utilizzato in varie situazioni e per diverse tecniche di preparazione.

BARAK PALINKA: Distillato di succo fermentato di albicocche originario dell'Ungheria.

BARBACK: Il ragazzo apprendista del bartender.

BARCHEF e MOLECULAR MIXOLOGIST: Barman di nuova generazione che sanno arricchire le modalità di miscelazione tradizionali con tecniche innovative per la preparazione di cocktails mai visti o personalizzati sui gusti del cliente. Spesso utilizzano attrezzature (affumicatori, saldatori, blender, ecc.) e tecniche utilizzate fino ad oggi solo dalla cucina d'avanguardia.

BARMAID o BARLADY: E' il bartender donna.

BARMAN: Il barman è associato alla figura classica di mescita delle bevande alcoliche secondo tecniche tradizionali che utilizzano misurini, segue la ricercatezza della ricetta, la presentazione del cocktail, i profumi, il sapore a scapito di una minor velocità; ed è una figura professionale che troviamo nei Grandi Hotel, nei cocktail bar e nei lounge bar.

BARTENDER: Il bartender (o Barmaid o Barlady per la donna) è il Barman definito nell'accezione americana, lavora utilizzando tecniche dell'american bartending, ossia prepara cocktail utilizzando tecniche moderne. La sua misura degli alcolici è basata su un sistema di conteggio verbale (freepouring di 1 livello) associato a una serie di prese delle bottiglie a 2-3-4-5-6 che gli permettono di velocizzare la costruzione del singolo cocktail; inoltre conosce tecniche di Speed Round (barman) che gli permettono di poter lavorare da solo servendo molte persone. Il bartender è una figura professionale che troviamo nelle discoteche, nei pub, nei grandi eventi dove l'affluenza delle persone richiede maggior velocità. Flair bartender è colui che utilizza tecniche del flair bartending eseguendo acrobazie con bottiglie e shaker.

BASE: La base è l'elemento intorno al quale si costituisce il cocktail, di solito si tratta di un distillato bianco che dà struttura alla bevanda. Tali distillati si distinguono per la struttura: neutra (Vodka, Rum light, Rum industriale), parzialmente caratterizzata (Bourbon Whisky, Scotch Whisky, Cachaça, Rum agricolo), fortemente caratterizzata (Gin, Tequila, Rum invecchiati).

BASI: Distillato di canna da zucchero, prodotto nelle Filippine.

BATIDA: Liquore brasiliano dolce a base di latte di cocco.

BENEDICTINE: Liquore francese dolce a base di erbe e radici, prodotto nell'Abbazia di Fécamp.

BIG BEN: Acquavite prodotta con canne da zucchero nelle isole Mauritius.

BILLBERRY: Liquore intenso a base di un fermentato di bacche della foresta nera.

BIRRA: Antichissima bevanda alcolica, fermentata a base di cereali, luppolo, lieviti, acqua e malto.

BITTER: Aperitivo italiano dal gusto amaricato marcato e persistente; con una gradazione di 25° alcolici.

BITTER CAMPARI: Aperitivo di 25 gradi alcolici aromatizzato con erbe amaricanti, piante aromatiche e frutta in alcol e acqua.

BLEND: Vocabolo inglese che significa mescolanza di Whisky di malto e Whisky di cereali vari.

BLENDED: Whisky ottenuti per mescolanza di malto ricavato da cereali vari.

BLENDER: Il Blender è un frullatore, usato per emulsionare e mescolare ingredienti specialmente in cucina, al bar è un attrezzo indispensabile per preparare cocktail Frozen, Pina Colada o cocktail analcolici con frutta fresca. Il bicchiere del Blender può essere di plastica, vetro, acciaio inossidabile o porcellana; sopra un tappo e alla base del bicchiere un gruppo di lame che possono essere in alcuni casi estraibili per la pulizia, questo varia da modello a modello. Il bicchiere contenitore poggia su una base dove c'è il motore, nel caso specifico dei Blender usati al bar, alcuni hanno la capacità di frullare anche il ghiaccio e da qui i cocktail frozen, fatti con frutta, ghiaccio e spiriti vari, o in caso di cocktail con pezzi di frutta.

BOROVICKA: Tipico distillato di cereali prodotto nei paesi dell'Est Europeo.

BOSTON: Tipo di shaker, detto anche "Americano", formato da due elementi, uno in vetro e l'altro in metallo, di forma lunga e svasata.

BOUKHA: Distillato di fichi prodotto in Tunisia.

BOURBON: Whiskey statunitense composto del 51% minimo di mais e del restante in minima parte d'orzo, segale e grano.

BRANDY: Distillato di vino invecchiato in fusti di rovere.

BRANNVIN: Acquavite svedese per eccellenza, aromatizzata con spezie ed erbe.

BUCKS: Long drink preparati con gin o altri liquori e allungati con bevande gassate (acqua tonica, ginger ale, Coca-Cola, ecc.).

BUILD OVER ICE: Versare gli ingredienti direttamente nel bicchiere colmo di ghiaccio.

BUTLER: Termine inglese di origine francese (da bouteiller) per indicare il cameriere incaricato del servizio dei vini e delle bevande.

BUZA: Distillato di datteri prodotto in Egitto.

C

CACHACA (si pronuncia "casciasa"): Acquavite brasiliana, ricavata dal succo fermentato della canna da zucchero; profumo e gusto marcati.

CACHIRI: Liquore prodotto nella Guyana della manioca.

CALVADOS: Distillato di sidro di mele selvatiche invecchiato per almeno un anno. Zona di produzione: Normandia (Francia).

CHAMPAGNE: Vino spumante prodotto in Francia nell'omonima regione a 150 km da Parigi, vitigni: Pinot grigio, Chardonnay e Pinot meunier. Metodo di lavorazione prevede la seconda fermentazione in bottiglia.

CHARTREUSE: Antico liquore francese di vari tipi (dolce, secco, midium) a base di acquavite di vino, estratti di fiori e piante di montagna.

CHERRY BRANDY: Liquore dolce a base di acquavite di ciliegie e succo delle stese; ottenuto per macerazione dei frutti in alcol ed aggiunta di zucchero.

CHEERY HEERING: Rinomato Cherry Brandy prodotto in Danimarca.

CHINA: Liquore a base di corteccia medicamentosa di albero di china.

CHOUM: Acquavite di riso cinese.

COCKTAIL: E' una bevanda, ottenuta tramite una miscela proporzionata di vari ingredienti alcolici, non alcolici e aromi. Un cocktail ben fatto ha struttura, aroma e colore bilanciati. Se eseguito senza componenti alcoliche viene detto cocktail analcolico. Il cocktail può presentare all'interno del bicchiere del ghiaccio, essere solo raffreddato con del ghiaccio oppure non presentare affatto il ghiaccio, come alcuni cocktail invernali quali i grog. Una classe particolare di cocktail è costituita dagli Shot: mini cocktail che possono avere tutte le caratteristiche di un normale cocktail. Le principali tipologie di cocktail sono:

- *SHORT*, se serviti nelle coppette da cocktail.
- *MEDIUM* se serviti in tumbler bassi o old fashioned.
- *LONG DRINKS*: Sia alcolici che analcolici vengono considerati dissetanti e sono caratterizzati dalla presenza di grande varietà di distillati e liquori e da un importante utilizzo di succhi di frutta e bevande gassate, spremute e centrifughe di verdure. Sono spesso accompagnati da decorazioni voluminose e molto colorate.

Se serviti in tumbler alti o altri bicchieri di alta capacità. La classificazione più classica, dei Long Drinks è creata sulla base di parametri codificati (struttura, capacità, temperatura di servizio e momento di consumo) e necessaria per garantirne la realizzazione secondo regole precise, indipendentemente chi li realizza, è la seguente:

1) *PRE-DINNER*: Aperitivi (dal latino aperire: aprire), che hanno la proprietà di stimolare la salivazione e, di riflesso, l'appetito. Salvo eccezioni sono caratterizzati dalla prevalenza di aromi amareggianti.

2) *AFTER DINNER*: Digestivi serviti dopo cena, non dovrebbero essere confusi come dei veri digestivi ma come finale morbido a un pasto, caratterizzati da una percentuale decisa di alcool, di liquori e crème e da una presenza olfattiva e gustativa complessa.

3) *ANY TIME*: Cocktails da servire in ogni momento, sono caratterizzati da un presenza di base alcolica con aggiunta di soft drink e uso di addolcitori (glucosi o saccarosi).

COCUY: Liquore a base di cactus prodotto in Venezuela.

COINTREAU: Liquore francese dolce dal marcato gusto dì arancia ottenuto dalla distillazione di scorze di arance selvatiche dei Tropici (Antille) e dolci del Mediterraneo.

COLORANTE: I coloranti in realtà non hanno solo la funzione di colorare ma sono utilizzati principalmente per dare profumo e gusto al cocktail arricchendone l'effetto olfattivo e gustativo. I più usati sono liquori o creme.

CONDIMENT HOLDER: Il Condiment Holder è un accessorio da bar dove si conservano le guarnizioni di frutta fresca (fettine di limone, arancia o frutti particolari). Costruito in plastica o metallo, si compone di varie vaschette, sotto le quali c'è uno spazio adibito a contenere del ghiaccio che mantiene la refrigerazione delle guarnizioni.

COOLER: E' un long drink preparato con ghiaccio tritato e frutta a pezzetti, allungato con bevande gassate tipo limonata, ginger ale e selz. Si serve nel tumbler con due cannucce.

CREMA DI FRUTTA: Liquore ottenuto con una tecnica che prevede l'infusione di frutta in un liquido poco alcolico (bassa gradazione - mediamente tra 15° e 28°) e l'aggiunta di sciroppo di zucchero alla massima intensità raggiungibile, senza però provocare cristallizzazione. La crema può essere bevuta liscia o utilizzata come ingrediente nei cocktail. Tutte le creme (fatta eccezione della crema di ribes nero almeno 400 gr) devono contenere 250 gr di zucchero per litro, sono a basso tenore alcolico.

CREME DE CASSIS: Liquore francese, è tratto per macerazione in alcol del ribes nero con aggiunta di sciroppo di zucchero.

CRUSHED: Tritato (ghiaccio).

CRUSTAS: Consiste nel bagnare il bordo del bicchiere (con limone o altro liquido) e fare una crosticina di sale, zucchero, spezie varie, ecc.

CUP: Drink preparato in anticipo in grandi caraffe o coppe di vetro. E' una preparazione servita con un elegante mestolo, proposta spesso come aperitivo o come bevanda dissetante in occasione di banchetti o cocktail party.

CURAÇAO: Infuso di fiori e scorza di arancia amara delle Piccole Antille Olandesi; il nome deriva proprio da una delle isole. Ne esistono due tipi: l'Orange, dolce, di colore arancione, sui 35° alcolici, e il Triple-sec, più secco e limpido, sui 40°, di colore bianco paglierino. Il suo bouquet è di arancio selvatico, il gusto fruttato; viene prodotto in Olanda, Francia e Italia. Si impiega nei cocktail e in pasticceria.

D

DASH: (gg) Gocce.

DAVU: Distillato di corolle di fiori di "Bassia" (pianta tropicale).

DISTILLAZIONE: Separazione mediante riscaldamento e successiva condensazione dei vapori di sostanze aventi volatità diversa, la distillazione può essere fatta sia con alambicco "pot still" o discontinuo o con il sistema industriale "patent still" continuo.

DOPOCENA (ingl. after dinner): Classificazione di bevande abitualmente servite dopo i pasti.

DRAMBUIEU: Liquore dolce a base di Scotch Whisky, miele d'erica ed erbe aromatiche. Il nome significa: "La bibita che soddisfa".

DRINK: Vocabolo inglese generalmente usato per indicare una qualsiasi bevanda.

DUBONNET: Liquore aperitivo francese a base di vino e aromi vegetali.

E

EDULCORAZIONE: Operazione di dolcificazione.

ESAME ORGANOLETTICO: Operazione compiuta da persona esperta e competente tendente a dare un giudizio oggettivo sulle qualità organolettiche utilizzando vista, olfatto e gusto.

F

FERNET: Antico amaro italiano a base di fiori, erbe, radici, dal gusto inconfondibile generato da una lunga stagionatura.

FLAIR BARTENDING o FREESTYLE: Il "flair" bartending è una tecnica spettacolare di preparazione dei cocktails, realizzata utilizzando versaggi multipli o contemporanei, invertendo prese e lanci, con movimenti fluidi e contemporaneamente decisi, lanciando o afferrando oggetti davanti o dietro la schiena. Ma considerarlo solo come una forma di intrattenimento sarebbe riduttivo, il flair bartender è infatti un professionista i cui gesti acrobatici sono finalizzati non solo a intrattenere i clienti creando un'ambiente divertente ma anche a servire un maggior numero di cocktails nel minor tempo possibile, aumentando quindi la produttività del locale e, di riflesso, la sua capacità di servire prodotti di alta qualità. Il Flair si divide in Working Flair e Exhibition Flair. Il Working Flair è caratterizzato da movimenti che possono essere sia rapidi che morbidi, comunque realizzati senza gravare sui tempi di servizio al cliente. Praticato per lo più con un bicchiere, una bottiglia, un cono Boston, una guarnizione, occasionalmente con due bottiglie, è finalizzato alla composizione dei drink. L'Exhibition Flair è invece finalizzato a scopi di intrattenimento o di competizione, oltre all'uso di materiale scenico (copricapo, berretti, maschere, indumenti, accendini speciali, articoli carnevaleschi, ecc.). L'Exhibition Flair richiede quindi una preparazione acrobatica anticipata e materiali speciali.

FLAIR BOTTLE: Il Flair Bottle è lo strumento per esercitarsi usato dai barman freestyle o flair. La bottiglia è realizzata in materiale plastico molto resistente e giustamente calibrato nel peso. Infatti la bottiglia essendo utilizzata per gli allenamenti di movimenti complicati è di grosso spessore e ricorda perfettamente il peso delle bottiglie in vetro, questo per non trovarsi in difficoltà poi nel momento del servizio. La sua forma è quella di una normalissima bottiglia adatta ad essere lanciata e impugnata molto di frequente e velocemente, infatti il rapporto tra il collo e il corpo della bottiglia stessa è ben bilanciato. Sull'estremità al posto del tappo classico troviamo un beccuccio dosatore, anche questo messo per assomigliare sempre più allo strumento utilizzato durante il lavoro. La Flair Bottle è indistruttibile alle cadute.

FLEMME: Liquidi alcolici che si producono durante la distillazione poi successivamente scartati, suddivisi i flemme di testa e flemme di coda.

FLOAT: Versare nel bicchiere facendo scivolare il drink sul dorso del cucchiaino.

FLOOR MATTING: Tappeto antistress e antiscivolo da pedana retrobanco.

FRAMBOISE: Liquore ottenuto dalla distillazione di lamponi con aggiunta zuccheri prodotto in Francia e in Germania dove è chiamato Himbeergeist.

FRANGELICO: Antico liquore italiano a base di nocciole e frutti di bosco con sentori di cioccolato. Aroma e gusto delicato in 24° alcolici.

FRAPPER: Termine francese che indica l'operazione di raffreddamento delle bevande troppo temperate, mettendole in un secchio con ghiaccio.

G

GALLIANO: Liquore dolce, dall'aroma forte e fragrante, a base di erbe, bacche, fiori passiti e radici, utilizzato per cocktail e in pasticceria.

GALLONE: Misura di capacità anglosassone equivalente a 4,54 lt per quello inglese e a 3,78 lt per quello Americano.

GHIACCIO CRISTALLINO: Ghiaccio tritato ma non troppo.

GIN: Distillato prodotto attraverso l'infusione, fermentazione e distillazione di cereali ed erbe botaniche, fra cui le bacche di ginepro.

GINGER ALE: Bevanda dissetante gassata aromatizzata con radice di zenzero.

GLASSS RIMMER: Accessorio portacondimenti (sale, zucchero, lime, succo di limone, etc) utilizzato per realizzare le bordature dei bicchieri. Solitamente consiste in tre contenitori uniti insieme che possono essere di plastica o metallo.

GOMME: vocabolo che indica lo sciroppo di zucchero usato per i cocktail.

GRANATINA: Sciroppo ottenuto dai semi di melograno, un po' aspro, di colore rosso vino. In alcune regioni italiane viene confuso con la "granita", questo termine indica erroneamente qualsiasi sciroppo servito con ghiaccio tritato.

GRAND MARNIER: Liquore francese dolce a base dì cognac, succo e scorze di arancia.

GRAPPA: Acquavite ottenuta dalla distillazione delle vinacce di uve, prodotta solo in Italia.

GROG: Drink caldo preparato con un'acquavite (o un liquore), zucchero, limone, chiodi di garofano e altri aromatizzanti. Viene allungato con acqua e si serve nel bicchiere per bevande calde.

H

HALB UND HALE: Liquore tedesco ottenuto dalla miscelazione di Curacao, orange bitter.

HONEY BRANDY: Brandy al miele prodotto in UK.

I

ICE CRUSHER: Tritaghiaccio manuale o elettrico.

ICE SCOOP: E' una paletta o cucchiaio per prendere il ghiaccio dall'ice bucket e iniziare la preparazione del cocktail, può essere fatta di diversi materiali (policarbonato, plastica colorata, acciaio o alluminio) e può avere dei forellini per scolare l'acqua. Molto usata nel flair, free style o skill tecnique.

IRISH MIST: Liquore irlandese a base di Whiskey, miele ed erbe aromatiche.

IRISH WHISKEY: Acquavite prodotta in Irlanda da cereali (orzo, maltato, avena). Per legge deve essere distillato tre volte per raggiungere un alto grado alcolico fino a 86°, poi successivamente addizionata con acqua purissima per portare a gradazione intorno ai 40°. In fine viene lasciato in botti di quercia per un minimo di 3 anni.

ISLAY SINGLE MAT: Whisky di puro malto prodotto nell'isola di Islay in Scozia, è caratteristico per il suo profumo d'affumicato dovuto al fuoco di Torba.

IZARRA: Liquore francese ottenuto dalla macerazione di fiori e piante nell'Armagnac.

K

KAHLUA: Liquore prodotto a Copenaghen secondo una antica ricetta messicana, con semi di caffè, cacao, vaniglia e brandy.

KIRSCH: Liquore (acquavite) profumato ottenuto da ciliege (18 kg per 1 litro) invecchiato in botti di frassino.

KORN: Acquavite di cereali prodotta in Olanda e Germania.

KUMMEL: liquore dolce a base dì acquavite di cumino.

L

LIEVITI: Sostanze vegetali costituite da microrganismi capaci di provocare processi fermentativi e quindi indispensabili nella produzione di alcolici.

LILLET: Liquore aperitivo francese simile al vermouth.

LIME: Termine all'inglese di "limetta o lima o limone bergamotto" che indica un agrume di origine asiatica, diffuso in tutte le aree tropicali, in particolare in Messico, Egitto, Florida, Indie Occidentali e India; ve ne sono anche colture sperimentali in Sicilia. In realtà, il gruppo delle limette comprende frutti eterogenei, di misure diverse secondo le varietà, verdastri e poi gialli a maturità con buccia sottile e semi piccoli. Se ne utilizza normalmente il succo che, a seconda delle specie e varietà, è più o meno acido e aromatico. Rispetto al limone (cui assomiglia) ha un profumo più ricco ed una asprezza mediamente inferiore. Il lime è un ingrediente favorito al limone nei cocktail o nelle bibite in tutti i Paesi anglosassoni.

LIMONATA: Bevanda a base di succo o estratto di limone, diluito in acqua minerale o selz, eventualmente zuccherato e con l'aggiunta di ghiaccio.

LIMONCELLO: Liquore dolce, cremoso, profumato a base di limoni e scorze di limoni.

LIQUORE: I liquori sono bevande spiritosa con un tenore zuccherino minimo 100 gr per litro, ottenuto mediante aromatizzazione dell'alcol etilico con erbe, frutti e altro.

LONG DRINK: termine inglese per indicare una bevanda lunga (alcolica o analcolica).

M

MACERAZIONE: Processo per ottenere vinelli dalle vinacce o sostanze aromatiche dai frutti, fiori, piante.

MADEIRA: Vino liquoroso prodotto nell'omonima isola del Portogallo, tra le Canarie e le Azzorre.

MAGNUM: Bottiglia avente la capacità di due bottiglie normali.

MALAGA: Vino liquoroso spagnolo.

MALIBU': Liquore dolce al cocco proveniente dalla Giamaica.

MALT WHISKY: Termine inglese per indicare un Whisky di solo malto.

MAMMUTH: Liquore a base di arance dal sapore dolce.

MANDARINETTO: Liquore italiano dolce a base di succo e scorze di mandarino.

MARASCHINO: Liquore dolce a base di acquavite di ciliege marasche.

MARC: Acquavite francese ricavata dalla distillazione di vinacee allungate con acqua.

MARSALA: Vino liquoroso prodotto in Italia e fatto conoscere dagli Inglesi a tutto il mondo.

METAL POUR: Versatore in acciaio che si applica al collo della bottiglia che consente di ottenere un corretto dosaggio del liquido.

METAXA: Acquavite di vino dolcificata, viene prodotta in Grecia.

MEZCAL-MESCAL: Acquavite messicana prodotta con varie qualità di agave e con tecniche di produzione non codificate.

MILLEFIORI: Liquore dolce a base di fiori d'arancio, ambretta, petali di rosa.

MILLESIME': Figura nelle etichette delle bottiglie dei vini per indicarne la data della vendemmia.

MIRABELLE: Acquavite francese di prugne gialle.

MIRTO: Liquore sardo alle bacche di mirto.

MIX: Mescolare il drink con il cucchiaino "Bar Spoon o Stirrer".

MIXER: Bicchiere grande usato per mescolare bevande durante la preparazione dei cocktail.

MIXER: Miscelatore elettrico.

MIXIN TIN o SHAKER: Il Mixing Tin, comunemente conosciuto come Shaker, è utilizzato per la preparazione di tutti quei cocktail che devono essere agitati o shakerati. I due tipi di shaker più comuni sono il Boston (o Americano) e il Continentale. Il primo è costituito da due contenitori che si incastrano uno nell'altro, generalmente uno in acciaio inox 18/10 e l'altro in vetro. Nel Tin più grande si mette ghiaccio fino a 2/3 e poi nel Tin più piccolo si mettono gli ingredienti, dopo aver scolato il ghiaccio si procede alla shakerata e con l'aiuto dello Strainer si versa nel bicchiere. Il Continentale è invece costituito da tre parti, in acciaio inox 18/10: un contenitore, una passino e un tappo. Entrambi hanno la funzione di emulsionare e raffreddare dei liquidi con pesi specifici diversi nella preparazione dei cocktails.

MUDDLER: Schiacciare con il Pestino.

MUS: Acquavite turca prodotta con banane e altra frutta.

MUSCATEL: Vino francese prodotto con uva di moscato.

MYDORI: Liquore giapponese dolce al gusto di melone bianco.

N

NALIVKAS: Acquaviti russe prodotte con frutta fermentata accomunata da un sapore morbido dovuto a edulcorazione.

NOCINO: Liquore a base di mallo di noci e aromi.

O

OKAOLEHAO: Distillato prodotto nelle isole Hawaii con riso, succo di radici di Taro e melassa di canna.

OLLA: Acquavite prodotta in Guatemala, con canna da zucchero.

OLD FASHIONED: Termine inglese riservato a un bicchiere usato per liquori o acqueviti servite con ghiaccio a cubetti.

ON THE ROCKS: Con cubetti di ghiaccio.

ORANGE BITTER: Liquore olandese profumato e molto amaro a base di arance selvatiche.

OUZO: Liquore greco a base di anice.

P

PARFAIT AMOUR: Liquore dolce a base di lavanda, cannella, limoni, cardamomo.

PASSOA: Liquore francese dolce profumato ed afrodisiaco a base di Armagnac e papaya.

PASTIS: Liquore aromatizzato all'anice di Marsiglia, ingredienti: anice stellato, issopo, finocchio, timo, salvia, anetolo, zucchero inferiore a 100 gr.

PERNOD: Liquore francese a base di anice. Si consuma tradizionalmente diluito nell'acqua naturale con ghiaccio, ma può fungere da ingrediente in vari cocktail.

PILÈE (Glace): Termine francese indicante il ghiaccio a scaglie o tritato.

PILFAR: Liquore prodotto nell'isola di Cipro dal gusto simile al curacao.

PIMM'S NO. 1: Superalcolico inglese mescolato con succhi di frutta; è disponibile in 4 tipi.

PINCH: Un pizzico (ad esempio: di sale).

PINTA: Misura di capacità anglosassone, la pinta inglese misura a 0,568 lt, quella americana a 0, 473 lt. E' un boccale da birra.

PISCO: Acquavite d'uva peruviana doc, dai 40°ai 44° alcolici.

PLASTIC POUR: Versatore in acciaio che si applica al collo della bottiglia che consente di ottenere un corretto dosaggio del liquido. Spesso utilizzati nella preparazione dei cocktail e per prodotti cremosi.

POLICARBONATE SCOOP: Palette in policarbonato per ghiaccio.

PORTO: Vino da meditazione e dessert. Le uve con cui è prodotto sono più di 48, una volta prodotto il vino viene aggiunta dell'acqua vite e portato a 19°, prima di essere imbottigliato viene fatto invecchiare per almeno 3 anni in botti di quercia.

PUNCH: Liquore dolce, con una base alcolica, aromatizzato con vari aromi (vaniglia, limone, arancia rosa ecc.) e consumato caldo.

PUNT e MES: Vermouth rosso aromatizzato alla china.

PUSCHKIN: Aperitivo tedesco a base di succo di arance rosse e distillato di grano.

R

RAKY: Acquavite prodotta in Ungheria dal succo fermentato di prugne.

RICARD: Liquore francese a base di anice stellato, liquirizia. Va servito in un bicchiere con di fianco una brocca d'acqua fresca naturale da aggiungere a proprio piacimento dal cliente stesso.

ROSOLIO: Nome che indica un liquore dolce e aromatico a base di petali di rose.

RUM: Acquavite ottenuta dalla fermentazione e successiva distillazione del succo della canna da zucchero. Può essere chiaro o scuro.

RUSSCHIAN: Inconfondibile bevanda gassata dal sapore dolce e amaro, profumatissima.

S

SAFARI: Liquore olandese aromatizzato ai frutti esotici (mango, papaya, maracuja, lime)

SAKÈ: E' una bevanda alcolica di circa 15-17 gradi prodotta in Giappone e Cina, ricavata dalla fermentazione del riso cotto a vapore e quindi invecchiato in fusti di legno.

SALSA WORCHESTERSHIRE: Salsa inglese prodotta in origine da due speziali per imitare il sapore di una spezia indiana, oggi prodotta industrialmente con una ricetta segreta. Entrano nella formula aceto di malto, scalogno, aglio, succo di tamarindo, estratto di carne, acciuga e chiodo di garofano. Ha diversi usi: accompagna le carni servite fredde, viene usato per cocktail come il Boody Mary, ecc.

SAMBUCA: Liquore dolce a base di anice stellato e fiori di sambuco.

SAMOS: Vino liquoroso greco.

SELZ: Acqua resa frizzante artificialmente con l'aggiunta di anidride carbonica in sifoni; si usa per diluire e allungare bibite e bevande alcoliche.

SHAKE: Shakerare (Agitare bene lo shaker).

SHERRY: Vino liquoroso (dolce, medium o dry) prodotto in Spagna nella regione di Jerez, addizionato ad acquavite di vino durante la fermentazione e invecchiato in botte utilizzando il sistema Solera.

SCHNAPS: Acquavite rude di cereali.

SHORT DRINK: Vocabolo inglese per indicare una bevanda, quasi sempre alcolica, servita in piccole dosi.

SIDRO: Bevanda poco alcolica (5-8 gradi) ricavata dalle mele; viene comunemente denominato vino di mele.

SLIVOVITZ: Acquavite di prugne profumata e dal gusto pronunciato prodotta nelle regioni della ex Jugoslavia.

SLOE GIN: Gin aromatizzato alle more.

SODA: Abbreviazione dall'inglese soda water, che indica acqua contenente in soluzione anidride carbonica; è usata come digestivo oppure per diluire bevande, alcoliche e non.

SODA GUN: Pistola per prodotti dove va aggiunta l'acqua soda (minerale).

SOLERA: Il metodo Solera consiste nel mescolare progressivamente vini giovani a vini vecchi, posti a piramide secondo l'origine d'invecchiamento per ottenere una miscela di vini di varie annate.

SOUR: Drink a base di un'acquavite (o un liquore), succo di limone, sciroppo di zucchero e, a piacere, albume d'uovo e poco selz.

SOUTHERN COMFORT: E' un liquore nato più di 100 anni fa' a New Orleans che tradotto significa: "Conforto del sud". Inventato da M.W Heron. E' un liquore a base di Bourbon, pesche, albicocche, arance ed altre sostanze vegetali. Si beve liscio, con aggiunta di succhi e/o bibite gassate.

SPARKLING: Frizzante.

SPEED OPENER: Noto anche come Mamba o Popper, è un apribottiglie fatto in modo da agganciare e aprire in modo perfetto e veloce i tappi a corona.

SPEED RACK: Speciale contenitore utilizzato per organizzare, rendere più efficiente e velocizzare la presa delle bottiglie.

SPLASH: Spruzzata.

STEINHAGER: Gin tedesco.

STIR: Agitare.

STRAIN: Filtrare.

STRAINER: Passino rigido in acciaio inox per filtrare i cocktail o le bevande in genere e trattenere il ghiaccio.

STREGA: Liquore italiano dolce a base di erbe aromatiche.

T

TANNINO: Uno dei componenti di maggiore rilievo nella produzione del vino. È presente nei vinaccioli, negli acini, nella buccia e nel raspo dell'uva. Si scioglie durante la fermentazione, dona longevità al vino e ha qualità antisettiche. Al gusto è allappante.

TEQUILA: Acquavite prodotta distillando il succo fermentato dell'Agave Azul. Ha generalmente una gradazione di circa 40°. Prodotta in Messico, si può trovare nelle varietà "Bianca" non invecchiata o "Anejo" o "Reposado" a seconda del diverso periodo di maturazione in botte.

TIA MARIA: Liquore giamaicano a base di caffè.

TOKAIJ ASZU: Vino passito ungherese, maturato in fusti di rovere per almeno 5 anni; viene commercializzato solo in bottiglie da 500 ml.

TOP: Riempire il bicchiere fino all'orlo.

TRIPLE SEC: Liquore dolce alle scorse d'arancia lasciate macerare in alcool, successivamente viene distillata e addizionata con acqua per portare a gradazione intorno ai 40°.

TUMBLER: E' il bicchiere cilindrico senza gambo, di varie misure (piccolo, medio, grande), usato per bevande analcoliche e alcoliche.

TWIST: Scorza d'arancio o limone tagliata a ricciolo.

U

UNDERBERG: Amaro tedesco prodotto da erbe infuse.

V

VATTED: Termine inglese per indicare la miscela di soli Whisky di malto.

VERMOUTH: E' un vino aromatizzato e fortificato, costituito da vino bianco, alcool a 96°, mistelle, erbe, spezie, caramello. Zone di produzione: principalmente in Francia e Italia.

VINACCIA: Vinaccia fermentata: è il residuo della lavorazione e fermentazione del vino Vinaccia vergine: viene subito separata dal mosto dopo la spremitura. Dalla distillazione della vinaccia si estraggono le acqueviti di vinaccia, grappe e gli alcool.

VODKA: Prodotto di origine russa a base di cereali fermentati e distillati a ciclo continuo, in seguito viene filtrata su carboni attivi di betulla e sabbia di quarzo per donarli la purezza. La vodka non viene invecchiata.

V.S.O.P.: Sigla coniata dall'inglese e ufficialmente usata per i singoli Cognac che hanno un invecchiamento minimo di quattro anni (Very Superior Old Pale).

W

WASH: Nome che indica il prodotto intermedio ottenuto durante la fermentazione e prima della distillazione nella produzione del Whisky.

WHIPPER SNAPPLE: Succhi di frutta con una percentuale del 5% di latte.

WHISKY o WHISKEY: Il termine Whisky indica i distillati scozzesi, canadesi e giapponesi mentre il termine Whiskey quelli americani e irlandesi. Il Whisky è un distillato di cereali come: avena, mais, grano, segale, orzo, miscelati o non, in quantitativi diversi. La gradazione alcolica è mediamente di 40°. L'invecchiamento in botti di legno almeno 2 anni per il Whisky canadese, e molto di più per gli altri.

WILLIAMS: Varietà di pera giovane e ricca di profumi, utilizzata per la macerazione, fermentazione e successiva distillazione di una delle migliori acquaviti di frutta che ne prende il nome.

WISNIAK: Liquore polacco a base di Vodka aromatizzato con infusi di ciliege.

WODKA: Distillato di origine polacca analogo alla Vodka russa a base di cereali fermentati e distillati.

WORT: Indica, nella produzione del Whisky, la miscela di malto macerato e acqua, al quale viene aggiunto il lievito per iniziare il processo di fermentazione.

Z

ZAFERAN: Liquore indiano a base di erbe di montagna e zafferano.

ZIVANIA: Acquavite di vino prodotta a Cipro.

ZWETSCHENWASSER: E' un Brandy prodotto in svizzera e Germania che ha come base alcolica la prugna.

QUIZ PER IL BARMAN

Anche se alcuni argomenti non sono stati trattati in questo libro,
il conoscerne le risposte che si trovano a pagina 209 ne aumenteranno la propria conoscenza.

1) Da dove deriva la parola "Bar"?
a) [ ] Sembra che derivi dal termine inglese "bar" che indicava la sbarra lungo il banco di consumazione per separarlo dagli avventori (*clienti*).
b) [ ] Dal nome del mobile dove si tengono liquori e bevande in genere.
c) [ ] Significa "banco" cioè il locale pubblico in cui si consumano caffè, bibite, panini, al banco.

2) Quali sono le 6 etiche professionali del barman?
a) [ ] Onestà; tolleranza; pulizia (*igiene personale*); lealtà; senso di disciplina; umiltà; discrezione.
b) [ ] Onestà; pulizia del locale; lealtà; senso di responsabilità; velocità; premurosità.
c) [ ] Serietà; pulizia del bar; lealtà; senso di responsabilità; velocità; pazienza.

3) Come si chiamano le figure professionali dello staff del bar?
a) [ ] Chef barman; capo barman; primo barista; barista; aiuto barista; cameriere di bar.
b) [ ] Primo barman; chef barman; capo barista; aiuto barista; cameriere di bar.
c) [ ] Primo barman; secondo barman; barista; aiuto barista; cameriere di bar.

4) Quali sono le tre aree di lavoro del bar?
a) [ ] 1) l'interno del banco;   2) l'esterno del banco;   3) la sala del bar.
b) [ ] 1) il banco;   2) l'office;   3) la zona esterna.
c) [ ] 1) il banco;   2) la zona delle apparecchiature;   3) il magazzino delle bibite e vivande.

5) Quali sono alcune attrezzature di preparazione e macchinari nel bar e sul banco di servizio?
a) [ ] La macchina per il caffè, depuratore, macinadosatore, impianti di spillatura (*birra, premix*), frigoriferi, frullini, spremiagrumi, tritaghiaccio, distributori di granite e bibite fredde, macchina del ghiaccio, lavabicchieri e lavastoviglie da bar.
b) [ ] La macchina per il caffè, depuratore, macinadosatore, impianti di spillatura (*birra, sistema pre/postmix-soprabanco*), frigoriferi, frullini, spremiagrumi, tritaghiaccio, distributori di granite e bibite fredde, macchina del ghiaccio, lavabicchieri e lavastoviglie da bar.
c) [ ] La macchina per il caffè, macinadosatore, impianti di spillatura (*birra, pre/postmix*), cioccolatiera, frullini, spremiagrumi, tritaghiaccio, distributori di granite e bibite fredde, macchina del ghiaccio, lavabicchieri e lavastoviglie da bar.

6) Quali sono alcuni utensili e attrezzature operative del bar?
a) [ ] I bicchieri e la cristalleria, la porcellana di caffetteria, posateria, coltelleria, l'argenteria, il tovagliato e la biancheria.
b) [ ] I bicchieri e la cristalleria, la porcellana di caffetteria, posateria, coltelleria, il tovagliato e la biancheria.
c) [ ] I bicchieri e la cristalleria, la porcellana di caffetteria, posateria, coltelleria, l'argenteria, il tovagliato e la biancheria, il lavaggio e la manutenzione,

7) Quali sono le 2 tipologie di clientela del bar?
a) [ ] *1)* il cliente abituale;   *2)* il cliente nuovo.
b) [ ] *1)* il cliente giornaliero;   *2)* il cliente nuovo.
c) [ ] *1)* il cliente abituale;   *2)* il cliente di passaggio.

8) Oltre ad essere in: grani, macinato e confezionato in vari modi, quali altri tipi di caffè sono presenti in commercio?

a) [ ] Caffè: solubile, decaffeinato, surrogati di caffè tostato (*orzo, cicoria, carrube, arachidi, mandorle, castagne, barbabietole, carote, fichi, datteri ecc.*).

b) [ ] Caffè: solubile, decaffeinato, espresso, surrogati di caffè tostato (*orzo, cicoria, carrube, arachidi, mandorle, castagne, barbabietole, carote, fichi, datteri ecc.*).

c) [ ] Caffè: solubile, decaffeinato, arabica, surrogati di caffè tostato (*orzo, cicoria, carrube, arachidi, mandorle, castagne, barbabietole, carote, fichi, datteri ecc.*).

---

9) Quali sono 5 diversi sistemi per preparare il caffè?

a) [ ] 1) espresso; 2) sistema turco; 3) sistema melior; 4) sistema asiatico (*tedesco*); 5) moka.

b) [ ] 1) espresso; 2) sistema arabo; 3) sistema melior; 4) sistema percolatore (*tedesco*); 5) napoletana.

c) [ ] 1) espresso; 2) sistema turco; 3) sistema melior; 4) sistema percolatore (*tedesco*); 5) moka.

---

10) Oltre all'espresso, quali sono altre 4 varianti di caffè richieste?

a) [ ] 1) macchiato fiordilatte; 2) cappuccino alla viennese (*latte caldo + panna montata*); 3) cappuccino alla triestina (*tazza piccola + latte caldo*); 4) cappuccino all'italiana (*tazza grande + latte caldo + cacao*).

b) [ ] 1) macchiato fiordilatte; 2) cappuccino alla viennese (*caffè + panna montata*); 3) cappuccino alla triestina (*tazza piccola + latte caldo*); 4) cappuccino all'italiana (*tazza grande + latte caldo + cacao*).

c) [ ] 1) macchiato fiordilatte; 2) cappuccino alla viennese (molto caffè + *crema di latte caldo*); 3) cappuccino alla triestina (*tazza piccola + latte caldo*); 4) cappuccino all'italiana (*tazza grande + latte caldo*).

---

11) Oltre al tè, quali sono altri 3 infusi di erbe essiccate?

a) [ ] 1) camomilla; 2) tisane (*erbe medicinali*); 3) carcadè (*fiori secchi*).

b) [ ] 1) camomilla; 2) tisane (*erbe medicinali*); 3) gunpowder (*fiori secchi*).

c) [ ] 1) camomilla; 2) tisane (*erbe medicinali*); 3) indian ceilon (*fiori secchi dell'india*).

---

12) Quali sono alcuni tipi di bevande alcoliche?

a) [ ] Birra; vino: (*liquorosi, spumanti*); aperitivi: (*base: vinosa, alcolica*); liquori (25 *a* 50 *gradi*); acquaviti-38/60 gradi: (*grappa, vodka, gin, brandy, cognac, sakè (di riso), tequila*); distillati-38/60 gradi: (*whisky, rum*).

b) [ ] Birra; vino: (*liquorosi, spumanti, aromatizzati*); aperitivi: (*base: vinosa, liquorosa*); liquori (25 *a* 50 *gradi*); acquaviti-38/60 gradi: (*grappa, vodka, gin, brandy, cognac, sakè (di riso), tequila*); distillati-38/60 gradi: (*whisky*).

c) [ ] Birra; vino: (*spumanti, aromatizzati*); aperitivi: (*base: vinosa,, liquorosa*); liquori (25 *a* 50 *gradi*); acquaviti-38/60 gradi: (*grappa, vodka, brandy, cognac, sakè (di grano), tequila*); distillati-38/60 gradi: (*whisky, rum, gin,*).

---

13) I cocktail si dividono in 6 tipi: 2 in base a quantità e 4 in base agli ingredienti usati, quali sono? a) [ ] *1*) Short drinks (*piccole quantità*). *2*) Long drinks (*molta quantità*). *3*) Punch (*in acqua calda*). *4*) Grog (*con vapore caldo*). *5*) Capilaire (*acqua zuccherata calda*). *6*) Hot drinks (*miscele caldè*).

b) [ ] *1*) Aperitivi. *2*) Digestivi. *3*) Punch (*in acqua calda*). *4*) Grog (*con vapore caldo*). *5*) Capilaire (*acqua zuccherata calda*). *6*) Hot drinks (*miscele caldè*).

c) [ ] *1*) Amari. *2*) Dolci. *3*) Punch (*in acqua calda*). *4*) Grog (*con vapore caldo*). *5*) Capilaire (*acqua zuccherata calda*). *6*) Hot drinks (*miscele caldè*).

14) Quale di queste risposte è quella giusta?

a) [ ] E' importante che ogni cocktail venga servito nel suo bicchiere adatto.

b) [ ] E' importante che ogni cocktail sia fresco.

c) [ ] E' importante che ogni cocktail venga servito in abbondanza.

15) In quali 2 recipienti possono anche essere preparati i cocktail?

a) [ ] Nella caraffa da bar e nel mixer-mixing glass

b) [ ] Nel Dumbler e nello shaker.

c) [ ] *1)* Nello shaker.   *2)* Nel mixer-*mixing glass* (Bicchierone: *bicchiere grande senza piedi*).

16) Quali altre 3 cose occorrono (*minimo*) per la preparazione dei cocktail?

a) [ ] 1) Un secchiello per i cubetti di ghiaccio.   2) Un "spremi-agrumi".   3) una bottiglietta con il
   contagocce per *l'angostura: (l'angostura è un liquido di colore bruno caramellato, di circa 70 gradi di alcol,
   fortemente aromatico e amaro; viene utilizzato come ingrediente nella preparazione dei cocktail e long drink).*

b) [ ] 1) Un secchiello per i cubetti di ghiaccio.   2) Un "spremi-agrumi".   3) Un pestello per le foglie
   di menta.

c) [ ] 1) Un secchiello per i cubetti di ghiaccio.   2) Un "spremi-agrumi".   3) Un filtro metallico da
cocktail.

17) Con che cosa vanno possibilmente serviti o accompagnati i cocktail?

a) [ ] *A seconda se sono aperitivi, digestivi o dissetanti,* vanno serviti con: patatine al formaggio, mandorle,
   olive, patatine integrali, ecc.

b) [ ] *A seconda se sono aperitivi, digestivi o dissetanti,* vanno serviti con: piattini di salatini, mandorle salate,
   olive, patatine fritte, ecc.

c) [ ] *A seconda se sono aperitivi, digestivi o dissetanti,* vanno serviti con: piattini di salatini, noccioline miste,
   olive verdi, patatine, ecc.

18) Come si chiama il "*bicchiere d'obbligo*" per servire lo: *champagne o spumante*?

a) [ ] Coppa champagne.

b) [ ] La coppa di Napoleone.

c) [ ] Flùte (*è sbagliato servirli nella coppa da Champagne-cocktail*).

19) In base al suo contenuto, quanti tipi di "*Tumbler*" esistono?

a) [ ] 3 Tipi: Tumbler basso (*Old fashioned*), Tumbler medio, Tumbler long drink.

b) [ ] 3 Tipi: Tumbler nano (*Old fashioned*), Tumbler medio, Tumbler alto.

c) [ ] 3 Tipi: Tumbler basso (*Old fashioned*), Tumbler medio, Tumbler alto.

20) Cosa è il Tabasco? E per cosa viene utilizzato?

a) [ ] E' una salsa a base di peperoncino poco piccante, aceto, zucchero, sale, pepe nero e aromi.
   Viene utilizzato come ingrediente base nella preparazione dei cocktail e long drink.

b) [ ] E' una salsa a base di peperoncino piccante, aceto, zucchero, sale e aromi.
   Viene utilizzato come ingrediente nella preparazione dei cocktail e long drink.

c) [ ] E' una miscela a base di peperoncino cinese, aceto, senape, sale e aromi.
   Viene utilizzato solo su richiesta come ingrediente nella preparazione dei cocktail e long drink.

21) Cosa è l'Angostura? E per che cosa viene utilizzata?

a) [ ] E' un liquido di colore bruno caramellato, di circa 70 gradi di alcol, fortemente aromatico e amaro.

Viene utilizzato come ingrediente nella preparazione dei cocktail e long drink.

b) [ ] E' una salsa di colore verde caramellato, di circa 50 gradi di alcol, fortemente aromatico e dolce.

Viene utilizzato come ingrediente nella preparazione dei cocktail.

c) [ ] E' un mix di colore giallo caramellato, di circa 60 gradi di alcol, fortemente aromatico e agrodolce.

Viene utilizzato come ingrediente base nella preparazione dei cocktail e long drink.

---

22) Cosa è un "Cocktail on The Rocks"?

a) [ ] E' un cocktail con aggiunta di alcuni cubetti di ghiaccio.

b) [ ] E' un cocktail con aggiunta di ghiaccio tritato.

c) [ ] E' un martini cocktail con l'aggiunta di una oliva verde.

---

23) Riguardo alla quantità, in quali 2 modi vengono classificati i cocktail?

a) [ ] 1) Short drink (*rispetto alla poca quantità, il 70% della base è alcolica*).

   2) Long drink (*rispetto alla molta quantità, è solo analcolico*).

b) [ ] 1) Short drink (*rispetto alla poca quantità, il 50% della base è alcolica*).

   2) Long drink (*rispetto alla molta quantità, può essere alcolico o analcolico*).

c) [ ] 1) Short drink (*rispetto alla poca quantità, solo il 20% della base è alcolica*).

   2) Long drink (*rispetto alla molta quantità, può essere poco alcolico o analcolico*).

---

24) Dal 2011 in quante Categorie si dividono i cocktail ufficiali IBA?

a) [ ] In 3 Categorie.

b) [ ] In 5 Categorie.

c) [ ] In 7 Categorie.

---

25) Quale è l'ingrediente alcolico usato per preparare *l'Irish coffee*?

a) [ ] Whisky (*canadese*).

b) [ ] Whiskey (*irlandese*).

c) [ ] Schotch Whisky (*scozzese*).

---

26) Quali sono i 3 ingredienti alcolici del cocktail "*Negroni*"?

a) [ ] Rum, vermouth rosso dolce e bitter Campari.

b) [ ] Gin, vermouth rosso dolce e bitter Campari.

c) [ ] Vodka, vermouth rosso dolce e bitter Campari.

---

27) Quale è la differenza fra il "Kir" ed il "Kir royal"?

a) [ ] Kir: vino bianco frizzante + cassis.   Kir Royal: champagne douce + cassis.

b) [ ] Kir: vino bianco dolce + cassis.   Kir Royal: champagne demi-sec + cassis.

c) [ ] Kir: vino bianco secco + cassis.   Kir Royal: champagne + cassis.

---

28) Oltre al succo di limone, quale altro succo va aggiunto al cocktail "Bloody Mary?

a) [ ] Succo di pomodoro.

b) [ ] Succo di ananas.

c) [ ] Succo di carote.

29) Quale è il cocktail che porta il nome dello stesso bicchiere in cui viene servito?

a) [ ] Old Fashioned.

b) [ ] Tumbler

c) [ ] Flûte.

30) Quale di queste frasi è quella giusta?

a) [ ] Il Sangria appartiene ai cocktail di categoria: Cobbler.

b) [ ] Il Sangria appartiene ai cocktail di categoria: Cup and bowl.

c) [ ] Il Sangria appartiene ai cocktail di categoria: Exotic.

31) Quale è il significato della parola "Snack"?

a) [ ] "Spuntino veloce".

b) [ ] "Stuzzichini".

c) [ ] E' un'altra parola per "paninoteca".

32) Cosa sono i Canapè?

a) [ ] Sono i salatini.

b) [ ] Sono le crocchette.

c) [ ] Sono i crostini.

33) In genere, a tavola, con che cosa vengono accompagnate le Ostriche fresche?

a) [ ] Da fettine di pane nero o bianco imburrato, mezzi limoni e il macina pepe.

b) [ ] Da fettine di toast imburrato con aglio, spicchi di limone, sale e pepe.

c) [ ] Da cracker, grissini e burro fresco, spicchi di limone, sale e pepe.

34) Come devono essere serviti i Toast e i Panini?

a) [ ] Su un piattino, avvolti dentro un tovagliolino di carta piegato a triangolo, in m odo da lasciarne libero un lato.

b) [ ] Su un vassoio, avvolti dentro un tovagliolino di carta piegato a triangolo, in m odo da lasciarne libero un lato.

c) [ ] Vengono serviti a mano, avvolti dentro un tovagliolino di carta piegato a triangolo, in m odo da lasciarne libero un lato.

35) Cosa sono i Savouries?

a) [ ] Sono piccole preparazioni (del tipo: *tavola calda nouvelle*) di origine francese e inglese, molto saporiti.

b) [ ] Sono piccole preparazioni (del tipo: *snack o spiedini*) di origine inglese, salati, spesso piccanti.

c) [ ] Sono tutte le piccole preparazioni del snack, di origine francese, inglese e italiani, molto saporiti.

36) Secondo il tipo di ingredienti presenti, in quali 4 categorie si dividono i Gelati?

a) [ ] 1) Gelati alla crema di latte (*se contengono almeno 7% di grassi*). 2) Gelati al latte. 3) Sorbetti o gelati di frutta (*se sono composti per almeno il 15% di frutta e 10% per gli agrumi*). 4) Ghiaccioli (*se si tratta di prodotti costituiti da sciroppo di frutta o estratti congelati aventi un residuo secco pari al 15%*).

b) [ ] 1) Gelati alla crema di latte (*se contengono almeno 7% di grassi*). 2) Gelati industriali. 3) Sorbetti o gelati di frutta (*se sono composti per almeno il 15% di frutta e 10% per gli agrumi*). 4) Ghiaccioli (*se si tratta di prodotti costituiti da sciroppo di frutta o estratti congelati aventi un residuo secco pari al 15%*).

c) [ ] 1) Gelati alla crema di latte (*se contengono almeno 7% di grassi*). 2) Gelati artigianali. 3) Sorbetti o gelati di frutta (*se sono composti per almeno il 15% di frutta e 10% per gli agrumi*). 4) Ghiaccioli (*se si tratta di prodotti costituiti da sciroppo di frutta o estratti congelati aventi un residuo secco pari al 15%*).

37) In base al tipo di lavorazione, in quali 3 categorie si distinguono i Gelati?

a) [ ] 1) Gelati artigianali.   2) Gelati industriali.   3) Gelati predosati.

b) [ ] 1) Gelati artigianali.   2) Gelati preconfezionati.   3) Gelati predosati.

c) [ ] 1) Gelati artigianali.   2) Gelati industriali.   3) Gelati sciolti.

---

38) A quale temperatura vanno conservati i Gelati artigianali?

a) [ ] Tra: meno -14 e meno -10 °C.

b) [ ] Tra: meno -14 e meno -15 °C.

c) [ ] Tra: meno -14 e meno -18 °C.

---

39) A quale temperatura vanno conservati i Gelati industriali?

a) [ ] meno -16°C.

b) [ ] meno -18°C.

c) [ ] meno -16°C.

---

40) Per motivi igienico-sanitari, come va trattato un Gelato scongelato o liquefatto?

a) [ ] Non va mai ricongelato, ma deve essere consumato subito o gettato via.

b) [ ] Va subito mai ricongelato.

c) [ ] Sarà uno dei primi ad essere venduto.

---

41) Il Sorbetto oltre ad essere un dessert, perché viene usato anche durante il pasto?

a) [ ] Per separare le portate di pesce da quelle di carne.

b) [ ] Perché funge da digestivo.

c) [ ] Per far capire che si sta' passando ad un altro tipo di menu.

---

42) Cosa è il "be"?

a) [ ] E' la misura che dà il "densimetro" o "pesa densità" per il controllo della densità del mix di gelato

   presente (ad esempio: *nel "sorbetto"*).

b) [ ] E' la misura che dà il barometro riguardo alla temperatura minima nel congelatore (Bassa-End).

c) [ ] E' la misura che dà il "densimetro" o "pesa sciroppo" per il controllo della densità dello sciroppo

   presente (ad esempio: *nel "sorbetto"*).

---

43) Cosa è il "Frappè"?

a) [ ] E' una bevanda a base di latte, ghiaccio tritato o a neve, elementi aromatizzanti e altri ingredienti; si

   contraddistingue per la sua corposità, determinata dalla presenza di bollicine d'aria.

b) [ ] E' una bevanda a base di latte, ghiaccio tritato, sciroppo e frutta, si contraddistingue per la sua

   densità, determinata dalla presenza di bollicine d'aria.

c) [ ] E' un tipo di sorbetto a base di latte, sciroppo e frutta, si contraddistingue per la sua densità,

   determinata dalla presenza e fermentazione di bollicine d'aria.

---

44) Cosa è il "Frullato"?

a) [ ] E' un insieme di frutta o di verdura, ghiaccio tritato, latte condensato e altri ingredienti; il tutto

   viene passato nel frullatore.

b) [ ] E' un insieme di frutta o di verdura, acqua o latte e altri ingredienti; il tutto viene passato nel frullatore.

c) [ ] E' un insieme di frutta, di verdura, zucchero, cioccolato, latte pastorizzato e altri ingredienti; il

   tutto viene passato nel frullatore.

45) Riguardo ai "*porzionatori o spatole*" per il gelato in vaschetta, come è bene riporli?

a) [ ] Deporli immersi in vari contenitori d'acqua tiepida e utilizzare una spatola per ogni tipo di gelato dello stesso colore, evitando così di mischiare i colori dei gelati tra loro.

b) [ ] Non deporli immersi in un contenitore d'acqua, ma utilizzare una spatola per ogni tipo di gelato, evitando così di mischiare i gusti dei gelati tra loro.

c)[ ] Deporli immersi in diversi contenitori d'acqua, ognuno per lo stesso colore e utilizzare una spatola

per ogni tipo di gelato dello stesso colore, evitando così di mischiare i gusti dei gelati tra loro.

---

46) Come va portato o consegnato in mano al cliente un cono o una Coppetta di gelato?

a) [ ] Sempre avvolto in un tovagliolo di carta.

b) [ ] Sempre a mani nude o con i guanti igienici.

c) [ ] Sempre su un piattino o piaggiato sull'apposito portaconi.

---

47) Come deve essere la chiusura del bidone dei rifiuti nell'area del Bar e del WC?

a) [ ] Con coperchio.

b) [ ] Con chiusura automatica (a pedale).

c) [ ] Basta che sia chiuso, ma comunque con sacco di plastica all'interno.

---

48) Quale è il miglior modo di trasportare i Gelati al tavolo del cliente?

a) [ ] Prima si mettono i piattini sul tavolo, dopodiché si portano a mano i gelati e vi si posano sopra.

b) [ ] Ogni coppa va posta sopra un piattino con tovagliolo di carta.

c) [ ] Sul vassoio ricoperto con un frangino di colore chiaro con sopra le coppe dei gelati sui piattini.

---

49) Da che cosa va accompagnata ogni Coppa di gelato quando viene servita al tavolo?

a) [ ] Da un tovagliolo di carta.

b) [ ] Da un bicchiere d'acqua naturale.

c) [ ] Da un cucchiaino piatto di plastica o metallo.

---

50) Cosa ha di particolare una "*lista dei gelati*" per essere professionale?

a) [ ] Oltre alla descrizione dei gusti e prezzi, vi sono anche le fotografie a colori di ogni preparazione.

b) [ ] Oltre alla descrizione dei gusti e prezzi, vi è anche scritta la marca o se è artigianale.

c) [ ] Oltre alla descrizione dei gusti e prezzi, vi è anche una lista per una composizione a scelta del cliente.

---

51) In quali 2 grandi linee si possono distinguere i prodotti di pasticceria?

a) [ ] 1) Prodotti dolciari (*costituiti da una pasta "fatta con sfarinati"*).   2) Dolciumi.

b) [ ] 1) Torte di creme (*costituiti da una pasta "fatta con sfarinati"*).   2) Biscotteria secca

c) [ ] 1) Torte dolciarie (*costituiti da una pasta "fatta con sfarinati"*).   2) Dolciumi neutri e liquorosi.

---

52) In quali 6 tipologie si possono suddividere i prodotti dolciari?

a) [ ] 1) Biscotteria, 2) Secchi o da tè.   3) A base di creme. 4) Salati. 5) Pasticcini. 6) Paste lievitate.

b) [ ] 1) Biscotteria, Pasticcini. 2) Secchi o da tè. 3) A base di creme. 4) Salati. 5) Fritti. 6) Paste lievitate.

c) [ ] 1) Pasticcini. 2) Secchi o da tè. 3) A base di creme. 4) Salatini. 5) Torte 6) Paste lievitate.

53) Cosa è un detergente?

a) [ ] E' una sostanza usata per rimuovere dalle superfici materiale estraneo, indesiderato chiamato "sporco".

b) [ ] E' un prodotto usato per disinfettare ed eliminare ogni tipo di sporco.

c) [ ] E' un prodotto usato per disinfettare, igienizzare ed eliminare ogni tipo di sporco.

---

54) In quali 2 grandi categorie si divide lo sporco?

a) [ ] 1) Tipo alcalico (residui di: *carni, grassi, pesce, zuccheri, latte, lieviti, batteri, muffe, amidacei* (farina) *ecc.*).
  2) Tipo analcalico (*incrostazioni non alcaliche ecc.*).

b) [ ] 1) Tipo calcarico (residui di: *carni, grassi, pesce, zuccheri, latte, lieviti, batteri, muffe, amidacei* (farina) *ecc.*).
  2) Tipo non-calcarico (*incrostazioni non calcare ecc.*).

c) [ ] 1) Tipo organico (residui di: *carni, grassi, pesce, zuccheri, latte, lieviti, batteri, muffe, amidacei* (farina) *ecc.*).
  2) Tipo inorganico (*incrostazioni di calcare ecc.*).

---

55) Quali oggetti deve avere con se o comunque a portata di mano il Barman durante il servizio?

a) [ ] Tovagliolo di servizio, cavatappi, Penna, Blocco per comande, Accendino.

b) [ ] Penna stilo, Pettine, Tovagliolo, Apribottiglie, Fiammiferi, Bigliettini del locale, telefonino, calcolatrice.

c) [ ] Pettine, Tovagliolo, Matita, Cavatappi, Bloc-notes, Accendino.

---

56) Che cosa è un "Rango"?

a) [ ] Il raggruppamento di un certo numero di tavoli (4-8) per realizzare una più efficiente esecuzione del servizio e assicurare un'equa ripartizione del lavoro tra i camerieri.

b) [ ] E' uno dei titoli del personale di sala, esempio: "Chef de Rang" "Commis de Rang".

c) [ ] Un altro nome per stazione, tavolo di servizio o panadora, francese: *station*.

---

57) Cosa è il "Napperon"?

a) [ ] Una tovaglia grande, di solito dello stesso colore del coprimacchia che si posiziona sul tavolo.

b) [ ] Il tovagliolo di servizio usato dai camerieri durante il sevizio delle portate al tavolo.

c) [ ] Il coprimacchia, è la tovaglia leggermente più piccola da porre sulla tovaglia per evitare di sporcarla.

---

58) Cosa è la "Mise en Place"?

a) [ ] E' il termine francese che indica la messa in piazza o sui tavoli a buffet per un banchetto o matrimonio.

b) [ ] E' il termine francese che indica l'allestimento di tutto il materiale occorrente per assicurare un corretto servizio (*mise en place in: sala, cucina, bar, del tavolo, del gueridon, ecc*).

c) [ ] E' il termine francese che indica il posizionare sui gueridon tutti gli accessori necessari per il servizio (*mise en place: del tavolo o del gueridon*).

---

59) Se una posata cade sul pavimento durante il servizio (*alla vista dei clienti*), quale è il modo migliore per raccoglierla?

a) [ ] Mai a mani nude ma con un tovagliolo (*preferibilmente di carta, e non con il tovagliolo di servizio*), dopodiché posare il materiale sul tavolo di servizio o portarlo direttamente fuori dalla vista del cliente.

b) [ ] Il modo migliore per raccogliere un oggetto è quello di prenderlo a mani nude, poi avvolgerlo in un tovagliolo di carta e portarlo direttamente in cucina fuori dalla vista del cliente.

c) [ ] Chinarsi prontamente e raccogliere l'oggetto servendosi di una paletta con scopino, dopodiché portarlo fuori dalla vista del cliente.

60) Quali sono le possibili forme di pagamento di cui il cliente può pagare il suo conto?

a) [ ] Contanti, carta di credito (*diners, american, visa, ecc*), assegno.

b) [ ] Contanti, carta di credito (*diners, american, visa, ecc*), assegno bancario o postale, vaglia, carta bancaria

      internazionale, pin-pas.

c) [ ] Contanti, carta di credito (*diners, american, visa, ecc*), versamento bancario o postale.

---

61) Per le chiamate di soccorso, quali numeri telefonici è indispensabile scrivere su un cartello posizionato di fianco al telefono di servizio?

a) [ ] Polizia, Ambulanza, Guardia medica, Pompieri.

b) [ ] Polizia, Guardia di Finanza, Carabinieri, Ambulanza, Medico di turno.

c) [ ] Polizia, Pompieri, Vigili urbani, Taxi, ambulanza.

---

62) Riguardo a nozioni di antinfortunistica e primo soccorso, cosa è bene che faccia il barista?

a) [ ] Si informi presso persone esperte su come comportarsi in caso di infortuni.

b) [ ] Frequenti almeno una volta nella sua vita il corso basilare di pronto soccorso.

c) [ ] Frequenti periodicamente dei corsi basilari gestiti da personale esperto.

---

63) Dove non si deve mai tenere (*portare con se*) il "tovagliolo di servizio"?

a) [ ] Mai in tasca, sull'avanbraccio o attaccato alla cintura dei pantaloni.

b) [ ] Mai sotto l'ascella, sull'avanbraccio o in tasca.

c) [ ] Mai sulle spalle, sotto l'ascella o in mano.

---

64) Qual è la differenza tra Bartender e Flair Bartender?

a) [ ] Il Bartender è un Barista classico, mentre il Flair Bartender è il Barman.

b) [ ] Il Bartender è un Barman o barista, mentre il Flair Bartender è colui che spettacolarizza il proprio lavoro al bar tramite delle evoluzioni acrobatiche mentre prepara cocktail.

c) [ ] Il Bartender è un Barman, mentre il Flair Bartender è colui che spettacolarizza il proprio lavoro al bar tramite delle evoluzioni acrobatiche, ma senza preparare cocktail.

RISPOSTE ALLE DOMANDE DEL QUIZ DI PAG. 200

Domanda n°	Risposta:	Domanda n°	Risposta:
1	a	33	a
2	a	34	a
3	c	35	b
4	b	36	a
5	c	37	a
6	b	38	c
7	a	39	b
8	a	40	a
9	c	41	a
10	a	42	c
11	a	43	a
12	b	44	b
13	a	45	b
14	a	46	a
15	c	47	b
16	a	48	c
17	b	49	b
18	c	50	a
19	c	51	a
20	b	52	b
21	a	53	a
22	a	54	c
23	b	55	a
24	a	56	a
25	b	57	c
26	b	58	b
27	c	59	a
28	a	60	a
39	a	61	a
30	b	62	c
31	a	63	c
32	c	64	b

CONCLUSIONE

LE 3 COSE CHE DEVI SAPERE PER TROVARE IL LAVORO IDEALE
COME BARMAN IN MODO FACILE E VELOCE

Se pensi che mandare email di risposta agli annunci di lavoro o girare senza sosta per i locali della tua città, lasciando curriculum a destra e a sinistra, sia la mossa giusta per trovare lavoro, è bene che continui a leggere quest'ultimo articolo del libro.

Facendo di testa tua, potresti non solo non trovare lavoro o trovare solo lavori scadenti, ma finirai anche per credere alla falsa storia che non c'è lavoro perché c'è la crisi e che tu proprio non puoi farci niente.

Se è solo una scusa per rimanere sul divano a guardare TV e mangiare patatine, continua pure.

Ma se vuoi veramente trovare lavoro, quello che devi fare è totalmente diverso.

Ci sono 3 cose che devi assolutamente sapere per poter trovare il lavoro che ti piace e che ti fa guadagnare bene e, se non le hai considerate, non devi perdere altro tempo e iniziare a farlo subito.

1) La prima cosa che devi sapere per trovare il tuo lavoro ideale è che oggi il mercato è molto competitivo.

Le attività sono in crisi perché non sanno cosa devono fare e sempre di più si affidano a veri professionisti per rilanciare i loro incassi.

I bar sono alla continua ricerca di personale esclusivamente qualificato.

Il problema non è la mancanza di posti di lavoro ma la mancanza di barman qualificati. Se hai seguito e messo in pratica tutto ciò che ti è stato indicato in questo libro, stai certo che adesso, tu dovresti essere pronto per presentarti come un vero Bartender professionale.

Oggi nessun bar si può permettere di prendere qualcuno che deve imparare sul campo, è troppo lento e costoso per queste attività che hanno invece bisogno di ripartire dopo anni di difficoltà.

Quello che cercano sono barman e barlady che sanno fidelizzare la clientela fin dal primo giorno, ottimizzando i costi di gestione e aumentando i volumi di vendita.

Quindi la prima cosa che devi saper fare, se vuoi trovare il tuo lavoro ideale, è di saper preparare un cocktail in uno o massimo due minuti, e tu adesso li sai fare.

Tieni presente che alla maggioranza dei datori di lavoro non interessano carte, diplomi, referenze o raccomandazioni. Ad essi interessa solo se conosci i cocktail e li sai preparare ottimamente e velocemente.

Un esempio di ciò l'ho ha dato un barman olandese che per 3 anni consecutivi divenne il campione d'Olanda nel preparare i più perfetti cocktail IBA durante le gare internazionali organizzate dall'HORECA. Questo barman non aveva mai fatto un corso accademico e quindi non possedeva nessun diploma.

Comunque, agli occhi di alcuni datori di lavoro, avere un diploma rilasciato da una Accademia Professionale riconosciuta, può essere una certificazione teorica di competenza. Tuttavia, un diploma non è affatto una garanzia che sarai assunto. Gli scarsi risultati ne sono una prova più che tangibile. La parte più importante è che, quando fai la "famosa" settimana di prova, porti immediatamente i risultati che il datore di lavoro sta cercando. E su questo un pezzo di carta promette poco o niente.

2) La seconda cosa che devi quindi sapere è che non basta questo diploma a farti trovare lavoro.

Perché? Perché quello che ti permette di fare un diploma è di ottenere il posto di lavoro che ti piacerà, ma solo dopo che hai avuto l'occasione di farti mettere alla prova e così dimostrare le tue capacità.

Ma come fai a farti mettere alla prova? Di certo non mandando il tuo curriculum a caso, altrimenti rimarrai sempre ad un punto di partenza.

Quello che devi fare è imparare a scrivere un curriculum che ti faccia veramente ottenere lavoro.

Smettila di scopiazzare i curriculum europei da internet e di scriverci sopra anche la tua prima comunione.

I curriculum che si vedono in giro sono tutti uguali.

In questo modo non ti differenzi mai dagli altri e diventa quasi impossibile per chi fa selezione del personale individuare qualcuno che ha capacità superiori rispetto agli altri.

TU glielo devi far capire chiaramente che sei quello giusto per lui!

Quindi ti serve un curriculum vincente!

Un curriculum è vincente quando spiega chiaramente, a chi lo sta guardando, perché tu sei la persona giusta per quel lavoro.

E non come tutti i curriculum che dicono sempre e solo una cosa: "Ti prego fammi lavorare".

Se non sei sicuro di come scrivere un curriculum vincente può esserti d'aiuto il seguente sito: www.corsiperbarman.it/corsi/master-curriculum/

3) Adesso non ti resta che la terza e ultima cosa da sapere e da fare.

Devi iscriverti a una Agenzia di collocamento specializzata nel settore bar.

I migliori posti di lavoro, infatti, non li troverai mai girando in tondo, perché i locali di livello, quelli che pagano bene e ti fanno lavorare in un ambiente divertente, si affidano sempre ad Agenzie di collocamento specializzate perché vogliono solo barman qualificati.

Un'Agenzia specializzata ti offre mille vantaggi.

1) Fa subito una scrematura facendoti arrivare solo annunci di lavoro di locali di un certo livello.

2) Lavora per te mentre tu puoi fare altro. È lei a contattarti per farti avere le migliori proposte di lavoro in quel momento sul mercato.

3) Gli impiegati e anche il Direttore dell'Agenzia si prendo abbastanza tempo per ascoltarti, tu potresti approfittarne per convincerli della tua professionalità, e perché no, potresti anche esibirti con una dimostrazione preparando loro, nell'ufficio, un cocktail ciascuno.

4) L'Agenzia ha una quantità di contatti che tu non puoi ottenere neanche se passi intere giornate a portare curriculum in giro.

5) Ha contatti che tu non puoi trovare in nessun modo. Molti locali infatti non mettono annunci online ma si rivolgono direttamente a queste Agenzie

6) Se ti sei iscritto a una Agenzia è l'Agenzia stessa che ti sponsorizzerà dentro i locali che cercano personale.

Quindi quello che devi fare è iscriverti a una Agenzia e sai anche perché? Perché, oltre a tutto questo, la maggior parte delle Agenzie che trovi sul mercato fanno tutto questo gratis.

Una tra le migliori Agenzie che ci sono è la Bartender Job.

Puoi trovare i contatti direttamente nel seguente sito:

www.corsiperbarman.it/agenzia-barman/

Ma non fermarti solo a questa, se trovi altre Agenzie specializzate che ti sembrano valide non perdere tempo, iscriviti anche da loro, chi più ne ha più ne metta!

Questi sono i 3 pilastri su cui devi costruire la tua ricerca di lavoro.

Una volta che li hai intrapresi, trovare il tuo lavoro ideale sarà un gioco da ragazzi.

11)

LA RETRIBUZIONE DEL BARMAN (SALARIO)

Oltre al salario, la mancia, in alcuni paesi, occupa una parte significativa della retribuzione del barman. In Italia, la mancia è generalmente elargita solo come ringraziamento per aver svolto bene il proprio lavoro; in altri paesi, come in Francia e gli Stati Uniti d'America è la principale forma di retribuzione.

Esistono locali, come pure nelle grandi navi da crociera, dove la mancia (*obbligatoria per il cliente*) viene aggiunta sul conto; la mancia servirà da parziale o totale retribuzione per il barman. In alcuni casi, la mancia accumulata da tutto il personale di sala e bar (*incluso quelli del bar di servizio*) viene unita e poi condivisa con tutto il personale della ristorazione e cucina.

Pacchetto EXTRA All Inclusive

Prezzo: €uro 16.96 x persona/giorno + 15% service charge.

Per tutti i passeggeri dai 18 anni in su, il pacchetto include:
- Al Ristorante e Buffet, selezione di vini per Voi scelti, acqua minerale, bibite analcoliche e birra alla spina;
- Al Bar, una selezione di bevande alcoliche e analcoliche (vino, acqua minerale, bibite, birra alla spina e una selezione di cocktail).

Prezzo: €uro 8.70 x persona/giorno + 15% service charge.

Per tutti i passeggeri tra i 14 e i 17 anni d'età, il pacchetto include:
- Al Ristorante, acqua minerale e bibite analcoliche.
- Al Bar, una selezione di bevande analcoliche (acqua minerale, bibite e cocktail analcolici).

Prodotti del Minibar non inclusi.

Il pacchetto è servito unicamente a bicchiere. Nelle Liste Bar, una "stellina" stampata a fianco di alcune bevande (o categorie) indicherà quelle escluse dal pacchetto.

RINGRAZIAMENTI

L'Autore ringrazia vivamente la disponibilità ottenuta da Autori, Editori, Giornalisti, Fotografi e altri nella ricerca, supporto e gentile concessione della delibera ricevuta sui diritti letterari e iconografici ottenuti a prestito/uso attraverso basilari edizioni, pubblicazioni, articoli di cronaca, stampe propagandistiche, opuscoli, elenchi e cataloghi d'informazione culturale, sociale e materiale didattico riguardanti il tema: "BARMAN". Questa cooperazione di collegamento ha portato a sublimare l'obiettivo dell'Autore, pervenendo a risultati di notevole efficacia a favore del comune interesse pubblico riguardo alla prestigiosa attività enologica e la disciplina tecnica della viticoltura nazionale.

L'Autore si dichiara pienamente disponibile ed in particolare verso gli aventi diritto, a qualsiasi titolo, per gli articoli e le opere letterarie descritte e riportate in questo libro, ma non potuti in precedenza ed in nessun modo possibile e ripetutamente trovarne e reperirne gli Editori, Autori e chi in possesso dei diritti riservati.

Augurandoci di non aver commesso errori di attribuzione e di non aver omesso, contro la nostra volontà, qualche indicazione di fonte, l'Autore elenca di seguito tutti coloro che, direttamente e indirettamente, hanno contribuito o concesso la propria collaborazione, e a buon rendere li ringrazia nuovamente.

Acquistate il capolavoro letterario di Ilias Contreas, dal titolo:
"Diventare Barman: Come iniziare una carriera professionale e avere successo in tempo di crisi (anche se sei un giovane senza esperienza)"
https://www.amazon.it/gp/product/1986395839/ref=as_li_tl?ie=UTF8&tag=iliascontreas-21&camp=3414&creative=21718&linkCode=as2&creativeASIN=1986395839&linkId=88aaad98b5f18ebd2f0 72465da754c06

NOTA INFORMATIVA

BIBLIOGRAFIA & FONTI DI RIFERIMENTO

• Tecnica e pratica operativa di sala e bar vol.1
G. Donegani, G. Menaggia, C. Moriondo - Zanichelli – 1998 (Ristampa 2005)
libreriascolastica.it/ricerca/query/Tecnica+E+Pratica+Operativa+Di+Sala+E+Bar+Vol.+1+2005/reparto/l
ibri-italiani

• www.preparacocktails.it/lista-completa-cocktail-ufficiali-iba-ecco-tutti-i-drink-codificati/

1) www.diventarebarman.it/lavoro-piu-bello-del-mondo/

2) www.diventarebarman.it/barlady/

3) Ilias Contreas - www.diventarebarman.it/barman-barista-bartender/

4) http://alberghiera.it/page.asp?idc=487&Bar

5) Oscar Galeazzi - http://www.salabar.it/node/113

6) Silvia Sophioa Ferretti - http://bd-bardesign.blogspot.it/2016/01/il-ruolo-del-barman.html

7) Ilias Contreas - www.diventarebarman.it/come-aumentare-l-autostima/

8) Ilias Contreas - www.diventarebarman.it/attrezzature-bar/

9) http://alberghiera.it/page.asp?idc=1

10) www.ilgelatoartigianale.info/Sei_un_gelatiere/Come_si_prepara_il_gelato/Come_si_fa_un_buon_gelato_a
rtigianale.kl#sthash.9PqgGmbF.dpuf
www.fabbri1905.com/it/481/149/speciale-come-si-prepara-il-gelato-artigianale-le-fasi-di-lavorazione

11) www.diventarebarman.it/trovare-lavoro-barman/
www.diventarebarman.it/come-aumentare-l-autostima/